〔西漢〕劉　向　編

戰國策

廣陵書社
中國·揚州

圖書在版編目（CIP）數據

戰國策 / (西漢) 劉向編. -- 揚州 : 廣陵書社, 2023.3
(國學經典叢書)
ISBN 978-7-5554-1970-9

Ⅰ. ①戰… Ⅱ. ①劉… Ⅲ. ①《戰國策》 Ⅳ. ①K231.04

中國國家版本館CIP數據核字(2023)第034182號

書　　名　戰國策
編　　者　〔西漢〕劉　向
責任編輯　張艷紅
出 版 人　曾學文
裝幀設計　鴻儒文軒

出版發行　廣陵書社
揚州市四望亭路 2-4 號　郵編:225001
(0514) 85228081(總編辦)　85228088(發行部)
http://www.yzglpub.com　E-mail:yzglss@163.com
印　　刷　三河市華東印刷有限公司

開　　本　880 毫米×1230 毫米　1/32
印　　張　15.375
字　　數　247 千字
版　　次　2023 年 3 月第 1 版
印　　次　2023 年 3 月第 1 次印刷
書　　號　ISBN 978-7-5554-1970-9
定　　價　68.00 圓

編輯説明

自上世紀九十年代始，我社陸續編輯出版一套綫裝本中華傳統文化普及讀物，名爲《文華叢書》。編者孜孜矻矻，兀兀窮年，歷經二十載，聚爲上百種，集腋成裘，蔚爲可觀。叢書以内容經典、形式古雅、編校精審，深受讀者歡迎，不少品種已不斷重印，常銷常新。

國學經典，百讀不厭，其中藴含的生活情趣、生命哲理、人生智慧，以及家國情懷、歷史經驗、宇宙真諦，令人回味無窮，啓迪至深。爲了方便讀者閲讀國學原典，更廣泛地普及傳統文化，特于《文華叢書》基礎上，重加編輯，推出《國學經典叢書》。

本叢書甄選國學之基本典籍，萃精華于一編。以内容言，所選均爲家喻户曉的經典名著，涵蓋經史子集，包羅詩詞文賦、小品蒙書，琳琅滿目；以篇幅言，每種規模不大，或數種彙于一書，便于誦讀；以形式言，採用傳統版式，字大文簡，讀來令人賞心悦目；以編輯言，力求精擇良善版本，細加校勘，注重精讀原文，偶作簡明小注，或酌配古典版畫，體現編輯的匠心。

當下國學典籍的出版方興未艾，品質參差不齊。希望這套我社經年打造的品牌叢書，能爲讀者朋友閲讀經典提供真正的精善讀本。

廣陵書社編輯部

二〇二三年三月

出版説明

《戰國策》又稱《國策》，是中國古代一部著名的國别體史書。相傳爲戰國時期各國史官和策士所輯録，原有《國策》《國事》《短長》《事語》等名稱。西漢末年，劉向校録群書時對其進行了重新的整理，并以國别爲序，删去重複，定爲三十三篇，并最終定名爲《戰國策》。全書按照東周、西周、秦、齊、楚、趙等國依次編寫，共分十二策，所載歷史上起公元前四九〇年智伯滅范氏，下至公元前二二一年高漸離以筑擊秦始皇。

這部書實際上是戰國時期縱橫家游説之辭的彙編，主要記載了當時謀臣、策士游説各國或互相辯論時所提出的政治主張。這些策略和主張反映了戰國時期各個國家、集團之間紛繁複雜的政治鬥争，是研究戰國歷史的重要材料。全書文辭優美、語言生動，描繪人物栩栩如生，并且極爲善于運用寓言故事來闡明道理，『畫蛇添足』『狡兔三窟』『狐假虎威』『亡羊補牢』等典故便出自此書。

該書自劉向編定後，在流傳過程中多有佚失。直至北宋，曾鞏『訪之士大夫家，始盡得其書』，將其補全。到南宋時，在曾鞏校補的基礎上，出現了兩種新本子：一爲姚宏的續注本；一爲鮑彪重定次序的新注本。

我社此次出版的《戰國策》是以清嘉慶八年黃丕烈刊刻的姚宏本，即《士禮居叢書》本爲底本，并參校中華書局整理本《戰國策》。希望帶給讀者朋友們更好的精神享受。

廣陵書社編輯部

二〇二三年三月

目録

卷一　東周

卷四　秦二

卷九　齊二

卷十　齊三

卷十八　趙一

卷二十三 魏二

卷二十四 魏三

卷二十七　韓二

卷二十九　燕一

卷三十　燕二

卷三十一　燕三

卷三十二　宋衛

卷三十三　中山

卷一　東周

秦興師臨周而求九鼎

秦興師臨周而求九鼎，周君患之，以告顔率。顔率曰：『大王勿憂，臣請東借救于齊。』顔率至齊，謂齊王曰：『夫秦之爲無道也，欲興兵臨周而求九鼎，周之君臣，内自盡計，與秦，不若歸之大國。夫存危國，美名也；得九鼎，厚寶也。願大王圖之。』齊王大悦，發師五萬人，使陳臣思將以救周，而秦兵罷。

齊將求九鼎，周君又患之。顔率曰：『大王勿憂，臣請東解之。』顔率至齊，謂齊王曰：『周賴大國之義，得君臣父子相保也，願獻九鼎，不識大國何塗之從而致之齊？』齊王曰：『寡人將寄徑于梁。』顔率曰：『不可。夫梁之君臣欲得九鼎，謀之暉臺之下，少海之上，其日久矣。鼎入梁，必不出。』齊王曰：『寡人將寄徑于楚。』對曰：『不可。楚之君臣欲得九鼎，謀之于葉庭之中，其日久矣。若入楚，鼎必不出。』王曰：『寡人終何塗之從而致之齊？』顔率曰：『弊邑固竊爲大王患之。夫鼎者，非效醯壺醬甀耳，可懷挾提挈以至齊者；非效鳥集烏飛，兔興馬逝，漓然止于齊者。昔周之伐殷，得九鼎，凡一鼎而九萬人輓之，九九八十一萬人，士卒師徒，器械被具，所以備者稱此。今大王縱有其人，何塗之從而出？臣竊爲大王私憂之。』齊王曰：『子之數來者，猶無與耳。』顏率曰：『不敢欺大國，疾定所從出，弊邑遷鼎以待命。』齊王乃止。

秦攻宜陽

秦攻宜陽，周君謂趙累曰：『子以爲何如？』對曰：『宜陽必拔也。』君曰：『宜陽城方八里，材士十萬，粟支數年，公仲之軍二十萬，景翠以楚之衆，臨山而救之，秦必無功。』對曰：『甘茂，羈旅也，攻宜陽而有功，則周公旦也；無功，則削迹于秦。秦王不聽群臣父兄之義而攻宜陽，宜陽不拔，秦王耻之。臣故曰拔。』君曰：『子爲寡人謀，且奈何？』對曰：『君謂景翠曰：「公爵爲執圭，官爲柱國，戰而勝，則無加焉矣；不勝，則死。不如背秦援宜陽。公進兵，秦恐公之乘其弊也，必以寶事公；公中慕公之爲己乘秦也，亦必盡其寶。」』

秦拔宜陽，景翠果進兵。秦懼，遽效煮棗，韓氏果亦效重寶。景翠得城于秦，受寶于韓，而德東周。

東周與西周戰

東周與西周戰，韓救西周。爲東周謂韓王曰：『西周者，故天子之國也，多名器重寶。案兵而勿出，可以德東周，西周之寶可盡矣。』

東周與西周争

東周與西周争，西周欲和于楚、韓。齊明謂東周君曰：『臣恐西周之與楚、韓寶，令之爲己求地于東周也。不如謂楚、韓曰，西周之欲入寶，持二端。今東周之兵不急西周，西周之寶不入楚、韓。楚、韓欲得寶，即且趣我攻西周。西周寶出，是我爲楚、韓取寶以德之也，西周弱矣。』

東周欲爲稻

東周欲爲稻，西周不下水，東周患之。蘇子謂東周君曰：『臣請使西周下水可乎？』乃往見西周之君曰：『君之謀過矣！今不下水，所以富東周也。今其民皆種麥，無他種矣。君若欲害之，不若一爲下水，以病其所種。下水，東周必復種稻；種稻而復奪之。若是，則東周之民可令一仰西周，而受命于君矣。』西周君曰：『善。』遂下水。蘇子亦得兩國之金也。

昭獻在陽翟

昭獻在陽翟，周君將令相國往，相國將不欲。蘇厲爲之謂周君曰：『楚王與魏王遇也，主君令陳封之楚，令向公之魏。楚、韓之遇也，主君令許公之楚，令向公之韓。今昭獻非人主也，而主君令相國往；若其王在陽翟，主君將令誰往？』周君曰：『善。』乃止其行。

秦假道于周以伐韓

秦假道于周以伐韓，周恐假之而惡于韓，不假而惡于秦。史黶謂周君曰：『君何不令人謂韓公叔曰：「秦敢絶塞而伐韓者，信東周也。公何不與周地，發重使使之楚，秦必疑，不信周，是韓不伐也。」又謂秦王曰：「韓强與周地，將以疑周于秦，寡人不敢弗受。」秦必無辭而令周弗受，是得地于韓而聽于秦也。』

楚攻雍氏

楚攻雍氏，周粻秦、韓，楚王怒周，周之君患之。爲周謂楚王曰：『以王之强而怒周，周恐，必以國合于所與粟之國，則是勁王之敵也。故王不如速解周恐，彼前得罪而後得解，必厚事王矣。』

周最謂石禮

周最謂石禮曰：『子何不以秦攻齊？臣請令齊相子，子以齊事秦，必無處矣。

子因令周最居魏以共之，是天下制于子也。子東重于齊，西貴于秦，秦、齊合，則子常重矣。』

周相呂倉見客于周君

周相呂倉見客于周君。前相工師藉恐客之傷己也，因令人謂周君曰：『客者，辯士也，然而所以不可者，好毀人。』

周文君免士工師藉

周文君免士工師藉，相呂倉，國人不説也。君有閔閔之心。

謂周文君曰：『國必有誹譽，忠臣令誹在己，譽在上。宋君奪民時以爲臺，而民非之，無忠臣以掩蓋之也。子罕釋相爲司空，民非子罕而善其君。齊桓公宫中七市，女閭七百，國人非之。管仲故爲三歸之家，以掩桓公，非自傷于民也？《春秋》記臣弑君者以百數，皆大臣見譽者也。故大臣得譽，非國家之美也。故衆庶成彊，增積成山。』周君遂不免。

温人之周

温人之周，周不納。客即對曰：『主人也。』問其巷而不知也，吏因囚之。君使人問之曰：『子非周人，而自謂非客何也？』對曰：『臣少而誦《詩》，《詩》曰：「普天之下，莫非王土；率土之濱，莫非王臣。」今周君天下，則我天子之臣，而又爲客哉？故曰主人。』君乃使吏出之。

或爲周最謂金投

或爲周最謂金投曰：『秦以周最之齊疑天下，而又知趙之難子齊人戰，恐齊、韓之合，必先合于秦。秦、齊合，則公之國虚矣。公不如救齊，因佐秦而伐韓、魏，上黨長子趙之有。公東收寶于秦，南取地于韓，魏因以因，徐爲之東，則有合矣。』

周最謂金投

周最謂金投曰：『公負令秦與强齊戰。戰勝，秦且收齊而封之，使無多割，而聽天下之戰；不勝，國大傷，不得不聽秦。秦盡韓、魏之上黨太原，西止秦之有已。秦地，天下之半也，制齊、楚、三晋之命，復國且身危，是何計之道也。』

石行秦謂大梁造

石行秦謂大梁造曰：『欲决霸王之名，不如備兩周辯知之士。』謂周君曰：『君不如令辯知之士，爲君争于秦。』

謂薛公

謂薛公曰：『周最于齊王也而逐之，聽祝弗，相呂禮者，欲取秦。秦、齊合，弗與禮重矣。有周齊，秦必輕君。君弗如急北兵趨趙以秦、魏，收周最以爲後行，且反齊王之信，又禁天下之率。齊無秦，天下果，弗必走，齊王誰與爲其國？』

齊聽祝弗

齊聽祝弗，外周最。謂齊王曰：『逐周最、聽祝弗、相吕禮者，欲深取秦也。秦得天下，則伐齊深矣。夫齊合，則趙恐伐，故急兵以示秦。秦以趙攻，與之齊伐趙，其實同理，必不處矣。故用祝弗，即天下之理也。』

蘇厲爲周最謂蘇秦

蘇厲爲周最謂蘇秦曰：『君不如令王聽最，以地合于魏、趙，故必怒合于齊，是君以合齊與强楚吏產子。君若欲因最之事，則合齊者，君也；割地者，最也。』

謂周最曰仇赫之相宋

謂周最曰：『仇赫之相宋，將以觀秦之應趙、宋，敗三國。三國不敗，將興趙、宋合于東方以孤秦。亦將觀韓、魏之于齊也。不固，則將與宋敗三國，則賣趙、宋于三國。公何不令人謂韓、魏之王曰：「欲秦、趙之相賣乎？何不合周最兼相，視之不可離，則秦、趙必相賣以合于王也。』

爲周最謂魏王

爲周最謂魏王曰：『秦知趙之難與齊戰也，將恐齊、趙之合也，必陰勁之。趙不敢戰，恐秦不己收也，先合于齊。秦、趙爭齊，而王無人焉，不可。王不去周最，合與收齊，而以兵之急則伐齊，無因事也。』

謂周最曰魏王以國與先生

謂周最曰：『魏王以國與先生，貴合于秦以伐齊。薛公故主，輕忘其薛，不顧其先君之丘墓，而公獨脩虛信爲茂行，明群臣據故主，不與伐齊者，産以忿强秦，不可。公不如謂魏王、薛公曰：「請爲王入齊，天下不能傷齊。而有變，臣請爲救之；無變，王遂伐之。且臣爲齊奴也，如累王之交于天下，不可。王爲臣賜厚矣，臣入齊，則王亦無齊之累也。」』

趙取周之祭地

趙取周之祭地，周君患之，告于鄭朝。鄭朝曰：『君勿患也，臣請以三十金復取之。』周君予之，鄭朝獻之趙太卜，因告以祭地事。及王病，使卜之。太卜譴之曰：『周之祭地祟。』趙乃還之。

杜赫欲重景翠于周

杜赫欲重景翠于周，謂周君曰：『君之國小，盡君子重寶珠玉以事諸侯，不可不察也。譬之如張羅者，張于無鳥之所，則終日無所得矣；張于多鳥處，則又駭鳥矣；必張于有鳥無鳥之際，然後能多得鳥矣。今君將施于大人，大人輕君；施于小人，小人無可以求，又費財焉。君必施于今之窮士，不必且爲大人者，故能得欲矣。』

周共太子死

周共太子死，有五庶子，皆愛之，而無適立也。司馬翦謂楚王曰：『何不封公子咎，而爲之請太子？』左成謂司馬翦曰：『周君不聽，是公之知困而交絶于周也。不如謂周君曰：「孰欲立也？微告翦，翦今楚王資之以地。」公若欲爲太子，因令人謂相國御展子、廧夫空曰：「王類欲令若爲之，此健士也，居中不便于相國。」』相國令之爲太子。

三國隘秦

三國隘秦，周令其相之秦，以秦之輕也，留其行。有人謂相國曰：『秦之輕重，未可知也。秦欲知三國之情，公不如遂見秦王曰：「請謂王聽東方之處。」秦必重公。是公重周，重周以取秦也。齊重故有周，而已取齊，是周常不失重國之交也。』

昌他亡西周

昌他亡西周，之東周，盡輸西周之情于東周。東周大喜，西周大怒。馮且曰：『臣能殺之。』君予金三十斤。馮且使人操金與書，間遺昌他書曰：『告昌他，事可成，勉成之；不可成，亟亡來亡來。事久且泄，自令身死。』因使人告東周之候曰：『今夕有姦人當入者矣。』候得而獻東周，東周立殺昌他。

昭翦與東周惡

昭翦與東周惡，或謂照翦曰：『爲公畫陰計。』照翦曰：『何也？』『西周甚憎東周，嘗欲東周與楚惡，西周必令賊賊公，因宣言東周也，以西周之于王也。』照翦曰：『善。吾又恐東周之賊己而以輕西周惡之于楚。』遽和東周。

嚴氏爲賊

嚴氏爲賊，而陽豎與焉。道周，周君留之十四日，載以乘車駟馬而遣之。韓使人讓周，周君患之。客謂周君曰：『正語之曰：「寡人知嚴氏之爲賊，而陽豎與之，故留之十四日以待命也。小國不足亦以容賊，君之使又不至，是以遣之也。」』

卷二　西周

薛公以齊爲韓魏攻楚

薛公以齊爲韓、魏攻楚，又與韓、魏攻秦，而藉兵乞食于西周。韓慶爲西周謂薛公曰：『君以齊爲韓、魏攻楚，九年而取宛、葉以北，以强韓、魏，今又攻秦以益之。韓、魏南無楚憂，西無秦患，則地廣而益重，齊必輕矣。夫本末更盛，虛實有時，竊爲君危之。君不如令弊邑陰合于秦而君無攻，又無藉兵乞食。君臨函谷而無攻，令弊邑以君之情謂秦王曰：「薛公必破秦以張韓、魏，所以進兵者，欲王令楚割東國以與齊也。」秦王出楚王以爲和，君令弊邑以此忠秦，秦得無破，而以楚之東國自免也，必欲之。楚王出，必德齊，齊得東國而益强，而薛世世無患。秦不大弱，而處之三晉之西，三晉必重齊。』薛公曰：『善。』因令韓慶入秦，而使三國無攻秦，而使不藉兵乞食于西周。

秦攻魏將犀武軍于伊闕

秦攻魏將犀武軍于伊闕，進兵而攻周。爲周最謂李兑曰：『君不如禁秦之攻周。趙之上計，莫如令秦、魏復戰。今秦攻周而得之，則衆必多傷矣。秦欲待周之得，必不攻魏；秦若攻周而不得，前有勝魏之勞，後有攻周之敗，又必不攻魏。今君禁之，而秦未與魏講也。而全趙令其止，必不敢不聽，是君却秦而定周也。秦去周，必復攻魏，魏不能支，必因君而講，則君重矣。若魏不講，而疾支之，是君存周而戰秦、魏也。重亦盡在趙。』

秦令樗里疾以車百乘入周

秦令樗里疾以車百乘入周，周君迎之以卒，甚敬。楚王怒，讓周，以其重秦客。游騰謂楚王曰：『昔智伯欲伐厹由，遺之大鐘，載以廣車，因隨入以兵，厹由卒亡，無備故也。桓公伐蔡也，號言伐楚，其實襲蔡。今秦者，虎狼之國也，兼有吞周之意；使樗里疾以車百乘入周，周君懼焉，以蔡、厹由戒之，故使長兵在前，强弩在後，名曰衛疾，而實囚之也。周君豈能無愛國哉？恐一日之亡國，而憂大王。』楚王乃悦。

雍氏之役

雍氏之役，韓徵甲與粟于周。周君患之，告蘇代。蘇代曰：『何患焉？代能爲君令韓不徵甲與粟于周，又能爲君得高都。』周君大悦曰：『子苟能，寡人請以國聽。』蘇代遂往見韓相國公中，曰：『公不聞楚計乎？昭應謂楚王曰：「韓氏罷于兵，倉廪空，無以守城，吾收之以飢，不過一月必拔之。」今圍雍氏五月不能拔，是楚病也。楚王始不信昭應之計矣，今公乃徵甲及粟于周，此告楚病也。昭應聞此，必勸楚王益兵守雍氏，雍氏必拔。』公中曰：『善。然吾使者已行矣。』代曰：『公何不以高都與周。』公中怒曰：『吾無徵甲與粟于周，亦已多矣。何爲與高都？』代曰：『與之高都，則周必折而入于韓，秦聞之必大怒，而焚周之節，不通其使，是公以弊高都得完周也，何不與也？』公中曰：『善。』不徵甲與粟于周而與高都，楚卒不拔雍氏而去。

周君之秦

周君之秦。謂周最曰：『不如譽秦王之孝也，因以應爲太后養地。秦王、太后必喜，是公有秦也。交善，周君必以爲公功；交惡，勸周君入秦者，必有罪矣。』

蘇厲謂周君

蘇厲謂周君曰：『敗韓、魏，殺犀武，攻趙，取藺、離石、祁者，皆白起。是攻用兵，又有天命也。今攻粱，粱必破，破則周危，君不若止之。謂白起曰：「楚有養由基者，善射，去柳葉者百步而射之，百發百中。左右皆曰善。有一人過曰，善射，可教射也矣。養由基曰，人皆善，子乃曰可教射，子何不代我射之也。客曰，我不能教子支左屈右。夫射柳葉者，百發百中，而不已善息，少焉氣力倦，弓撥矢鈎，一發不中，前功盡矣。今公破韓、魏，殺犀武，而北攻趙，取藺、離石、祁者，公也。公之功甚多。今公又以秦兵出塞，過兩周，踐韓而以攻粱，一攻而不得，前功盡滅，公不若稱病不出也。」』

楚兵在山南

楚兵在山南，吾得將爲楚王屬怒于周。或謂周君曰：『不如令太子將軍正迎吾得于境，而君自郊迎，令天下皆知君之重吾得也。因泄之楚，曰：「周君所以事吾得者器，必名曰謀楚。」王必求之，而吾得無效也，王必罪之。』

楚請道于二周之間

楚請道于二周之間，以臨韓、魏，周君患之。蘇秦謂周君曰：『除道屬之于河，韓、魏必惡之。齊、秦恐楚之取九鼎也，必救韓、魏而攻楚。楚不能守方城之外，安能道二周之間。若四國弗惡，君雖不欲與也，楚必將自取之矣。』

司寇布爲周最謂周君

司寇布爲周最謂周君曰：『君使人告齊王以周最不肯爲太子也，臣爲君不取也。函冶氏爲齊太公買良劍，公不知善，歸其劍而責之金。越人請買之千金，折而不賣。

將死，而屬其子曰：「必無獨知。」今君之使最爲太子，獨知之契也，天下未有信之者也。臣恐齊王之爲君實立果而讓之于最，以嫁之齊也。君爲多巧，最爲多詐，君何不買信貨哉？奉養無有愛于最也，使天下見之。』

秦召周君

秦召周君，周君難往。或爲周君謂魏王曰：『秦召周君，將以使攻魏之南陽。王何不出于河南？周君聞之，將以爲辭于秦而不往。周君不入秦，秦必不敢越河而攻南陽。』

犀武敗于伊闕

犀武敗于伊闕，周君之魏求救，魏王以上黨之急辭之。周君反，見梁囿而樂之也。綦母恢謂周君曰：『温囿不下此，而又近。臣能爲君取之。』反見魏王，王曰：『周君怨寡人乎？』對曰：『不怨。且誰怨王？臣爲王有患也。周君，謀主也。而設以國爲王扞秦，而王無之扞也。臣見其必以國事秦也，秦悉塞外之兵，與周之衆，以攻南陽，而兩上黨絶矣。』魏王曰：『然則奈何？』綦母恢曰：『周君形不小利，事秦而好小利。今王許戍三萬人與温囿，周君得以爲辭于父兄百姓，而利温囿以爲樂，必不合于秦。臣嘗聞温囿之利，歲八十金，周君得温囿，其以事王者，歲百二十金，是上黨每患而贏四十金。』魏王因使孟卯致温囿于周君而許之戍也。

韓魏易地

韓、魏易地，西周弗利。樊餘謂楚王曰：『周必亡矣。韓、魏之易地，韓得二縣，魏亡二縣。所以爲之者，盡包二周，多于二縣，九鼎存焉。且魏有南陽、鄭地、三川而包二周，則楚方城之外危；韓兼兩上黨以臨趙，即趙羊腸以上危。故易成之曰，楚、趙皆輕。』楚王恐，因趙以止易也。

秦欲攻周

秦欲攻周，周最謂秦王曰：『爲王之國計者，不攻周。攻周，實不足以利國，而聲畏天下。天下以聲畏秦，必東合于齊。兵弊于周，而合天下于齊，則秦孤而不王矣。是天下欲罷秦，故勸王攻周。秦與天下俱罷，則令不横行于周矣。』

宫他謂周君

宫他謂周君曰：『宛恃秦而輕晋，秦饑而宛亡。鄭恃魏而輕韓，魏攻蔡而鄭亡。邾、莒亡于齊，陳、蔡亡于楚。此皆恃援國而輕近敵也。今君恃韓、魏而輕秦，國恐傷矣。君不如使周最陰合于趙以備秦，則不毁。』

謂齊王

謂齊王曰：『王何不以地賫周最以爲太子也。』齊王令司馬悍以賂進周最于周。左尚謂司馬悍曰：『周不聽，是公之知困而交絶于周也。公不如謂周君曰：「何欲置？

令人微告悍，悍請令王進之以地。」』左尚以此得事。

三國攻秦反

三國攻秦反，西周恐魏之藉道也。爲西周謂魏王曰：『楚、宋不利秦之德三國也，彼且攻王之聚以利秦。』魏王懼，令軍設舍速東。

犀武敗

犀武敗，周使周足之秦。或謂周足曰：『何不謂周君曰：「臣之秦，秦、周之交必惡。主君之臣，又秦重而欲相者，且惡臣于秦，而臣爲不能使矣。臣願免而行。君因相之，彼得相，不惡周于秦矣。」君重秦，故使相往，行而免，且輕秦也，公必不免。公言是而行，交善于秦，且公之成事也；交惡于秦，不善于公，且誅矣。』

卷三　秦一

衛鞅亡魏入秦

衛鞅亡魏入秦，孝公以爲相，封之于商，號曰商君。商君治秦，法令至行，公平無私，罰不諱强大，賞不私親近，法及太子，黥劓其傅。期年之後，道不拾遺，民不妄取，兵革大强，諸侯畏懼。然刻深寡恩，特以强服之耳。

孝公行之八年，疾且不起，欲傳商君，辭不受。孝公已死，惠王代後，蒞政有頃，商君告歸。

人説惠王曰：『大臣太重者國危，左右太親者身危。今秦婦人嬰兒皆言商君之法，莫言大王之法。是商君反爲主，大王更爲臣也。且夫商君，固大王仇讎也，願大王圖之。』商君歸還，惠王車裂之，而秦人不憐。

蘇秦始將連横

蘇秦始將連横，説秦惠王曰：『大王之國，西有巴、蜀、漢中之利，北有胡貉、代馬之用，南有巫山、黔中之限，東有肴、函之固。田肥美，民殷富，戰車萬乘，奮擊百萬，沃野千里，蓄積饒多，地勢形便，此所謂天府，天下之雄國也。以大王之賢，士民之衆，車騎之用，兵法之教，可以并諸侯，吞天下，稱帝而治，願大王少留意，臣請奏其效。』

秦王曰：『寡人聞之，毛羽不豐滿者不可以高飛，文章不成者不可以誅罰，道德不厚者不可以使民，政教不順者不可以煩大臣。今先生儼然不遠千里而庭教之，願以异日。』

蘇秦曰：『臣固疑大王之不能用也。昔者神農伐補遂，黄帝伐涿鹿而禽蚩尤，堯伐驩兜，舜伐三苗，禹伐共工，湯伐有夏，文王伐崇，武王伐紂，齊桓任戰而伯天下。由此觀之，惡有不戰者乎？古者使車轂擊馳，言語相結，天下爲一；約從連横，兵革不藏；文士并餝，諸侯亂惑；萬端俱起，不可勝理；科條既備，民多僞態；

書策稠濁，百姓不足，上下相愁，民無所聊；明言章理，兵甲愈起；辯言偉服，戰攻不息；繁稱文辭，天下不治；舌弊耳聾，不見成功；行義約信，天下不親。于是，乃廢文任武，厚養死士，綴甲厲兵，效勝于戰場。夫徒處而致利，安坐而廣地，雖古五帝、三王、五伯，明主賢君，常欲坐而致之，其勢不能，故以戰續之。寬則兩軍相攻，迫則杖戟相橦，然後可建大功。是故兵勝于外，義强于内；威立于上，民服于下。今欲并天下，凌萬乘，詘敵國，制海内，子元元，臣諸侯，非兵不可！今之嗣主，忽于至道，皆惛于教，亂于治，迷于言，惑于語，沈于辯，溺于辭。以此論之，王固不能行也。』

説秦王書十上而説不行。黑貂之裘弊，黄金百斤盡，資用乏絶，去秦而歸。羸縢履蹻，負書擔橐，形容枯槁，面目犂黑，狀有歸色。歸至家，妻不下絍，嫂不爲炊，父母不與言。蘇秦喟嘆曰：『妻不以我爲夫，嫂不以我爲叔，父母不以我爲子，是皆秦之罪也。』乃夜發書，陳篋數十，得《太公陰符》之謀，伏而誦之，簡練以爲揣摩。讀書欲睡，引錐自刺其股，血流至足。曰：『安有説人主不能出其金玉錦綉，取卿相之尊者乎？』期年揣摩成，曰：『此真可以説當世之君矣！』

于是乃摩燕烏集闕，見説趙王于華屋之下，抵掌而談。趙王大悦，封爲武安君。受相印，革車百乘，綿綉千純，白璧百雙，黄金萬溢，以隨其後，約從散横，以抑强秦。

故蘇秦相于趙而關不通。當此之時，天下之大，萬民之衆，王侯之威，謀臣之權，皆欲决蘇秦之策。不費斗糧，未煩一兵，未張一士，未絶一絃，未折一矢，諸侯相親，賢于兄弟。夫賢人在而天下服，一人用而天下從。故曰：式于政，不式于勇；式于廊廟之内，不式于四境之外。當秦之隆，黄金萬溢爲用，轉轂連騎，炫熿于道，山東之國，從風而服，使趙大重。且夫蘇秦特窮巷掘門、桑户棬樞之士耳，伏軾撙銜，横歷天下，廷説諸侯之王，杜左右之口，天下莫之能伉。

將説楚王，路過洛陽，父母聞之，清宫除道，張樂設飲，郊迎三十里。妻側目而視，傾耳而聽；嫂虵行匍伏，四拜自跪而謝。蘇秦曰：『嫂，何前倨而後卑也？』嫂曰：『以季子之位尊而多金。』蘇秦曰：『嗟乎！貧窮則父母不子，富貴則親戚畏懼。人生世上，勢位富貴，蓋可忽乎哉！』

秦惠王謂寒泉子

秦惠王謂寒泉子曰：『蘇秦欺寡人，欲以一人之智，反覆東山之君，從以欺秦。趙固負其衆，故先使蘇秦以幣帛約乎諸侯。諸侯不可一，猶連鷄之不能俱止于棲之明矣。寡人忿然，含怒日久，吾欲使武安子起往喻意焉。』寒泉子曰：『不可。夫攻城墮邑，請使武安子。善我國家使諸侯，請使客卿張儀。』秦惠王曰：『受命。』

泠向謂秦王

泠向謂秦王曰：『向欲以齊事王，使攻宋也。宋破，晋國危，安邑王之有也。燕、趙惡齊、秦之合，必割地以交于王矣。齊必重于王，則向之攻宋也，且以恐齊而重王。王何惡向之攻宋乎？向以王之明爲先知之，故不言。』

張儀説秦王

張儀説秦王曰：『臣聞之，弗知而言爲不智，知而不言爲不忠。爲人臣不忠當死，言不審亦當死。雖然，臣願悉言所聞，大王裁其罪。臣聞，天下陰燕陽魏，連荆固齊，收餘韓成從，將西南以與秦爲難。臣竊笑之。世有三亡，而天下得之，其此之謂乎！臣聞之曰：「以亂攻治者亡，以邪攻正者亡，以逆攻順者亡。」今天下之府庫不盈，囷倉空虛，悉其士民，張軍數千百萬，白刃在前，斧質在後，而皆去走，不能死，罪其百姓不能死也，其上不能殺也。言賞則不與，言罰則不行，賞罰不行，故民不死也。

『今秦出號令而行賞罰，不攻無攻相事也。出其父母懷衽之中，生未嘗見寇也，聞戰頓足徒裼，犯白刃，蹈煨炭，斷死于前者比是也。夫斷死與斷生也不同，而民爲之者是貴奮也。一可以勝十，十可以勝百，百可以勝千，千可以勝萬，萬可以勝天下矣。今秦地形，斷長續短，方數千里，名師數百萬，秦之號令賞罰，地形利害，天下莫如也。以此與天下，天下不足兼而有也。是知秦戰未嘗不勝，攻未嘗不取，所當未嘗不破也。開地數千里，此甚大功也。然而甲兵頓，士民病，蓄積索，田疇荒，囷倉虛，四鄰諸侯不服，伯王之名不成，此無异故，謀臣皆不盡其忠也。

『臣敢言往昔。昔者齊南破荆，中破宋，西服秦，北破燕，中使韓、魏之君，地廣而兵强，戰勝攻取，詔令天下，濟清河濁，足以爲限，長城、鉅坊，足以爲塞。齊，五戰之國也，一戰不勝而無齊。故由此觀之，夫戰者萬乘之存亡也。

『且臣聞之曰：「削株掘根，無與禍鄰，禍乃不存。」秦與荆人戰，大破荆，襲郢，取洞庭、五都、江南。荆王亡奔走，東伏于陳。當是之時，隨荆以兵，則荆可舉。舉荆，則其民足貪也，地足利也。東以强齊、燕，中陵三晋。然則是一舉而伯王之名可成也，四鄰諸侯可朝也。而謀臣不爲，引軍而退，與荆人和。今荆人收亡國，聚散民，立社主，置宗廟，令帥天下西面以與秦爲難，此固已無伯王之道一矣。天下有比志而軍華下，大王以詐破之，兵至梁郭，圍梁數旬，則梁可拔。拔梁，則魏可舉。舉魏，則荆、趙之志絶。荆、趙之志絶，則趙危。趙危而荆孤。東以强齊、燕，中陵三晋，然則是一舉而伯王之名可成也，四鄰諸侯可朝也。而謀臣不爲，引軍而退，與魏氏和，令魏氏收亡國，聚散民，立社主，置宗廟，此固已無伯王之道二矣。前者穰侯之治秦也，用一國之兵，而欲以成兩國之功。是故兵終身暴靈于外，士民潞病于內，伯王之名不成，此固已無伯王之道三矣。

『趙氏，中央之國也，雜民之所居也。其民輕而難用，號令不治，賞罰不信，地形不便，上非能盡其民力。彼固亡國之形也，而不憂民氓。悉其士民，軍于長平之下，以争韓之上黨，大王以詐破之，拔武安。當是時，趙氏上下不相親也，貴賤不相信，然則是邯鄲不守，拔邯鄲，完河間，引軍而去，西攻脩武，逾羊腸，降代、上黨。代三十六縣，上黨十七縣，不用一領甲，不苦一民，皆秦之有也。代、上黨不戰而已爲秦矣，東陽河外不戰而已反爲齊矣，中呼池以北不戰而已爲燕矣。然則是舉趙則韓必亡，韓亡則荊、魏不能獨立。荊、魏不能獨立，則是一舉而壞韓，蠹魏，挾荊，以東弱齊、燕，决白馬之口，以流魏氏。一舉而三晋亡，從者敗。大王拱手以須，天下徧隨而伏，伯王之名可成也。而謀臣不爲，引軍而退，與趙氏爲和。以大王之明，秦兵之强，伯王之業，地尊不可得，乃取欺于亡國，是謀臣之拙也。且夫趙當亡不亡，秦當伯不伯，天下固量秦之謀臣一矣。乃復悉卒乃攻邯鄲，不能拔也，棄甲兵怒，戰慄而却，天下固量秦力二矣。軍乃引退，并于李下，大王又并軍而致與戰，非能厚勝之也，又交罷却，天下固量秦力三矣。內者量吾謀臣，外者極吾兵力。由是觀之，臣以天下之從，豈其難矣。內者吾甲兵頓，士民病，蓄積索，田疇荒，囷倉虛；外者天下比志甚固。願大王有以慮之也。

『且臣聞之，戰戰慄慄，日慎一日。苟慎其道，天下可有也。何以知其然也？昔者紂爲天子，帥天下將甲百萬，左飲于淇谷，右飲于洹水，淇水竭而洹水不流，以與周武爲難。武王將素甲三千領，戰一日，破紂之國，禽其身，據其地，而有其民，天下莫不傷。智伯帥三國之衆，以攻趙襄主于晉陽，决水灌之，三年，城且拔矣。襄主錯龜，數策占兆，以視利害，何國可降，而使張孟談。于是潛行而出，反智伯之約，得兩國之衆，以攻智伯之國，禽其身，以成襄子之功。今秦地斷長續短，方數千里，名師數百萬，秦國號令賞罰，地形利害，天下莫如也。以此與天下，天下可兼而有也。

『臣昧死望見大王，言所以舉破天下之從，舉趙亡韓，臣荆、魏，親齊、燕，以成伯王之名，朝四鄰諸侯之道。大王試聽其說，一舉而天下之從不破，趙不舉，韓不亡，荊、魏不臣，齊、燕不親，伯王之名不成，四鄰諸侯不朝，大王斬臣以徇于國，以主爲謀不忠者。』

張儀欲假秦兵以救魏

張儀欲假秦兵以救魏。左成謂甘茂曰：『子不予之。魏不反秦兵，張子不反秦。魏若反秦兵，張子得志于魏，不敢反于秦矣。張子不去秦，張子必高子。』

司馬錯與張儀爭論于秦惠王前

司馬錯與張儀爭論于秦惠王前。司馬錯欲伐蜀，張儀曰：『不如伐韓。』王曰：『請聞其說。』

對曰：『親魏善楚，下兵三川，塞轘轅、緱氏之口，當屯留之道，魏絶南陽，楚臨南鄭，秦攻新城、宜陽，以臨二周之郊，誅周主之罪，侵楚、魏之地。周自知不救，九鼎寶器必出。據九鼎，按圖籍，挾天子以令天下，天下莫敢不聽，此王業也。今夫蜀，西辟之國，而戎狄之長也，弊兵勞衆不足以成名，得其地不足以爲利。臣聞：「争名者于朝，争利者于市。」今三川、周室，天下之市朝也，而王不争焉，顧争于戎狄，去王業遠矣。』

司馬錯曰：『不然。臣聞之，欲富國者，務廣其地；欲强兵者，務富其民；欲王者，務博其德。三資者備，而王隨之矣。今王之地小民貧，故臣願從事于易。夫蜀，西辟之國也，而戎狄之長也，而有桀、紂之亂。以秦攻之，譬如使豺狼逐群羊也。取其地，足以廣國也；得其財，足以富民；繕兵不傷衆，而彼已服矣。故拔一國，而天下不以爲暴；利盡西海，諸侯不以爲貪。是我一舉而名實兩附，而又有禁暴正亂之名。今攻韓劫天子，劫天子，惡名也，而未必利也，又有不義之名，而攻天下之所不欲，危！臣請謁其故：周，天下之宗室也；齊，韓、周之與國也。周自知失九鼎，韓自知亡三川，則必將二國并力合謀，以因于齊、趙，而求解乎楚、魏。以鼎與楚，以地與魏，王不能禁。此臣所謂「危」，不如伐蜀之完也。』惠王曰：『善！寡人聽子。』

卒起兵伐蜀，十月取之，遂定蜀。蜀主更號爲侯，而使陳莊相蜀。蜀既屬，秦益强富厚，輕諸侯。

張儀之殘樗里疾

張儀之殘樗里疾也，重而使之楚。因令楚王爲之請相于秦。張子謂秦王曰：『重樗里疾而使之者，將以爲國交也。今身在楚，楚王因爲請相于秦。臣聞其言曰：「王欲窮儀于秦乎？臣請助王。」楚王以爲然，故爲請相也。今王誠聽之，彼必以國事楚王。』秦王大怒，樗里疾出走。

張儀欲以漢中與楚

張儀欲以漢中與楚，請秦王曰：『有漢中，蠹。種樹不處者，人必害之；家有不宜之財，則傷本。漢中南邊爲楚利，此國累也。』甘茂謂王曰：『地大者，固多憂乎！天下有變，王割漢中以爲和楚，楚必畔天下而與王。王今以漢中與楚，即天下有變，王何以市楚也？』

楚攻魏張儀謂秦王

楚攻魏。張儀謂秦王曰：『不如與魏以勁之，魏戰勝，復聽于秦，必入西河之外；不勝，魏不能守，王必取之。』

王用儀言，取皮氏卒萬人，車百乘，以與魏。犀首戰勝威王，魏兵罷弊，恐畏秦，果獻西河之外。

田莘之爲陳軫説秦惠王

田莘之爲陳軫説秦惠王，曰：『臣恐王之如郭君。夫晉獻公欲伐郭，而憚舟之僑存。荀息曰：「《周書》有言，美女破舌。」乃遺之女樂，以亂其政。舟之僑諫而不聽，遂去。因而伐郭，遂破之。又欲伐虞，而憚宫之奇存，荀息曰：「《周書》有言，美男破老。」乃遺之美男，教之惡宫之奇。宫之奇以諫而不聽，遂亡。因而伐虞，遂取之。今秦自以爲王，能害王者之國者，楚也。楚智橫君之善用兵，用兵與陳軫之智，故驕張儀以五國。來，必惡是二人。願王勿聽也。』張儀果來辭，因言軫也，王怒而不聽。

張儀又惡陳軫于秦王

張儀又惡陳軫于秦王，曰：『軫馳楚、秦之間，今楚不加善秦而善軫，然則是軫自爲而不爲國也。且軫欲去秦而之楚，王何不聽乎？』

王謂陳軫曰：『吾聞子欲去秦而之楚，信乎？』陳軫曰：『然。』王曰：『儀之言果信也。』曰：『非獨儀知之也，行道之人皆知之。曰：「孝己愛其親，天下欲以爲子；子胥忠乎其君，天下欲以爲臣。賣僕妾售乎閭巷者，良僕妾也；出婦嫁鄉曲者，良婦也。」吾不忠于君，楚亦何以軫爲忠乎？忠且見棄，吾不之楚，何適乎？』秦王曰：『善。』乃必之也。

陳軫去楚之秦

陳軫去楚之秦。張儀謂秦王曰：『陳軫爲王臣，常以國情輸楚。儀不能與從事，願王逐之。即復之楚，願王殺之。』王曰：『軫安敢之楚也。』

王召陳軫，告之曰：『吾能聽子言，子欲何之？請爲子車約。』對曰：『臣願之楚。』王曰：『儀以子爲之楚，吾又自知子之楚。子非楚，且安之也！』軫曰：『臣出，必故之楚，以順王與儀之策，而明臣之楚與不也。楚人有兩妻者，人誂其長者，詈之；誂其少者，少者許之。居無幾何，有兩妻者死。客謂誂者曰：「汝取長者乎？少者乎？」「取長者。」客曰：「長者詈汝，少者和汝，汝何爲取長者？」曰：「居彼人之所，則欲其許我也。今爲我妻，則欲其爲我詈人也。」今楚王明主也，而昭陽賢相也。軫爲人臣，而常以國輸楚王，王必不留臣，昭陽將不與臣從事矣。以此明臣之楚與不。』

軫出，張儀入，問王曰：『陳軫果安之？』王曰：『夫軫天下之辯士也，孰視寡人曰：「軫必之楚。」寡人遂無奈何也。寡人因問曰：「子必之楚也，則儀之言果信矣！」軫曰：「非獨儀之言也，行道之人皆知之。昔者子胥忠其君，天下皆欲以爲臣；孝己愛其親，天下皆欲以爲子。故賣僕妾不出里巷而取者，良僕妾也；出婦嫁于鄉里者，善婦也。臣不忠于王，楚何以軫爲？忠尚見棄，軫不之楚，而何之乎？」』王以爲然，遂善待之。

卷四　秦二

齊助楚攻秦

齊助楚攻秦，取曲沃。其後，秦欲伐齊，齊、楚之交善，惠王患之，謂張儀曰：『吾欲伐齊，齊、楚方歡，子爲寡人慮之，奈何？』張儀曰：『王其爲臣約車并幣，臣請試之。』

張儀南見楚王曰：『弊邑之王所說甚者，無大大王；唯儀之所甚願爲臣者，亦無大大王。弊邑之王所甚憎者，亦無先齊王；唯儀之甚憎者，亦無大齊王。今齊王之罪，其于弊邑之王甚厚，弊邑欲伐之，而大國與之歡，是以弊邑之王不得事令，而儀不得爲臣也。大王苟能閉關絶齊，臣請使秦王獻商於之地，方六百里。若此，齊必弱，齊弱則必爲王役矣。則是北弱齊，西德于秦，而私商於之地以爲利也，則此一計而三利俱至。』

楚王大說，宣言之于朝廷，曰：『不穀得商於之田，方六百里。』群臣聞見者畢賀，陳軫後見，獨不賀。楚王曰：『不穀不煩一兵，不傷一人，而得商於之地六百里，寡人自以爲智矣！諸士大夫皆賀，子獨不賀，何也？』陳軫對曰：『臣見商於之地不可得，而患必至也，故不敢妄賀。』王曰：『何也？』對曰：『夫秦所以重王者，以王有齊也。今地未可得而齊先絶，是楚孤也，秦又何重孤國？且先出地絶齊，秦計必弗爲也。先絶齊後責地，且必受欺于張儀。受欺于張儀，王必惋之。是西生秦患，北絶齊交，則兩國兵必至矣。』楚王不聽，曰：『吾事善矣！子其弭口無言，以待吾事。』楚王使人絶齊，使者未來，又重絶之。

張儀反，秦使人使齊，齊、秦之交陰合。楚因使一將軍受地于秦。張儀至，稱病不朝。楚王曰：『張子以寡人不絶齊乎？』乃使勇士往詈齊王。張儀知楚絶齊也，乃出見使者曰：『從某至某，廣從六里。』使者曰：『臣聞六百里，不聞六里。』儀曰：『儀固以小人，安得六百里？』使者反報楚王，楚王大怒，欲興師伐秦。陳軫曰：『臣可以言乎？』王曰：『可矣。』軫曰：『伐秦非計也，王不如因而賂之一名都，與之伐齊，是我亡于秦而取償于齊也。楚國不尚全事。王今已絶齊，而責欺于秦，是吾合齊、秦之交也，國必大傷。』

楚王不聽，遂舉兵伐秦。秦與齊合，韓氏從之。楚兵大敗于杜陵。故楚之土壤士民非削弱，僅以救亡者，計失于陳軫，過聽于張儀。

楚絶齊齊舉兵伐楚

楚絶齊，齊舉兵伐楚。陳軫謂楚王曰：「王不如以地東解于齊，西講于秦。」

楚王使陳軫之秦，秦王謂軫曰：「子秦人也，寡人與子故也，寡人不佞，不能親國事也，故子棄寡人事楚王。今齊、楚相伐，或謂救之便，或謂救之不便，子獨不可以忠爲子主計，以其餘爲寡人乎？」陳軫曰：「王獨不聞吴人之游楚者乎？楚王甚愛之，病，故使人問之，曰：『誠病乎？意亦思乎？』左右曰：『臣不知其思與不思，誠思則將吴吟。』今軫將爲王吴吟。王不聞夫管與之説乎？有兩虎諍人而鬬者，管莊子將刺之，管與止之曰：『虎者，戾蟲；人者，甘餌也。今兩虎諍人而鬬，小者必死，大者必傷。子待傷虎而刺之，則是一舉而兼兩虎也。無刺一虎之勞，而有刺兩虎之名。』齊、楚今戰，戰必敗。敗，王起兵救之，有救齊之利，而無伐楚之害。計聽知覆逆者，唯王可也。計者，事之本也；聽者，存亡之機。計失而聽過，能有國者寡也。故曰：「計有一二者難悖也，聽無失本末者難惑。」』

秦惠王死公孫衍欲窮張儀

秦惠王死，公孫衍欲窮張儀。李讎謂公孫衍曰：『不如召甘茂于魏，召公孫顯于韓，起樗里子于國。三人者，皆張儀之讎也，公用之，則諸侯必見張儀之無秦矣！』

義渠君之魏

義渠君之魏，公孫衍謂義渠君曰：『道遠，臣不得復過矣，請謁事情。』義渠君曰：『願聞之。』對曰：『中國無事于秦，則秦且燒焫獲君之國；中國爲有事于秦，則秦且輕使重幣，而事君之國也。』義渠君曰：『謹聞命。』

居無幾何，五國伐秦。陳軫謂秦王曰：『義渠君者，蠻夷之賢君，王不如賂之以撫其心。』秦王曰：『善。』因以文綉千匹，好女百人，遺義渠君。

義渠君致群臣而謀曰：『此乃公孫衍之所謂也。』因起兵襲秦，大敗秦人于李帛之下。

醫扁鵲見秦武王

醫扁鵲見秦武王，武王示之病，扁鵲請除。左右曰：『君之病，在耳之前，目之下，除之未必已也，將使耳不聰，目不明。』君以告扁鵲。扁鵲怒而投其石曰：『君與知之者謀之，而與不知者敗之。使此知秦國之政也，則君一舉而亡國矣。』

秦武王謂甘茂

秦武王謂甘茂曰：『寡人欲車通三川，以窺周室，而寡人死不朽矣！』甘茂對曰：『請之魏，約伐韓。』王令向壽輔行。

甘茂至魏，謂向壽：『子歸告王曰：「魏聽臣矣，然願王勿攻也。」事成，盡以爲子功。』向壽歸以告王，王迎甘茂于息壤。

甘茂至，王問其故。對曰：『宜陽，大縣也，上黨、南陽積之久矣，名爲縣，其實郡也。今王倍數險，行千里而攻之，難矣。臣聞張儀西并巴、蜀之地，北取西河之外，南取上庸，天下不以爲多張儀而賢先王。魏文侯令樂羊將，攻中山，三年而拔之，樂羊反而語功，文侯示之謗書一篋，樂羊再拜稽首曰：「此非臣之功，主君之力也。」今臣羈旅之臣也，樗里疾、公孫衍二人者，挾韓而議，王必聽之，是王欺魏，而臣受公仲侈之怨也。昔者曾子處費，費人有與曾子同名族者而殺人，人告曾子母曰：「曾參殺人。」曾子之母曰：「吾子不殺人。」織自若。有頃焉，人又曰：「曾參殺人。」其母尚織自若也。頃之，一人又告之曰：「曾參殺人。」其母懼，投杼逾墻而走。夫以曾參之賢，與母之信也，而三人疑之，則慈母不能信也。今臣之賢不及曾子，而王之信臣又未若曾子之母也，疑臣者不適三人，臣恐王爲臣之投杼也。』王曰：『寡人不聽也，請與子盟。』于是與之盟于息壤。

果攻宜陽，五月而不能拔也。樗里疾、公孫衍二人在，爭之王，王將聽之，召甘茂而告之。甘茂對曰：『息壤在彼。』王曰：『有之。』因悉起兵，復使甘茂攻之，遂拔宜陽。

宜陽之役馮章謂秦王

宜陽之役，馮章謂秦王曰：『不拔宜陽，韓、楚乘吾弊，國必危矣！不如許楚漢中以歡之。楚歡而不進，韓必孤，無奈秦何矣！』王曰：『善。』果使馮章許楚漢中，而拔宜陽。楚王以其言責漢中于馮章，馮章謂秦王曰：『王遂亡臣，因謂楚王曰：「寡人固無地而許楚王。」』

甘茂攻宜陽

甘茂攻宜陽，三鼓之而卒不上。秦之右將有尉對曰：『公不論兵，必大困。』甘茂曰：『我羈旅而得相秦者，我以宜陽餌王。今攻宜陽而不拔，公孫衍、樗里疾挫我于內，而公中以韓窮我于外，是無茂之日已！請明日鼓之而不可下，因以宜陽之郭爲墓。』于是出私金以益公賞。明日鼓之，宜陽拔。

宜陽未得

宜陽未得，秦死傷者衆，甘茂欲息兵。左成謂甘茂曰：『公内攻于樗里疾、公孫衍，而外與韓侈爲怨，今公用兵無功，公必窮矣。公不如進兵攻宜陽，宜陽拔，則公之功多矣。是樗里疾、公孫衍無事也，秦衆盡怨之深矣。』

宜陽之役楚畔秦而合于韓

宜陽之役，楚畔秦而合于韓。秦王懼。甘茂曰：『楚雖合韓，不爲韓氏先戰；韓亦恐戰而楚有變其後。韓、楚必相御也。楚言與韓，而不餘怨于秦，臣是以知其御也。』

秦王謂甘茂

秦王謂甘茂曰：『楚客來使者多健，與寡人争辭，寡人數窮焉，爲之奈何？』甘茂對曰：『王勿患也！其健者來使，則王勿聽其事；其需弱者來使，則王必聽之。然則需弱者用，而健者不用矣！王因而制之。』

甘茂亡秦且之齊

甘茂亡秦，且之齊，出關遇蘇子，曰：『君聞夫江上之處女乎？』蘇子曰：『不聞。』曰：『夫江上之處女，有家貧而無燭者，處女相與語，欲去之。家貧無燭者將去矣，謂處女曰：「妾以無燭，故常先至，掃室布席，何愛餘明之照四壁者？幸以賜妾，何妨于處女？妾自以有益于處女，何爲去我？」處女相語以爲然而留之。今臣不肖，棄逐于秦而出關，願爲足下掃室布席，幸無我逐也。』蘇子曰：『善。請重公于齊。』

乃西説秦王曰：『甘茂，賢人，非恒士也。其居秦累世重矣，自殽塞、溪谷，地形險易盡知之。彼若以齊約韓、魏，反以謀秦，是非秦之利也。』秦王曰：『然則奈何？』蘇代曰：『不如重其贄，厚其禄以迎之。彼來則置之槐谷，終身勿出，天下何從圖秦？』秦王曰：『善。』與之上卿，以相迎之齊。

甘茂辭不往，蘇秦僞謂王曰：『甘茂，賢人也。今秦與之上卿，以相迎之，茂德王之賜，故不往，願爲王臣。今王何以禮之？王若不留，必不德王。彼以甘茂之賢，得擅用强秦之衆，則難圖也！』齊王曰：『善。』賜之上卿，命而處之。

甘茂相秦

甘茂相秦。秦王愛公孫衍，與之間有所立，因自謂之曰：『寡人且相子。』甘茂之吏道而聞之，以告甘茂。甘茂因入見王曰：『王得賢相，敢再拜賀。』王曰：『寡人托國于子，焉更得賢相？』對曰：『王且相犀首。』王曰：『子焉聞之？』對曰：『犀首告臣。』王怒于犀首之泄也，乃逐之。

甘茂約秦魏而攻楚

甘茂約秦、魏而攻楚。楚之相秦者屈蓋，爲楚和于秦，秦啓關而聽楚使。甘茂謂秦王曰：『怵于楚而不使魏制和，楚必曰「秦鬻魏」。不悦而合于楚，楚、魏爲一，國恐傷矣。王不如使魏制和，魏制和必悦。王不惡于魏，則寄地必多矣。』

陘山之事

陘山之事，趙且與秦伐齊。齊懼，令田章以陽武合于趙，而以順子爲質。趙王喜，乃案兵告于秦曰：『齊以陽武賜弊邑而納順子，欲以解伐。敢告下吏。』

秦王使公子他之趙，謂趙王曰：『齊與大國救魏而倍約，不可信恃，大國不義，以告弊邑，而賜之二社之地，以奉祭祀。今又案兵，且欲合齊而受其地，非使臣之所知也。請益甲四萬，大國裁之。』

蘇代爲齊獻書穰侯曰：『臣聞往來之者言曰：「秦且益趙甲四萬人以伐齊。」臣竊必之弊邑之王曰：「秦王明而熟于計，穰侯智而習于事，必不益趙甲四萬人以伐齊。」是何也？夫三晋相結，秦之深讎也。三晋百背秦，百欺秦，不爲不信，不爲無行。今破齊以肥趙，趙，秦之深讎，不利于秦。一也。秦之謀者必曰：「破齊弊晋，而後制晋、楚之勝。」夫齊，罷國也，以天下擊之，譬猶以千鈞之弩潰癰也。秦王安能制晋、楚哉！二也。秦少出兵，則晋、楚不信；多出兵，則晋、楚爲制于秦。齊恐，則必不走于秦且走晋、楚。三也。齊割地以實晋、楚，則晋、楚安。齊舉兵而爲之頓劍，則秦反受兵。四也。是晋、楚以秦破齊，以齊破秦，何晋、楚之智而齊、秦之愚！五也。秦得安邑，善齊以安之，亦必無患矣。秦有安邑，則韓、魏必無上黨哉。夫取三晋之腸胃與出兵而懼其不反也，孰利？故臣竊必之弊邑之王曰：「秦王明而熟于計，穰侯智而習于事，必不益趙甲四萬人以伐齊矣。」

秦宣太后愛魏醜夫

秦宣太后愛魏醜夫。太后病將死，出令曰：『爲我葬，必以魏子爲殉。』魏子患之。庸芮爲魏子説太后曰：『以死者爲有知乎？』太后曰：『無知也。』曰：『若太后之神靈，明知死者之無知矣，何爲空以生所愛，葬于無知之死人哉！若死者有知，先王積怒之日久矣，太后救過不瞻，何暇乃私魏醜夫乎？』太后曰：『善。』乃止。

卷五　秦三

薛公爲魏謂魏冉

薛公爲魏謂魏冉曰：『文聞秦王欲以吕禮收齊，以濟天下，君必輕矣。齊、秦相聚以臨三晋，禮必并相之，是君收齊以重吕禮也。齊免于天下之兵，其讎君必深。君不如勸秦王令弊邑卒攻齊之事。齊破，文請以所得封君。齊破晋强，秦王畏晋之强也，必重君以取晋。齊予晋弊邑，而不能支秦，晋必重君以事秦。是君破齊以爲功，操晋以爲重也。破齊定封，而秦、晋皆重君；若齊不破，吕禮復用，子必大窮矣。』

秦客卿造謂穰侯

秦客卿造謂穰侯曰：『秦封君以陶，藉君天下數年矣。攻齊之事成，陶爲萬乘，長小國，率以朝天子，天下必聽，五伯之事也；攻齊不成，陶爲鄰恤，而莫之據也。故攻齊之于陶也，存亡之機也。

『君欲成之，何不使人謂燕相國曰：「聖人不能爲時，時至而弗失。舜雖賢，不遇堯也，不得爲天子；湯、武雖賢，不當桀、紂不王。故以舜、湯、武之賢，不遭時不得帝王。今攻齊，此君之大時也已。因天下之力，伐讎國之齊，報惠王之耻，成昭王之功，除萬世之害，此燕之長利，而君之大名也。《書》云，樹德莫如滋，除害莫如盡。吴不亡越，越故亡吴；齊不亡燕，燕故亡齊。齊亡于燕，吴亡于越，此除疾不盡也。以非此時也，成君之功，除君之害，秦卒有他事而從齊，齊、趙合，其讎君必深矣。挾君之讎以誅于燕，後雖悔之，不可得也已。君悉燕兵而疾僭之，天下之從君也，若報父子之仇。誠能亡齊，封君于河南，爲萬乘，達途于中國，南與陶爲鄰，世世無患。願君之專志于攻齊，而無他慮也。」』

魏謂魏冉

魏謂魏冉曰：『公聞東方之語乎？』曰：『弗聞也。』曰：『辛、張陽、毋澤説魏王、薛公、公叔也，曰：「臣戰，載主契國以與王約，必無患矣。若有敗之者，臣請挈領。

然而臣有患也。夫楚王之以其臣請挈領然而臣有患也。夫楚王之以其國依冉也，而事臣之主，此臣之甚患也。」今公東而因言于楚，是令張儀之言爲禹，而務敗公之事也。公不如反公國，德楚而觀薛公之爲公也。觀三國之所求于秦而不能得者，請以號三國以自信也。觀張儀與澤之所不能得于薛公者也，而公請之以自重也。』

謂魏冉曰和不成

謂魏冉曰：『和不成，兵必出。白起者，且復將。戰勝，必窮公；不勝，必事趙從公。公又輕，公不若毋多，則疾到。』

謂穰侯

謂穰侯曰：『爲君慮封，若于除。宋罪，重齊怒；須殘伐亂宋，德强齊，定身封。此亦百世之時也已！』

謂魏冉曰楚破秦

謂魏冉曰：『楚破秦，不能與齊縣衡矣。秦三世積節于韓、魏，而齊之德新加與。齊、秦交争，韓、魏東聽，則秦伐矣。齊有東國之地，方千里。楚苞九夷，又方千里，南有符離之塞，北有甘魚之口。權縣宋、衛，宋、衛乃當阿、甄耳。利有千里者二，富擅越隸，秦烏能與齊縣衡韓、魏，支分方城膏腴之地以薄鄭，兵休復起，足以傷秦，不必待齊。』

五國罷成睪

五國罷成睪，秦王欲爲成陽君求相韓、魏，韓、魏弗聽。秦太后爲魏冉謂秦王曰：『成陽君以王之故，窮而居于齊，今王見其達而收之，亦能翕其心乎？』王曰：『未也。』太后曰：『窮而不收，達而報之，恐不爲王用；且收成陽君，失韓、魏之道也。』

范子因王稽入秦

范子因王稽入秦，獻書昭王曰：『臣聞明主莅正，有功者不得不賞，有能者不得不官；勞大者其禄厚，功多者其爵尊，能治衆者其官大。故不能者不敢當其職焉，能者亦不得蔽隱。使以臣之言爲可，則行而益利其道；若將弗行，則久留臣無爲也。語曰：「人主賞所愛，而罰所惡。明主則不然，賞必加于有功，刑必斷于有罪。」今臣之胸不足以當椹質，要不足以待斧鉞，豈敢以疑事嘗試于王乎？雖以臣爲賤而輕辱臣，獨不重任臣者後無反覆于王前耶！

『臣聞周有砥厄，宋有結緑，梁有懸黎，楚有和璞。此四寶者，工之所失也，而爲天下名器。然則聖王之所棄者，獨不足以厚國家乎？

『臣聞善厚家者，取之于國；善厚國者，取之于諸侯。天下有明主，則諸侯不得擅厚矣。是何故也？爲其凋榮也。良醫知病人之死生，聖主明于成敗之事，利則行之，害則舍之，疑則少嘗之，雖堯、舜、禹、湯復生，弗能改已！語之至者，臣不敢載之于書；其淺者又不足聽也。意者，臣愚而不闔于王心耶！已其言臣者，將賤而不足聽耶！非若是也，則臣之志，願少賜游觀之間，望見足下而入之。』

書上，秦王説之，因謝王稽説，使人持車召之。

范雎至秦

范雎至秦，王庭迎，謂范雎曰：『寡人宜以身受令久矣。今者義渠之事急，寡人日自請太后。今義渠之事已，寡人乃得以身受命。躬竊閔然不敏，敬執賓主之禮。范雎辭讓。

是日見范雎，見者無不變色易容者。秦王屏左右，宫中虚無人，秦王跪而請曰：『先生何以幸教寡人？』范雎曰：『唯唯。』有間，秦王復請，范雎曰：『唯唯。』若是者三。

秦王跽曰：『先生不幸教寡人乎？』

范雎謝曰：『非敢然也。臣聞始時吕尚之遇文王也，身爲漁父而釣于渭陽之濱耳。若是者，交疏也。已一説而立爲太師，載與俱歸者，其言深也。故文王果收功于吕尚，卒擅天下而身立爲帝王。即使文王疏吕望而弗與深言，是周無天子之德，而文、武無與成其王也。今臣，羈旅之臣也，交疏于王，而所願陳者，皆匡君臣之事，處人骨肉之間，願以陳臣之陋忠，而未知王心也，所以王三問而不對者是也。臣非有所畏而不敢言也，知今日言之于前，而明日伏誅于後，然臣弗敢畏也。大王信行臣之言，死不足以爲臣患，亡不足以爲臣憂，漆身而爲厲，被髪而爲狂，不足以爲臣耻。五帝之聖焉而死，三王之仁焉而死，五伯之賢焉而死，烏獲之力焉而死，奔、育之勇焉而死。死者，人之所必不免也。處必然之勢，可以少有補于秦，此臣之所大願也。臣何患乎？伍子胥橐載而出昭關，夜行而晝伏，至于蔆水，無以餌其口，坐行蒲服，乞食于吴市，卒興吴國，闔廬爲霸。使臣得進謀如伍子胥，加之以幽囚，重身不復見，是臣説之行也，臣何憂乎？箕子、接輿，漆身而爲厲，被髪而爲狂，無益于殷、楚。使臣得同行于箕子、接輿，漆身可以補所賢之主，是臣之大榮也，臣又何耻乎？臣之所恐者，獨恐臣死之後，天下見臣盡忠而身蹶也，是以杜口裹足，莫肯即秦耳。足下上畏太后之嚴，下惑奸臣之態；居深宫之中，不離保傅之手；終身闇惑，無與照奸；大者宗廟滅覆，小者身以孤危。此臣之所恐耳！若夫窮辱之事，死亡之患，臣弗敢畏也。臣死而秦治，賢于生也。』

秦王跽曰：『先生是何言也！夫秦國僻遠，寡人愚不肖，先生乃幸至此，此天以寡人慁先生，而存先王之廟也。寡人得受命于先生，此天所以幸先王而不棄其孤也。先生奈何而言若此！事無大小，上及太后，下至大臣，願先生悉以教寡人，無疑寡人也。』范雎再拜，秦王亦再拜。

范雎曰：『大王之國，北有甘泉、谷口，南帶涇、渭，右隴、蜀，左關、阪；戰車千乘，奮擊百萬。以秦卒之勇，車騎之多，以當諸侯，譬若馳韓盧而逐蹇兔也，霸王之業可致。今反閉關而不敢窺兵于山東者，是穰侯爲國謀不忠，而大王之計有所失也。』

王曰：『願聞所失計。』

雎曰：『大王越韓、魏而攻强齊，非計也。少出師，則不足以傷齊；多之則害于秦。臣意王之計欲少出師，而悉韓、魏之兵則不義矣。今見與國之不可親，越人之國而攻，可乎？疏于計矣！昔者，齊人伐楚，戰勝，破軍殺將，再辟千里，膚寸之地無得者，豈齊不欲地哉，形弗能有也。諸侯見齊之罷露，君臣之不親，舉兵而伐之，主辱軍破，爲天下笑。所以然者，以其伐楚而肥韓、魏也。此所謂藉賊兵而齎盜食者也。王不如遠交而近攻，得寸則王之寸，得尺亦王之尺也。今舍此而遠攻，不亦繆乎？且昔者，中山之地，方五百里，趙獨擅之，功成、名立、利附，則天下莫能害。今韓、魏，中國之處，而天下之樞也。王若欲霸，必親中國而以爲天下樞，以威楚、趙。趙强則楚附，楚强則趙附。楚、趙附則齊必懼，懼必卑辭重幣以事秦，齊附而韓、魏可虛也。』

王曰：『寡人欲親魏，魏多變之國也，寡人不能親。請問親魏奈何？』范睢曰：『卑辭重幣以事之。不可，削地而賂之。不可，舉兵而伐之。』于是舉兵而攻邢丘，邢丘拔而魏請附。

曰：『秦、韓之地形，相錯如綉。秦之有韓，若木之有蠹，人之病心腹。天下有變，爲秦害者莫大于韓。王不如收韓。』王曰：『寡人欲收韓，不聽，爲之奈何？』

范睢曰：『舉兵而攻滎陽，則成睪之路不通；北斬太行之道，則上黨之兵不下；

一舉而攻滎陽，則其國斷而爲三。魏、韓見必亡，焉得不聽？韓聽而霸事可成也。』

王曰：『善。』

范雎曰：『臣居山東，聞齊之内有田單，不聞其王。聞秦之有太后、穰侯、涇陽、華陽，不聞其有王。夫擅國之謂王，能專利害之謂王，制殺生之威之謂王。今太后擅行不顧，穰侯出使不報，涇陽、華陽擊斷無諱，四貴備而國不危者，未之有也。爲此四者，下乃所謂無王已。然則權焉得不傾，而令焉得從王出乎？臣聞：「善爲國者，内固其威，而外重其權。」穰侯使者操王之重，决裂諸侯，剖符于天下，征敵伐國，莫敢不聽。戰勝攻取，則利歸于陶；國弊，御于諸侯；戰敗，則怨結于百姓，而禍歸社稷。《詩》曰：「木實繁者披其枝，披其枝者傷其心。大其都者危其國，尊其臣者卑其主。」淖齒管齊之權，縮閔王之筋，縣之廟梁，宿昔而死。李兑用趙，減食主父，百日而餓死。今秦，太后、穰侯用事，高陵、涇陽佐之，卒無秦王，此亦淖齒、李兑之類已。臣今見王獨立于廟朝矣，且臣將恐後世之有秦國者，非王之子孫也。』

秦王懼，于是乃廢太后，逐穰侯，出高陵，走涇陽于關外。

昭王謂范睢曰：『昔者，齊公得管仲，時以爲仲父。今吾得子，亦以爲父。』

應侯謂昭王

應侯謂昭王曰：『亦聞恒思有神叢與？恒思有悍少年，請與叢博，曰：「吾勝叢，叢籍我神三日；不勝叢，叢困我。」乃左手爲叢投，右手自爲投，勝叢，叢籍其神。三日，叢往求之，遂弗歸。五日而叢枯，七日而叢亡。今國者，王之叢；勢者，王之神。籍人以此，得無危乎？臣未嘗聞指大于臂，臂大于股，若有此，則病必甚矣。百人輿瓢而趨，不如一人持而走疾。百人誠輿瓢，瓢必裂。今秦國，華陽用之，穰侯用之，太后用之，王亦用之。不稱瓢爲器，則已；已稱瓢爲器，國必裂矣。臣聞之也：「木實繁者枝必披，枝之披者傷其心。都大者危其國，臣强者危其主。」其令邑中自斗食以上，至尉、內史及王左右，有非相國之人者乎？國無事，則已；國有事，臣必聞見王獨立于庭也。臣竊爲王恐，恐萬世之後有國者，非王之子孫也。

『臣聞古之善爲政也，其威內扶，其輔外布，四時治政，不亂不逆，使者直道而行，不敢爲非。今太后使者分裂諸侯，而符布天下，操大國之勢，强徵兵，伐諸侯。戰勝攻取，利盡歸于陶；國之幣帛，竭入太后之家；竟内之利，分移華陽。古之所謂「危主滅國之道」必從此起。三貴竭國以自安，然則令何得從王出，權何得毋分，是我王果處三分之一也。』

秦攻韓圍陘

秦攻韓，圍陘。范睢謂秦昭王曰：『有攻人者，有攻地者。穰侯十攻魏而不得傷者，非秦弱而魏强也，其所攻者，地也。地者，人主所甚愛也。人主者，人臣之所樂爲死也。攻人主之所愛，與樂死者鬬，故十攻而弗能勝也。今王將攻韓圍陘，臣願王之毋獨攻其地，而攻其人也。王攻韓圍陘，以張儀爲言。張儀之力多，且削地而以自贖于王，幾割地而韓不盡；張儀之力少，則王逐張儀，而更與不如張儀者市。則王之所求于韓者，言可得也。』

應侯曰鄭人謂玉未理者璞

應侯曰：『鄭人謂玉未理者璞，周人謂鼠未腊者朴。周人懷璞過鄭賈曰：「欲買朴乎？」鄭賈曰：「欲之。」出其朴，視之，乃鼠也。因謝不取。今平原君自以賢，顯名于天下，然降其主父沙丘而臣之。天下之王尚猶尊之，是天下之王不如鄭賈之智也，眩于名，不知其實也。』

天下之士合從相聚于趙

天下之士，合從相聚于趙，而欲攻秦。秦相應侯曰：『王勿憂也，請令廢之。秦于天下之士非有怨也，相聚而攻秦者，以己欲富貴耳。王見大王之狗，卧者卧，起者起，行者行，止者止，毋相與鬭者；投之一骨，輕起相牙者，何則？有争意也。』于是唐雎載音樂，予之五千金，居武安，高會相與飲，謂：『邯鄲人誰來取者？』于是其謀者固未可得予也，其可得與者，與之昆弟矣。

『公與秦計功者，不問金之所之，金盡者功多矣。今令人復載五千金隨公。』唐睢行，行至武安，散不能三千金，天下之士，大相與鬭矣。

謂應侯曰君禽馬服乎

謂應侯曰：『君禽馬服乎？』曰：『然。』『又即圍邯鄲乎？』曰：『然。』『趙亡，秦王王矣，武安君爲三公。武安君所以爲秦戰勝攻取者七十餘城，南亡鄢、郢、漢中，禽馬服之軍，不亡一甲，雖周召、呂望之功，亦不過此矣。趙亡，秦王王，武安君爲三公，君能爲之下乎？雖欲無爲之下，固不得之矣。秦嘗攻韓邢，困于上黨，上黨之民皆返爲趙。天下之民，不樂爲秦民之日固久矣。今攻趙，北地入燕，東地入齊，南地入楚、魏，則秦所得不一幾何。故不如因而割之，因以爲武安功。』

應侯失韓之汝南

應侯失韓之汝南。秦昭王謂應侯曰：『君亡國，其憂乎？』應侯曰：『臣不憂。』王曰：『何也？』曰：『梁人有東門吴者，其子死而不憂，其相室曰：「公之愛子也，天下無有，今子死不憂，何也？」東門吴曰：「吾嘗無子，無子之時不憂；今子死，乃即與無子時同也，臣奚憂焉？」臣亦嘗爲子，爲子時不憂；今亡汝南，乃與即爲梁餘子同也。臣何爲憂？」

秦王以爲不然，以告蒙傲曰：「今也，寡人一城圍，食不甘味，卧不便席，今應侯亡地而言不憂，此其情也？」蒙傲曰：「臣請得其情。」

蒙傲乃往見應侯，曰：「傲欲死。」應侯曰：「何謂也？」曰：「秦王師君，天下莫不聞，而況于秦國乎？今傲勢得秦爲王將，將兵，臣以韓之細也，顯逆誅，奪君地，傲尚奚生？不若死。」應侯拜蒙傲曰：「願委之卿。」蒙傲以報于昭王。

自是之後，應侯每言韓事者，秦王弗聽也，以其爲汝南虜也。

秦攻邯鄲

秦攻邯鄲，十七月不下。莊謂王稽曰：「君何不賜軍吏乎？」王稽曰：「吾與王也，不用人言。」莊曰：「不然。父之于子也，令有必行者，必不行者。曰『去貴妻，賣愛妾」，此令必行者也；因曰「毋敢思也」，此令必不行者也。守閭嫗曰：「其夕，某懦子内某士。」貴妻已去，愛妾已賣，而心不有。欲教之者，人心固有。今君雖幸于王，不過父子之親；軍吏雖賤，不卑于守閭嫗。且君擅主輕下之日久矣。聞「三人成虎，十夫楺椎。衆口所移，毋翼而飛」。故曰，不如賜軍吏而禮之。』王稽不聽，軍吏窮，果惡王稽、杜摯以反。

秦王大怒，而欲兼誅范睢。范睢曰：『臣，東鄙之賤人也，開罪于楚、魏，遁逃來奔。臣無諸侯之援，親習之故，王舉臣于羈旅之中，使職事，天下皆聞臣之身與王之舉也。今遇惑，或與罪人同心，而王明誅之，是王過舉顯于天下，而爲諸侯所議也。臣願請藥賜死，而恩以相葬臣，王必不失臣之罪，而無過舉之名。』王曰：『有之。』遂弗殺而善遇之。

蔡澤見逐于趙

蔡澤見逐于趙，而入韓、魏，遇奪釜鬲于塗。聞應侯任鄭安平、王稽，皆負重罪，應侯内慚，乃西入秦。將見昭王，使人宣言以感怒應侯曰：『燕客蔡澤，天下駿雄弘辯之士也。彼一見秦王，秦王必相之而奪君位。』

應侯聞之，使人召蔡澤。蔡澤入，則揖應侯，應侯固不快，及見之，又倨。應侯因讓之曰：『子常宣言代我相秦，豈有此乎？』對曰：『然。』應侯曰：『請聞其說。』蔡澤曰：『吁！君何見之晚也。夫四時之序，成功者去。夫人生手足堅强，耳目聰明聖知，豈非士之所願與？』應侯曰：『然。』蔡澤曰：『質仁秉義，行道施德于天下，天下懷樂敬愛，願以爲君王，豈不辯智之期與？』應侯曰：『然。』蔡澤復曰：『富貴顯榮，成理萬物，萬物各得其所；生命壽長，終其年而不夭傷；天下繼其統，守其業，傳之無窮，名實純粹，澤流千世，稱之而毋絶，與天下終。豈非道之符，而聖人所謂吉祥善事與？』應侯曰：『然。』澤曰：『若秦之商君，楚之吴起，越之大夫種，其卒亦可願矣。』應侯知蔡澤之欲困己以説，復曰：『何爲不可？夫公孫鞅事孝公，極身毋二，盡公不還私，信賞罰以致治，竭智能，示情素，蒙怨咎，欺舊交，虜魏公子卬，卒爲秦禽將，破敵軍，攘地千里。吴起事悼王，使私不害公，讒不蔽忠，言不取苟合，行不取苟容，行義不固毀譽，必有伯主强國，不辭禍凶。大夫種事越王，主離困辱，悉忠而不解，主雖亡絶，盡能而不離，多功而不矜，貴富不驕怠。若此三子者，義之至，忠之節也。故君子殺身以成名，義之所在，身雖死，無憾悔，何爲不可哉？』蔡澤曰：『主聖臣賢，天下之福也；君明臣忠，國之福也；父慈子孝，夫信婦貞，家之福也。故比干忠，不能存殷；子胥知，不能存吴；申生孝，而晋惑亂。是有忠臣孝子，國家滅亂，何也？無明君賢父以聽之。故天下以其君父爲戮辱，憐其臣子。夫待死而後可以立忠成名，是微子不足仁，孔子不足聖，管仲不足大也。』于是應侯稱善。

蔡澤得少間，因曰：『商君、吴起、大夫種，其爲人臣，盡忠致功，則可願矣。閎夭事文王，周公輔成王也，豈不亦忠乎？以君臣論之，商君、吴起、大夫種，其可願孰與閎夭、周公哉？』應侯曰：『商君、吴起、大夫種不若也。』蔡澤曰：『然則君之主，慈仁任忠，不欺舊故，孰與秦孝公、楚悼王、越王乎？』應侯曰：『未知何如也。』蔡澤曰：『主固親忠臣，不過秦孝、越王、楚悼。君之爲主，正亂、批患、折難，廣地殖穀，富國、足家、强主，威蓋海内，功章萬里之外，不過商君、吴起、大夫種。而君之禄位貴盛，私家之富過于三子，而身不退，竊爲君危之。語曰：「日中則移，月滿則虧。」物盛則衰，天之常數也；進退、盈縮、變化，聖人之常道也。昔者，齊桓公九合諸侯，一匡天下，至葵丘之會，有驕矜之色，畔者九國。吴王夫差無適于天下，輕諸侯，凌齊、晉，遂以殺身亡國。夏育、太史啓叱呼駭三軍，然而身死于庸夫。此皆乘至盛不及道理也。夫商君爲孝公平權衡、正度量、調輕重，决裂阡陌，教民耕戰，是以兵動而地廣，兵休而國富，故秦無敵于天下，立威諸侯。功已成，遂以車裂。楚地持戟百萬，白起率數萬之師，以與楚戰，一戰舉鄢、郢，再戰燒夷陵，南并蜀、漢，又越韓、魏攻强趙，北坑馬服，誅屠四十餘萬之衆，流血成川，沸聲若雷，使秦業帝。自是之後，趙、楚懾服，不敢攻秦者，白起之勢也。身所服者，七十餘城。功已成矣，賜死于杜郵。吴起爲楚悼罷無能，廢無用，損不急之官，塞私門之請，壹楚國之俗，南攻楊越，北并陳、蔡，破横散從，使馳説之士無所開其口。功已成矣，卒支解。大夫種爲越王墾草創邑，辟地殖穀，率四方士，上下之力，以禽勁吴，成霸功。勾踐終棓而殺之。此四子者，成功而不去，禍至于此。此所謂信而不能詘，往而不能反者也。范蠡知之，超然避世，長爲陶朱。君獨不觀博者乎？

或欲分大投，或欲分功。此皆君之所明知也。今君相秦，計不下席，謀不出廊廟，坐制諸侯，利施三川，以實宜陽，決羊腸之險，塞太行之口，又斬范、中行之途，棧道千里于蜀、漢，使天下皆畏秦。秦之欲得矣，君之功極矣。此亦秦之分功之時也！如是不退，則商君、白公、吴起、大夫種是也。君何不以此時歸相印，讓賢者授之，必有伯夷之廉；長爲應侯，世世稱孤，而有喬、松之壽。孰與以禍終哉！此則君何居焉？』應侯曰：『善。』乃延入坐爲上客。

後數日，入朝，言于秦昭王曰：『客新有從山東來者蔡澤，其人辯士。臣之見人甚衆，莫有及者，臣不如也。』秦昭王召見，與語，大説之，拜爲客卿。

應侯因謝病，請歸相印。昭王强起應侯，應侯遂稱篤，因免相。昭王新説蔡澤計畫，遂拜爲秦相，東收周室。

蔡澤相秦王數月，人或惡之，懼誅，乃謝病歸相印，號爲剛成君。居秦十餘年，事昭王、孝文王、莊襄王，卒事始皇帝。爲秦使于燕，三年而燕使太子丹入質于秦。

卷六　秦四

秦取楚漢中

秦取楚漢中，再戰于藍田，大敗楚軍。韓、魏聞楚之困，乃南襲至鄧，楚王引歸。後三國謀攻楚，恐秦之救也，或説薛公：『可發使告楚曰：「今三國之兵且去楚，楚能應而共攻秦，雖藍田豈難得哉！況于楚之故地？」楚疑于秦之未必救己也，而今三國之辭去，則楚之應之也必勸，是楚與三國謀出秦兵矣。秦爲知之，必不救也。三國疾攻楚，楚必走秦以急；秦愈不敢出，則是我離秦而攻楚也，兵必有功。』

薛公曰：『善。』遂發重使之楚，楚之應之果勸。于是三國并力攻楚，楚果告急于秦，秦遂不敢出兵。大臣有功。

薛公入魏而出齊女

薛公入魏而出齊女。韓春謂秦王曰：『何不取爲妻，以齊、秦劫魏，則上黨，秦之有也。齊、秦合而立負蒭，負蒭立，其母在秦，則魏，秦之縣也已。呡欲以齊、秦劫魏而困薛公，佐欲定其弟，臣請爲王因呡與佐也。魏懼而復之，負蒭必以魏殁世事秦。齊女入魏而怨薛公，終以齊奉事王矣。』

三國攻秦入函谷

三國攻秦，入函谷。秦王謂樓緩曰：『三國之兵深矣，寡人欲割河東而講。』對曰：『割河東，大費也；免于國患，大利也。此父兄之任也。王何不召公子池而問焉？』

王召公子池而問焉，對曰：『講亦悔，不講亦悔。』王曰：『何也？』對曰：『王割河東而講，三國雖去，王必曰：「惜矣！三國且去，吾特以三城從之。」此講之悔也。王不講，三國入函谷，咸陽必危，王又曰：「惜矣！吾愛三城而不講。」此又不講之悔也。』王曰：『鈞吾悔也，寧亡三城而悔，無危咸陽而悔也。寡人決講矣。』卒使公子池以三城講于三國，三國之兵乃退。

秦昭王謂左右

秦昭王謂左右曰：『今日韓、魏，孰與始强？』對曰：『弗如也。』王曰：『今之如耳、魏齊，孰與孟嘗、芒卯之賢？』對曰：『弗如也。』王曰：『以孟嘗、芒卯之賢，帥强韓、魏之兵以伐秦，猶無奈寡人何也！今以無能之如耳、魏齊，帥弱韓、魏以攻秦，其無奈寡人何，亦明矣！』左右皆曰：『甚然。』

中期推琴對曰：『王之料天下過矣。昔者六晋之時，智氏最强，滅破范、中行，帥韓、魏以圍趙襄子于晋陽。決晋水以灌晋陽，城不沈者三板耳。智伯出行水，韓康子御，魏桓子驂乘。智伯曰：「始，吾不知水之可亡人之國也，乃今知之。汾水利以灌安邑，絳水利以灌平陽。」魏桓子肘韓康子，康子履魏桓子，躡其踵。肘足接于車上，而智氏分矣。身死國亡，爲天下笑。今秦之强，不能過智伯；韓、魏雖弱，尚賢在晋陽之下也。此乃方其用肘足時也，願王之勿易也。』

楚魏戰于陘山

楚、魏戰于陘山。魏許秦以上洛，以絶秦于楚。魏戰勝，楚敗于南陽。秦責賂于魏，魏不與。營淺謂秦王曰：『王何不謂楚王曰：「魏許寡人以地，今戰勝，魏王倍寡人也。王何不與寡人遇？魏畏秦、楚之合，必與秦地矣。是魏勝楚而亡地于秦也；是王以魏地德寡人，秦之楚者多資矣。魏弱，若不出地，則王攻其南，寡人絶其西，魏必危。」』秦王曰：『善。』以是告楚。楚王揚言與秦遇，魏王聞之恐，效上洛于秦。

楚使者景鯉在秦

楚使者景鯉在秦，從秦王與魏王遇于境。楚怒秦合，周最爲楚王曰：『魏請無與楚遇而合于秦，是以鯉與之遇也。弊邑之于與遇善之，故齊不合也。』楚王因不罪景鯉而德周、秦。

楚王使景鯉如秦

楚王使景鯉如秦。客謂秦王曰：『景鯉，楚王所甚愛，王不如留之以市地。楚王聽，則不用兵而得地；楚王不聽，則殺景鯉，更與不如景鯉者，是便計也。』秦王乃留景鯉。

景鯉使人說秦王曰：『臣見王之權輕天下，而地不可得也。臣之來使也，聞齊、魏皆且割地以事秦。所以然者，以秦與楚爲昆弟國。今大王留臣，是示天下無楚也，齊、魏有何重于孤國也。楚知秦之孤，不與地，而外結交諸侯以圖，則社稷必危，不如出臣。』秦王乃出之。

秦王欲見頓弱

秦王欲見頓弱，頓弱曰：『臣之義不參拜，王能使臣無拜，即可矣。不，即不見也。』秦王許之。于是頓子曰：『天下有有其實而無其名者，有無其實而有其名者，有無其名又無其實者。王知之乎？』王曰：『弗知。』頓子曰：『有其實而無其名者，商人是也。無把銚推耨之勢，而有積粟之實，此有其實而無其名者也。無其實而有其名者，農夫是也。解凍而耕，暴背而耨，無積粟之實，此無其實而有其名者也。無其名又無其實者，王乃是也已。立爲萬乘，無孝之名；以千里養，無孝之實。』秦王悖然而怒。

頓弱曰：『山東戰國有六，威不掩于山東，而掩于母，臣竊爲大王不取也。』秦王曰：『山東之建國可兼與？』頓子曰：『韓，天下之咽喉；魏，天下之胸腹。王資臣萬金而游，聽之韓、魏，入其社稷之臣于秦，即韓、魏從。韓、魏從，而天下可圖也。』秦王曰：『寡人之國貧，恐不能給也。』頓子曰：『天下未嘗無事也，非從即横也。横成，則秦帝；從成，即楚王。秦帝，即以天下恭養；楚王，即王雖有萬金，弗得私也。』秦王曰：『善。』乃資萬金，使東游韓、魏，入其將相。北游燕、趙，而殺李牧。齊王入朝，四國必從，頓子之説也。

頃襄王二十年

頃襄王二十年，秦白起拔楚西陵，或拔鄢、郢、夷陵，燒先王之墓。王徙東北，保于陳城。楚遂削弱，爲秦所輕。于是白起又將兵來伐。

楚人有黄歇者，游學博聞，襄王以爲辯，故使于秦。説昭王曰：『天下莫强于秦、楚，今聞大王欲伐楚，此猶兩虎相鬬而駑犬受其弊，不如善楚。臣請言其説。臣聞之：「物至而反，冬夏是也。致至而危，累棋是也。」今大國之地半天下，有二垂，此從生民以來，萬乘之地未嘗有也。先帝文王、莊王，王之身，三世而不接地于齊，以絶從親之要。今王使盛橋守事于韓，成橋以北入燕。是王不用甲，不伸威，而出百里之地，王可謂能矣。王又舉甲兵而攻魏，杜大梁之門，舉河内，拔燕、酸棗、虚、桃人，楚、燕之兵云翔不敢校，王之功亦多矣。王申息衆二年，然後復之，又取蒲、衍、首垣，以臨仁、平兵，小黄、濟陽嬰城，而魏氏服矣。王又割濮、磨之北屬之燕，斷齊、秦之要，絶楚、魏之脊。天下五合、六聚而不敢救也，王之威亦憚矣。王若能持功守威，省攻伐之心而肥仁義之誡，使無復後患，三王不足四，五伯不足六也。王若負人徒之衆，材兵甲之强，壹毁魏氏之威，而欲以力臣天下之主，臣恐有後患。《詩》云：「靡不有初，鮮克有終。」《易》曰：「狐濡其尾。」此言始之易，終之難也。

何以知其然也？智氏見伐趙之利，而不知榆次之禍也；吴見伐齊之便，而不知干隧之敗也。此二國者，非無大功也，没利于前，而易患于後也。吴之信越也，從而伐齊，既勝齊人于艾陵，還爲越王禽于三江之浦。智氏信韓、魏，從而伐趙，攻晋陽之城，勝有日矣，韓、魏反之，殺智伯瑶于鑿臺之上。今王妒楚之不毁也，而忘毁楚之强韓、魏也。臣爲大王慮而不取。《詩》云：「大武遠宅不涉。」從此觀之，楚國，援也；鄰國，敵也。《詩》云：「他人有心，予忖度之。躍躍毚兔，遇犬獲之。」今王中道而信韓、魏之善王也，此正吴信越也。臣聞，敵不可易，時不可失。臣恐韓、魏之卑辭慮患，而實欺大國也。此何也？王既無重世之德于韓、魏，而有累世之怨矣。韓、魏父子兄弟接踵而死于秦者，百世矣。本國殘，社稷壞，宗廟隳，刳腹折頤，首身分離，暴骨草澤，頭顱僵仆，相望于境；父子老弱係虜，相隨于路；鬼神狐祥，無所食，百姓不聊生，族類離散，流亡爲臣妾，滿海内矣。韓、魏之不亡，秦社稷之憂也。今王之攻楚，不亦失乎！是王攻楚之日，則惡出兵？王將藉路于仇讎之韓、魏乎？兵出之日而王憂其不反也，是王以兵資于仇讎之韓、魏。王若不藉路于仇讎之韓、魏，必攻隨陽、右壤。隨陽、右壤，此皆廣川大水，山林溪谷不食之地，王雖有之，不爲得地。是王有毀楚之名，無得地之實也。

『且王攻楚之日，四國必悉起應王。秦、楚之兵構而不離，魏氏將出兵而攻留、方與、銍、胡陵、碭、蕭、相，故宋必盡。齊人南面，泗北必舉。此皆平原四達，膏腴之地也，而王使之獨攻。王破楚于以肥韓、魏于中國而勁齊，韓、魏之强足以校于秦矣。齊南以泗爲境，東負海，北倚河，而無後患，天下之國，莫强于齊。齊、魏得地葆利，而詳事下吏，一年之後，爲帝若未能，于以禁王之爲帝有餘。夫以王壤土之博，人徒之衆，兵革之强，一舉事而注地于楚，詘令韓、魏歸帝重于齊，是王失計也。

『臣爲王慮，莫若善楚。秦、楚合而爲一，以臨韓，韓必授首。王襟以山東之險，帶以河曲之利，韓必爲關中之侯。若是，王以十萬戍鄭，梁氏寒心，許、鄢陵嬰城，上蔡、召陵不往來也。如此，而魏亦關内侯矣。王一善楚，而關内二萬乘之主注地于齊，齊之右壤可拱手而取也。是王之地一經兩海，要絶天下也。是燕、趙無齊、楚，齊、楚無燕、趙也。然後危動燕、趙，持齊、楚，此四國者，不待痛而服矣。』

或爲六國説秦王

或爲六國説秦王曰：『土廣不足以爲安，人衆不足以爲强。若土廣者安，人衆者强，則桀、紂之後將存。昔者，趙氏亦嘗强矣。曰趙强何若？舉左案齊，舉右案魏，厭案萬乘之國，二國，千乘之宋也。築剛平，衛無東野，芻牧薪采，莫敢窺東門。當是時，衛危于累卵，天下之士相從謀曰：「吾將還其委質，而朝于邯鄲之君乎！」于是天下有稱伐邯鄲者，莫令朝行。魏伐邯鄲，因退爲逢澤之遇，乘夏車，稱夏王，朝爲天子，天下皆從。齊太公聞之，舉兵伐魏，壤地兩分，國家大危。梁王身抱質執璧，請爲陳侯臣，天下乃釋梁。郢威王聞之，寢不寐，食不飽，帥天下百姓，以與申縛遇于泗水之上，而大敗申縛。趙人聞之至枝桑，燕人聞之至格道。格道不通，平際絶。齊戰敗不勝，謀則不得，使陳毛釋劍掫委南聽罪，西説趙，北説燕，内喻其百姓，而天下乃釋齊。于是夫積薄而爲厚，聚少而爲多，以同言郢威王于側牖之間。臣豈以郢威王爲政衰謀亂以至于此哉？郢爲强，臨天下諸侯，故天下樂伐之也！』

卷七　秦五

謂秦王

謂秦王曰：『臣竊惑王之輕齊易楚，而卑畜韓也。臣聞，王兵勝而不驕，伯主約而不忿。勝而不驕，故能服世；約而不忿，故能從鄰。今王廣德魏、趙，而輕失齊，驕也；戰勝宜陽，不恤楚交，忿也。驕忿非伯主之業也。臣竊爲大王慮之而不取也。

『《詩》云：「靡不有初，鮮克有終。」故先王之所重者，唯始與終。何以知其然？昔智伯瑶殘范、中行，圍逼晉陽，卒爲三家笑；吴王夫差棲越于會稽，勝齊于艾陵，爲黄池之遇，無禮于宋，遂與勾踐禽，死于干隧；梁君伐楚勝齊，制趙、韓之兵，驅十二諸侯以朝天子于孟津，後子死，身布冠而拘于秦。三者非無功也，能始而不能終也。

『今王破宜陽，殘三川，而使天下之士不敢言；雍天下之國，徙兩周之疆，而世主不敢交陽侯之塞；取黄棘，而韓、楚之兵不敢進。王若能爲此尾，則三王不足四，五伯不足六。王若不能爲此尾，而有後患，則臣恐諸侯之君，河、濟之士，以王爲吴、智之事也。

『《詩》云：「行百里者半于九十。」此言末路之難。今大王皆有驕色，以臣之心觀之，天下之事，依世主之心，非楚受兵，必秦也。何以知其然也？秦人援魏以拒楚，楚人援韓以拒秦，四國之兵敵，而未能復戰也。齊、宋在繩墨之外以爲權，故曰先得齊、宋者伐秦。秦先得齊、宋，則韓氏鑠；韓氏鑠，則楚孤而受兵也。楚先得齊，則魏氏鑠；魏氏鑠，則秦孤而受兵矣。若隨此計而行之，則兩國者必爲天下笑矣。』

秦王與中期争論

秦王與中期争論，不勝。秦王大怒，中期徐行而去。或爲中期説秦王曰：『悍人也。中期適遇明君故也，向者遇桀、紂，必殺之矣。』秦王因不罪。

獻則謂公孫消

獻則謂公孫消曰：『公，大臣之尊者也，數伐有功。所以不爲相者，太后不善公也。辛戎者，太后之所親也。今亡于楚，在東周。公何不以秦、楚之重，資而相之于周乎？楚必便之矣。是辛戎有秦、楚之重，太后必悦公，公相必矣。』

樓許約秦魏

樓許約秦、魏，魏太子爲質，紛彊欲敗之。謂太后曰：『國與還者也，敗秦而利魏，魏必負之。負秦之日，太子爲糞矣。』太后坐王而泣。王因疑于太子，令之留于酸棗。樓子患之。昭衍爲周之梁，樓子告之。昭衍見梁王，梁王曰：『何聞？』曰：『聞秦且伐魏。』王曰：『爲期與我約矣。』曰：『秦疑于王之約，以太子之留酸棗而不之秦。秦王之計曰：「魏不與我約，必攻我；我與其處而待之見攻，不如先伐之。」以秦强折節而下與國，臣恐其害于東周。』

濮陽人呂不韋賈于邯鄲

濮陽人呂不韋賈于邯鄲，見秦質子異人，歸而謂父曰：『耕田之利幾倍？』曰：『十倍。』『珠玉之贏幾倍？』曰：『百倍。』『立國家之主贏幾倍？』曰：『無數。』曰：『今力田疾作，不得暖衣餘食；今建國立君，澤可以遺世。願往事之。』

秦子異人質于趙，處于𡶶城。故往説之曰：『子傒有承國之業，又有母在中。今子無母于中，外托于不可知之國，一日倍約，身爲糞土。今子聽吾計事，求歸，可以有秦國。吾爲子使秦，必來請子。』

乃説秦王后弟陽泉君曰：『君之罪至死，君知之乎？君之門下無不居高尊位，太子門下無貴者。君之府藏珍珠寶玉，君之駿馬盈外廄，美女充後庭。王之春秋高，一日山陵崩，太子用事，君危于累卵，而不壽于朝生。説有可以一切而使君富貴千萬歲，其寧于太山四維，必無危亡之患矣。』陽泉君避席，請聞其説。不韋曰：『王年高矣，王后無子，子傒有承國之業，士倉又輔之。王一日山陵崩，子傒立，士倉用事，王后之門，必生蓬蒿。子異人賢材也，棄在于趙，無母于内，引領西望，而願一得歸。王后誠請而立之，是子異人無國而有國，王后無子而有子也。』陽泉君曰：『然。』入説王后，王后乃請趙而歸之。

趙未之遣，不韋説趙曰：『子異人，秦之寵子也，無母于中，王后欲取而子之。使秦而欲屠趙，不顧一子以留計，是抱空質也。若使子異人歸而得立，趙厚送遣之，是不敢倍德畔施，是自爲德講。秦王老矣，一日晏駕，雖有子異人，不足以結秦。』趙乃遣之。

異人至，不韋使楚服而見。王后悦其狀，高其知，曰：『吾楚人也。』而自子之，乃變其名曰『楚』。王使子誦，子曰：『少棄捐在外，嘗無師傅所教學，不習于誦。』王罷之，乃留止。間曰：『陛下嘗軔車于趙矣，趙之豪桀，得知名者不少。今大王反國，皆西面而望。大王無一介之使以存之，臣恐其皆有怨心，使邊境早閉晚開。』王以爲然，奇其計。王后勸立之。王乃召相，令之曰：『寡人子莫若楚。』立以爲太子。

子楚立，以不韋爲相，號曰文信侯，食藍田十二縣。王后爲華陽太后，諸侯皆致秦邑。

文信侯欲攻趙以廣河間

文信侯欲攻趙以廣河間，使剛成君蔡澤事燕三年，而燕太子質于秦。文信侯因請張唐相燕，欲與燕共伐趙，以廣河間之地。張唐辭曰：『燕者必徑于趙，趙人得唐者，受百里之地。』文信侯去而不快。少庶子甘羅曰：『君侯何不快甚也？』文信侯曰：『吾令剛成君蔡澤事燕三年，而燕太子已入質矣。今吾自請張卿相燕，而不肯行。』甘羅曰：『臣行之。』文信君叱去曰：『我自行之而不肯，汝安能行之也？』甘羅曰：『夫項橐生七歲而爲孔子師，今臣生十二歲于茲矣！君其試臣，奚以遽言叱也！』

甘羅見張唐曰：『卿之功，孰與武安君？』唐曰：『武安君戰勝攻取，不知其數；攻城墮邑，不知其數。臣之功不如武安君也。』甘羅曰：『卿明知功之不如武安君歟？』曰：『知之。』『應侯之用秦也，孰與文信侯專？』曰：『應侯不如文信侯專。』曰：『卿明知爲不如文信侯專歟？』曰：『知之。』甘羅曰：『應侯欲伐趙，武安君難之，去咸陽七里，絞而殺之。今文信侯自請卿相燕，而卿不肯行，臣不知卿所死之處矣。』唐曰：『請因孺子而行！』令庫具車，廐具馬，府具幣，行有日矣。甘羅謂文信侯曰：

『借臣車五乘，請爲張唐先報趙。』

見趙王，趙王郊迎。謂趙王曰：『聞燕太子丹之入秦與？』曰：『聞之。』『聞張唐之相燕與？』曰：『聞之。』『燕太子入秦者，燕不欺秦也。張唐相燕者，秦不欺燕也。秦、燕不相欺，則伐趙，危矣。燕、秦所以不相欺者，無异故，欲攻趙而廣河間也。今王賫臣五城以廣河間，請歸燕太子，與强趙攻弱燕。』趙王立割五城以廣河間，歸燕太子。趙攻燕，得上谷三十六縣，與秦什一。

文信侯出走

文信侯出走，與司空馬之趙，趙以爲守相。秦下甲而攻趙。

司空馬説趙王曰：『文信侯相秦，臣事之，爲尚書，習秦事。今大王使守小官，習趙事。請爲大王設秦、趙之戰，而親觀其孰勝。趙孰與秦大？』曰：『不如。』『民孰與之衆？』曰：『不如。』『金錢粟孰與之富？』曰：『弗如。』『國孰與之治？』曰：『不如。』『相孰與之賢？』曰：『不如。』『將孰與之武？』曰：『不如。』『律令孰與之明？』曰：『不如。』司空馬曰：『然則大王之國，百舉而無及秦者，大王之國亡。』趙王曰：『卿不遠趙，而悉教以國事，願于因計。』司空馬曰：『大王裂趙之半以賂秦，秦不接刃而得趙之半，秦必悅。內惡趙之守，外恐諸侯之救，秦必受之。秦受地而郄兵，趙守半國以自存。秦銜賂以自强，山東必恐；亡趙自危，諸侯必懼。懼而相救，則從事可成。臣請大王約從。從事成，則是大王名亡趙之半，實得山東以敵秦，秦不足亡。』趙王曰：『前日秦下甲攻趙，趙賂以河間十二縣，地削兵弱，卒不免秦患。今又割趙之半以强秦，力不能自存，因以亡矣。願卿之更計。』司空馬曰：『臣少爲秦刀筆，以官長而守小官，未嘗爲兵首，請爲大王悉趙兵以遇。』趙王不能將。司空馬曰：『臣效愚計，大王不能用，是臣無以事大王，願自請。』

司空馬去趙，渡平原。平原津令郭遺勞而問：『秦兵下趙，上客從趙來，趙事何如？』司空馬言其爲趙王計而弗用，趙必亡。平原令曰：『以上客料之，趙何時亡？』司空馬曰：『趙將武安君，期年而亡；若殺武安君，不過半年。趙王之臣有韓倉者，以曲合于趙王，其交甚親，其爲人疾賢妒功臣。今國危亡，王必用其言，武安君必死。』

韓倉果惡之，王使人代。武安君至，使韓倉數之曰：『將軍戰勝，王觴將軍。將軍爲壽于前而捍匕首，當死。』武安君曰：『繓病鉤，身大臂短，不能及地，起居不敬，恐懼死罪于前，故使工人爲木材以接手。上若不信，繓請以出示。』出之袖中，以示韓倉，狀如振捆，纏之以布。『願公入明之。』韓倉曰：『受命于王，賜將軍死，不赦。臣不敢言。』武安君北面再拜賜死，縮劍將自誅，乃曰：『人臣不得自殺宮中。』遇司空馬門，趣甚疾，出諔門也。右舉劍將自誅，臂短不能及，銜劍徵之于柱以自刺。武安君死。五月趙亡。

平原令見諸公，必爲言之曰：『嗟嗞乎，司空馬！』又以爲司空馬逐于秦，非不知也；去趙，非不肖也。趙去司空馬而國亡。國亡者，非無賢人，不能用也。

四國爲一將以攻秦

四國爲一，將以攻秦。秦王召群臣賓客六十人而問焉，曰：『四國爲一，將以圖秦，寡人屈于內，而百姓靡于外，爲之奈何？』群臣莫對。姚賈對曰：『賈願出使四國，必絶其謀，而安其兵。』乃資車百乘，金千斤，衣以其衣，冠舞以其劍。姚賈辭行，絶其謀，止其兵，與之爲交以報秦。秦王大悦。賈封千户，以爲上卿。

韓非知之，曰：『賈以珍珠重寶，南使荆、吴，北使燕、代之間三年，四國之交未必合也，而珍珠重寶盡于内。是賈以王之權、國之寶，外自交于諸侯，願王察之。且梁監門子，嘗盗于梁，臣于趙而逐。取世監門子，梁之大盗，趙之逐臣，與同知社稷之計，非所以厲群臣也。』

王召姚賈而問曰：『吾聞子以寡人財交于諸侯，有諸？』對曰：『有之。』王曰：『有何面目復見寡人？』對曰：『曾参孝其親，天下願以爲子；子胥忠于君，天下願以爲臣；貞女工巧，天下願以爲妃。今賈忠王而王不知也。賈不歸四國，尚焉之？使賈不忠于君，四國之王尚焉用賈之身？桀聽讒而誅其良將，紂聞讒而殺其忠臣，至身死國亡。今王聽讒，則無忠臣矣。』

王曰：『子監門子，梁之大盗，趙之逐臣。』姚賈曰：『太公望，齊之逐夫，朝歌之廢屠，子良之逐臣，棘津之讎不庸，文王用之而王。管仲，其鄙人之賈人也，南陽之弊幽，魯之免囚，桓公用之而伯。百里奚，虞之乞人，傳賣以五羊之皮，穆公相之而朝西戎。文公用中山盜，而勝于城濮。此四士者，皆有詬醜，大誹天下，明主用之，知其可與立功。使若卞隨、務光、申屠狄，人主豈得其用哉！故明主不取其污，不聽其非，察其爲己用。故可以存社稷者，雖有外誹者不聽；雖有高世之名，無咫尺之功者不賞。是以群臣莫敢以虚願望于上。』

秦王曰：『然。』乃復使姚賈而誅韓非。

卷八　齊一

楚威王戰勝于徐州

楚威王戰勝于徐州，欲逐嬰子于齊。嬰子恐，張丑謂楚王曰：『王戰勝于徐州也，盼子不用也。盼子有功于國，百姓爲之用。嬰子不善，而用申縛。申縛者，大臣與百姓弗爲用，故王勝之也。今嬰子逐，盼子必用。復整其士卒以與王遇，必不便于王也。』楚王因弗逐。

齊將封田嬰于薛

齊將封田嬰于薛。楚王聞之，大怒，將伐齊。齊王有輟志。公孫閈曰：『封之成與不，非在齊也，又將在楚。閈説楚王，令其欲封公也又甚于齊。』嬰子曰：『願委之于子。』

公孫閈爲謂楚王曰：『魯、宋事楚而齊不事者，齊大而魯、宋小。王獨利魯、宋之小，不惡齊大，何也？夫齊削地而封田嬰，是其所以弱也。願勿止。』楚王曰：『善。』因不止。

靖郭君將城薛

靖郭君將城薛，客多以諫。靖郭君謂謁者，無爲客通。齊人有請者曰：『臣請三言而已矣！益一言，臣請烹。』靖郭君因見之。客趨而進曰：『海大魚。』因反走。君曰：『客有于此。』客曰：『鄙臣不敢以死爲戲。』君曰：『亡，更言之。』對曰：『君不聞大魚乎？網不能止，鉤不能牽，蕩而失水，則螻蟻得意焉。今夫齊，亦君之水也。君長有齊陰，奚以薛爲？失齊，雖隆薛之城到于天，猶之無益也。』君曰：『善。』乃輟城薛。

靖郭君謂齊王

靖郭君謂齊王曰：『五官之計，不可不日聽而數覽也。』王曰：『説五而厭之。』

今與靖郭君。

靖郭君善齊貌辨

靖郭君善齊貌辨。齊貌辨之爲人也多疵，門人弗説。士尉以証靖郭君，靖郭君不聽，士尉辭而去。孟嘗君又竊以諫，靖郭君大怒曰：『剗而類，破吾家。苟可慊齊貌辨者，吾無辭爲之。』于是舍之上舍，令長子御，旦暮進食。

數年，威王薨，宣王立。靖郭君之交，大不善于宣王，辭而之薛，與齊貌辨俱留。無幾何，齊貌辨辭而行，請見宣王。靖郭君曰：『王之不説嬰甚，公往必得死焉。』齊貌辨曰：『固不求生也，請必行。』靖郭君不能止。

齊貌辨行至齊，宣王聞之，藏怒以待之。齊貌辨見宣王，王曰：『子，靖郭君之所聽愛夫！』齊貌辨曰：『愛則有之，聽則無有。王之方爲太子之時，辨謂靖郭君曰：「太子相不仁，過頤豕視，若是者信反。不若廢太子，更立衛姬嬰兒郊師。」靖郭君泣而曰：「不可，吾不忍也。」若聽辨而爲之，必無今日之患也。此爲一。

至于薛，昭陽請以數倍之地易薛，辨又曰：「必聽之。」靖郭君曰：「受薛于先王，雖惡于後王，吾獨謂先王何乎！且先王之廟在薛，吾豈可以先王之廟與楚乎！」又不肯聽辨。此爲二。』宣王太息，動于顔色，曰：『靖郭君之于寡人一至此乎！寡人少，殊不知此。客肯爲寡人來靖郭君乎？』齊貌辨對曰：『敬諾。』

靖郭君衣威王之衣，冠舞其劍，宣王自迎靖郭君于郊，望之而泣。靖郭君至，因請相之。靖郭君辭，不得已而受。七日，謝病强辭。靖郭君辭不得，三日而聽。

當是時，靖郭君可謂能自知人矣！能自知人，故人非之不爲沮。此齊貌辨之所以外生樂患趣難者也。

邯鄲之難

邯鄲之難，趙求救于齊。田侯召大臣而謀曰：『救趙孰與勿救？』鄒子曰：『不如勿救。』段干綸曰：『弗救，則我不利。』田侯曰：『何哉？』『夫魏氏兼邯鄲，其于齊何利哉！』田侯曰：『善。』乃起兵，曰：『軍于邯鄲之郊。』段干綸曰：『臣之求利且不利者，非此也。夫救邯鄲，軍于其郊，是趙不拔而魏全也。故不如南攻襄陵以弊魏，邯鄲拔而承魏之弊，是趙破而魏弱也。』田侯曰：『善。』乃起兵南攻襄陵。七月，邯鄲拔。齊因承魏之弊，大破之桂陵。

南梁之難

南梁之難，韓氏請救于齊。田侯召大臣而謀曰：『早救之，孰與晚救之便？』張丐對曰：『晚救之，韓且折而入于魏，不如早救之。』田臣思曰：『不可。夫韓、魏之兵未弊，而我救之，我代韓而受魏之兵，顧反聽命于韓也。且夫魏有破韓之志，韓見且亡，必東訴于齊。我因陰結韓之親，而晚承魏之弊，則國可重，利可得，名可尊矣。』田侯曰：『善。』乃陰告韓使者而遣之。

韓自以專有齊國，五戰五不勝，東訴于齊，齊因起兵擊魏，大破之馬陵。魏破韓弱，韓、魏之君因田嬰北面而朝田侯。

成侯鄒忌爲齊相

成侯鄒忌爲齊相，田忌爲將，不相説。公孫閈謂鄒忌曰：『公何不爲王謀伐魏？勝，則是君之謀也，君可以有功；戰不勝，田忌不進，戰而不死，曲撓而誅。』鄒忌以爲然，乃説王而使田忌伐魏。

田忌三戰三勝，鄒忌以告公孫閈，公孫閈乃使人操十金而往卜于市，曰：『我田忌之人也，吾三戰而三勝，聲威天下，欲爲大事，亦吉否？』卜者出，因令人捕爲人卜者，亦驗其辭于王前。田忌遂走。

田忌爲齊將

田忌爲齊將，係梁太子申，禽龐涓。孫子謂田忌曰：『將軍可以爲大事乎？』田忌曰：『奈何？』孫子曰：『將軍無解兵而入齊。使彼罷弊于先弱守于主。主者，循軼之途也，鍺擊摩車而相過。使彼罷弊先弱守于主，必一而當十，十而當百，百而當千。然後背太山，左濟，右天唐，軍重踵高宛，使輕車鋭騎衝雍門。若是，則齊君可正，而成侯可走。不然，則將軍不得入于齊矣。』田忌不聽，果不入齊。

田忌亡齊而之楚

田忌亡齊而之楚，鄒忌代之相。齊恐田忌欲以楚權復于齊，杜赫曰：『臣請爲留楚。』

謂楚王曰：『鄒忌所以不善楚者，恐田忌之以楚權復于齊也。王不如封田忌于江南，以示田忌之不返齊也，鄒忌以齊厚事楚。田忌亡人也，而得封，必德王。若復于齊，必以齊事楚。此用二忌之道也。』楚果封之于江南。

鄒忌事宣王

鄒忌事宣王，仕人衆。宣王不悦。晏首貴而仕人寡，王悦之。鄒忌謂宣王曰：『忌聞以爲有一子之孝，不如有五子之孝。今首之所進仕者，以幾何人？』宣王因以晏首壅塞之。

鄒忌脩八尺有餘

鄒忌脩八尺有餘，身體昳麗。朝服衣冠窺鏡，謂其妻曰：『我孰與城北徐公美？』其妻曰：『君美甚，徐公何能及公也！』城北徐公，齊國之美麗者也。忌不自信，而復問其妾曰：『吾孰與徐公美？』妾曰：『徐公何能及君也！』旦日客從外來，與坐談，問之客曰：『吾與徐公孰美？』客曰：『徐公不若君之美也！』

明日，徐公來。孰視之，自以爲不如；窺鏡而自視，又弗如遠甚。暮寢而思之，曰：『吾妻之美我者，私我也；妾之美我者，畏我也；客之美我者，欲有求于我也。』

于是入朝見威王曰：『臣誠知不如徐公美，臣之妻私臣，臣之妾畏臣，臣之客欲有求于臣，皆以美于徐公。今齊地方千里，百二十城，宫婦左右，莫不私王；朝廷之臣，莫不畏王；四境之内，莫不有求于王。由此觀之，王之蔽甚矣！』王曰：『善。』乃下令：『群臣吏民，能面刺寡人之過者，受上賞；上書諫寡人者，受中賞；能謗議于市朝，聞寡人之耳者，受下賞。』

令初下，群臣進諫，門庭若市。數月之後，時時而間進。期年之後，雖欲言，無可進者。燕、趙、韓、魏聞之，皆朝于齊。此所謂戰勝于朝廷。

秦假道韓魏以攻齊

秦假道韓、魏以攻齊，齊威王使章子將而應之。與秦交和而舍，使者數相往來，章子爲變其徽章，以雜秦軍。候者言章子以齊入秦，威王不應。頃之間，候者復言章子以齊兵降秦，威王不應。而此者三。有司請曰：『言章子之敗者，异人而同辭。王何不發將而擊之？』王曰：『此不叛寡人明矣，曷爲擊之！』

頃間，言齊兵大勝，秦軍大敗，于是秦王拜西藩之臣而謝于齊。左右曰：『何以知之？』曰：『章子之母啓得罪其父，其父殺之而埋馬棧之下。吾使者章子將也，勉之曰：「夫子之强，全兵而還，必更葬將軍之母。」對曰：「臣非不能更葬先妾也。臣之母啓得罪臣之父，臣之父未教而死。夫不得父之教而更葬母，是欺死父也。故不敢。」夫爲人子而不欺死父，豈爲人臣欺生君哉？』

楚將伐齊

楚將伐齊，魯親之，齊王患之。張丐曰：『臣請令魯中立。』乃爲齊見魯君。魯君曰：『齊王懼乎？』曰：『非臣所知也，臣來弔足下。』魯君曰：『何弔？』曰：『君之謀過矣。君不與勝者而與不勝者，何故也？』魯君曰：『子以齊、楚爲孰勝哉？』對曰：『鬼且不知也。』『然則子何以弔寡人？』曰：『齊，楚之權敵也，不用有魯與無魯，足下豈如令衆而合二國之後哉！楚大勝齊，其良士選卒必殪，其餘兵足以待天下；齊爲勝，其良士選卒亦殪。而君以魯衆合戰勝後，此其爲德也亦大矣，其見恩德亦其大也。』魯君以爲然，身退師。

秦伐魏

秦伐魏，陳軫合三晋而東謂齊王曰：『古之王者之伐也，欲以正天下而立功名，以爲後世也。今齊、楚、燕、趙、韓、梁六國之遞甚也，不足以立功名，適足以强秦而自弱也，非山東之上計也。能危山東者，强秦也。不憂强秦，而遞相罷弱，而兩歸其國于秦，此臣之所以爲山東之患。天下爲秦相割，秦曾不出力；天下爲秦相烹，秦曾不出薪。何秦之智而山東之愚耶？願大王之察也。

『古之五帝、三王、五伯之伐也，伐不道者。今秦之伐天下不然，必欲反之，主必死辱，民必死虜。今韓、梁之目未嘗乾，而齊民獨不也，非齊親而韓、梁疏也，齊遠秦而韓、梁近。今齊將近矣！今秦欲攻梁絳、安邑，秦得絳、安邑以東下河，必表裏河而東攻齊，舉齊屬之海，南面而孤楚、韓、梁，北向而孤燕、趙，齊無所出其計矣。願王孰慮之！

今三晋已合矣，復爲兄弟約，而出鋭師以戍梁絳、安邑，此萬世之計也。齊非急以鋭師合三晋，必有後憂。三晋合，秦必不敢攻梁，必南攻楚。楚、秦構難，三晋怒齊不與己也，必東攻齊。此臣之所謂齊必有大憂，不如急以兵合于三晋。』

齊王敬諾，果以兵合于三晋。

蘇秦爲趙合從説齊宣王

蘇秦爲趙合從，説齊宣王曰：『齊南有太山，東有琅邪，西有清河，北有渤海，此所謂四塞之國也。齊地方二千里，帶甲數十萬，粟如丘山。齊車之良，五家之兵，疾如錐矢，戰如雷電，解如風雨，即有軍役，未嘗倍太山、絶清河、涉渤海也。臨淄之中七萬户，臣竊度之，下户三男子，三七二十一萬，不待發于遠縣，而臨淄之卒，固以二十一萬矣。臨淄甚富而實，其民無不吹竽、鼓瑟、擊筑、彈琴、鬬雞、走犬、六博、蹹踘者；臨淄之途，車轂擊，人肩摩，連衽成帷，舉袂成幕，揮汗成雨；家敦而富，志高而揚。夫以大王之賢與齊之强，天下不能當。今乃西面事秦，竊爲大王羞之！

『且夫韓、魏之所以畏秦者，以與秦接界也。兵出而相當，不至十日，而戰勝存亡之機决矣。韓、魏戰而勝秦，則兵半折，四境不守；戰而不勝，以亡隨其後。是故韓、魏之所以重與秦戰而輕爲之臣也。

『今秦攻齊則不然，倍韓、魏之地，至闈陽晋之道，徑亢父之險，車不得方軌，馬不得并行，百人守險，千人不能過也。秦雖欲深入，則狼顧，恐韓、魏之議其後也。是故恫疑虚猲，高躍而不敢進，則秦不能害齊，亦已明矣。夫不深料秦之不奈我何也，而欲西面事秦，是群臣之計過也。今無臣事秦之名，而有强國之實，臣固願大王之少留計。』

齊王曰：『寡人不敏，今主君以趙王之教詔之，敬奉社稷以從。』

張儀爲秦連横齊王

張儀爲秦連横齊王曰：『天下强國無過齊者，大臣父兄殷衆富樂，無過齊者。然而爲大王計者，皆爲一時説而不顧萬世之利。從人説大王者，必謂齊西有强趙，南有韓、魏，負海之國也，地廣人衆，兵强士勇，雖有百秦，將無奈我何！大王覽其説，而不察其至實。

『夫從人朋黨比周，莫不以從爲可。臣聞之，齊與魯三戰而魯三勝，國以危，亡隨其後，雖有勝名而有亡之實，是何故也？齊大而魯小。今趙之與秦也，猶齊之于魯也。秦、趙戰于河漳之上，再戰而再勝秦；戰于番吾之下，再戰而再勝秦。四戰之後，趙亡卒數十萬，邯鄲僅存。雖有勝秦之名，而國破矣！是何故也？秦强而趙弱也。今秦、楚嫁子取婦，爲昆弟之國；韓獻宜陽，魏效河外，趙入朝黽池，割河間以事秦。大王不事秦，秦驅韓、魏攻齊之南地，悉趙涉河關，指摶關，臨淄、即墨非王之有也。國一日被攻，雖欲事秦，不可得也。是故願大王熟計之。』

齊王曰：『齊僻陋隱居，托于東海之上，未嘗聞社稷之長利。今大客幸而教之，請奉社稷以事秦。』獻魚鹽之地三百于秦也。

卷九　齊二

韓齊爲與國

韓、齊爲與國。張儀以秦、魏伐韓。齊王曰：『韓，吾與國也。秦伐之，吾將救之。』田臣思曰：『王之謀過矣，不如聽之。子噲與子之國，百姓不戴，諸侯弗與。秦伐韓，楚、趙必救之，是天以燕賜我也。』王曰：『善。』乃許韓使者而遣之。韓自以得交于齊，遂與秦戰。楚、趙果遽起兵而救韓，齊因起兵攻燕，三十日而舉燕國。

張儀事秦惠王

張儀事秦惠王。惠王死，武王立。左右惡張儀，曰：『儀事先王不忠。』言未已，齊讓又至。

張儀聞之，謂武王曰：『儀有愚計，願效之王。』王曰：『奈何？』曰：『爲社稷計者，東方有大變，然後王可以多割地。今齊王甚憎張儀，儀之所在，必舉兵而伐之。故儀願乞不肖身而之梁，齊必舉兵而伐之。齊、梁之兵連于城下，不能相去，王以其間伐韓，入三川，出兵函谷而無伐，以臨周，祭器必出，挾天子，案圖籍，此王業也。』王曰：『善。』乃具革車三十乘，納之梁。

齊果舉兵伐之。梁王大恐。張儀曰：『王勿患，請令罷齊兵。』乃使其舍人馮喜之楚，藉使之齊。齊、楚之事已畢，因謂齊王：『王甚憎張儀，雖然，厚矣王之托儀于秦王也。』齊王曰：『寡人甚憎儀，儀之所在，必舉兵伐之，何以托儀也？』對曰：『是乃王之托儀也。儀之出秦，因與秦王約曰：「爲王計者，東方有大變，然後王可以多割地。齊王甚憎儀，儀之所在，必舉兵伐之。故儀願乞不肖身而之梁，齊必舉兵伐梁。梁、齊之兵連于城下不能去，王以其間伐韓，入三川，出兵函谷而無伐，以臨周，祭器必出，挾天子，案圖籍，是王業也。」秦王以爲然，與革車三十乘而納儀于梁。而果伐之，是王內自罷而伐與國，廣鄰敵以自臨，而信儀于秦王也。此臣之所謂托儀也。』王曰：『善。』乃止。

犀首以梁爲齊戰于承匡而不勝

犀首以梁爲齊戰于承匡而不勝。張儀謂梁王不用臣言以危國。梁王因相儀，儀以秦、梁之齊合横親。犀首欲敗，謂衛君曰：『衍非有怨于儀也，值所以爲國者不同耳。君必解衍。』衛君爲告儀，儀許諾，因與之參坐于衛君之前。犀首跪行，爲儀千秋之祝。明日張子行，犀首送之至于齊疆。齊王聞之，怒于儀，曰：『衍也吾讎，而儀與之俱，是必與衍鬻吾國矣。』遂不聽。

昭陽爲楚伐魏

昭陽爲楚伐魏，覆軍殺將得八城。移兵而攻齊。陳軫爲齊王使，見昭陽，再拜賀戰勝，起而問：『楚之法，覆軍殺將，其官爵何也？』昭陽曰：『官爲上柱國，爵爲上執珪。』陳軫曰：『异貴于此者何也？』曰：『唯令尹耳。』陳軫曰：『令尹貴矣！王非置兩令尹也，臣竊爲公譬可也。楚有祠者，賜其舍人巵酒。舍人相謂曰：「數人飲之不足，一人飲之有餘。請畫地爲蛇，先成者飲酒。」一人蛇先成，引酒且飲之，乃左手持卮，右手畫蛇，曰：「吾能爲之足。」未成，一人之蛇成，奪其卮曰：「蛇固無足，子安能爲之足。」遂飲其酒。爲蛇足者，終亡其酒。今君相楚而攻魏，破軍殺將得八城，不弱兵，欲攻齊，齊畏公甚，公以是爲名居足矣，官之上非可重也。戰無不勝而不知止者，身且死，爵且後歸，猶爲蛇足也。』昭陽以爲然，解軍而去。

秦攻趙

秦攻趙。趙令樓緩以五城求講于秦，而與之伐齊。齊王恐，因使人以十城求講于秦。樓子恐，因以上黨二十四縣許秦王。趙足之齊，謂齊王曰：『王欲秦、趙之解乎？不如從合于趙，趙必倍秦。倍秦則齊無患矣。』

權之難齊燕戰

權之難，齊、燕戰。秦使魏冉之趙，出兵助燕擊齊。薛公使魏處之趙，謂李向曰：『君助燕擊齊，齊必急。急必以地和于燕，而身與趙戰矣。然則是君自爲燕東兵，爲燕取地也。故爲君計者，不如按兵勿出。齊必緩，緩必復與燕戰。戰而勝，兵罷弊，趙可取唐、曲逆；戰而不勝，命縣于趙。然則吾中立而割窮齊與疲燕也，兩國之權，歸于君矣。』

秦攻趙長平

秦攻趙長平，齊、楚救之。秦計曰：『齊、楚救趙，親，則將退兵；不親，則且遂攻之。』

趙無以食，請粟于齊，而齊不聽。蘇秦謂齊王曰：『不如聽之以却秦兵，不聽則秦兵不却，是秦之計中，而齊、燕之計過矣。且趙之于燕、齊，隱蔽也，齒之有脣也，脣亡則齒寒。今日亡趙，則明日及齊、楚矣。且夫救趙之務，宜若奉漏壅，沃焦釜。夫救趙，高義也；却秦兵，顯名也。義救亡趙，威却强秦兵，不務爲此，而務愛粟，則爲國計者過矣。』

或謂齊王

或謂齊王曰：『周、韓西有强秦，東有趙、魏。秦伐周、韓之西，趙、魏不伐，周、韓爲割，韓却周害也。及韓却周割之，趙、魏亦不免與秦爲患矣。今齊、秦伐趙、魏，則亦不果于趙、魏之應秦而伐周、韓。令齊入于秦而伐趙、魏，趙、魏亡之後，秦東面而伐齊，齊安得救天下乎！』

卷十　齊三

楚王死

楚王死，太子在齊質。蘇秦謂薛公曰：『君何不留楚太子，以市其下東國。』蘇

薛公曰：『不可。我留太子，郢中立王，然則是我抱空質而行不義于天下也。』蘇秦曰：『不然。郢中立王，君因謂其新王曰：「與我下東國，吾爲王殺太子。不然，吾將與三國共立之。」然則下東國必可得也。』

蘇秦之事，可以請行，可以令楚王亟入下東國；可以益割于楚；可以忠太子而使楚益入地；可以爲楚王走太子；可以忠太子使之亟去；可以惡蘇秦于薛公；可以爲蘇秦請封于楚；可以使人説薛公以善蘇子；可以使蘇子自解于薛公。

蘇秦謂薛公曰：『臣聞謀泄者事無功，計不决者名不成。今君留太子者，以市下東國也。非亟得下東國者，則楚之計變，變則是君抱空質而負名于天下也。』薛公曰：『善。爲之奈何？』對曰：『臣請爲君之楚，使亟入下東國之地。楚得成，

則君無敗矣。』薛公曰：『善。』因遣之。

謂楚王曰：『齊欲奉太子而立之。臣觀薛公之留太子者，以市下東國也。今王不亟入下東國，則太子且倍王之割而使齊奉己。』楚王曰：『謹受命。』因獻下東國。故曰可以使楚亟入地也。

謂薛公曰：『楚之勢可多割也。』薛公曰：『奈何？』『請告太子其故，使太子謁之君，以忠太子；使楚王聞之，可以益入地。』故曰可以益割于楚。

謂太子曰：『齊奉太子而立之，楚王請割地以留太子，齊少其地。太子何不倍楚之割地而資齊，齊必奉太子。』太子曰：『善。』倍楚之割而延齊。楚王聞之恐，益割地而獻之，尚恐事不成。故曰可以使楚益入地也。

謂楚王曰：『齊之所以敢多割地者，挾太子也。今已得地而求不止者，以太子權王也。故臣能去太子。太子去，齊無辭，必不倍于王也。王因馳强齊而爲交，齊辭，必聽王。然則是王去讎而得齊交也。』楚王大悅，曰：『請以國因。』故曰可以爲楚王使太子亟去也。

謂太子曰：『夫剬楚者王也，以空名市者太子也，齊未必信太子之言也，而楚功見矣。楚交成，太子必危矣。太子其圖之。』太子曰：『謹受命。』乃約車而暮去。故曰可以使太子急去也。

蘇秦使人請薛公曰：『夫勸留太子者蘇秦也。蘇秦非誠以爲君也，且以便楚也。蘇秦恐君之知之，故多割楚以滅迹也。今勸太子者又蘇秦也，而君弗知，臣竊爲君疑之。』薛公大怒于蘇秦。故曰可使人惡蘇秦于薛公也。

又使人謂楚王曰：『夫使薛公留太子者蘇秦也，奉王而代立楚太子者又蘇秦也，割地固約者又蘇秦也，忠王而走太子者又蘇秦也。今人惡蘇秦于薛公，以其爲齊薄而爲楚厚也。願王之知之。』楚王曰：『謹受命。』因封蘇秦爲武貞君。故曰可以爲蘇秦請封于楚也。

又使景鯉請薛公曰：『君之所以重于天下者，以能得天下之士而有齊權也。今蘇秦天下之辯士也，世與少有。君因不善蘇秦，則是圍塞天下士而不利說途也。夫不善君者且奉蘇秦，而于君之事殆矣。今蘇秦善于楚王，而君不蚤親，則是身與楚爲讎也。故君不如因而親之，貴而重之，是君有楚也。』薛公因善蘇秦。故曰可以爲蘇秦説薛公以善蘇秦。

齊王夫人死

齊王夫人死，有七孺子皆近。薛公欲知王所欲立，乃獻七珥，美其一，明日視美珥所在，勸王立爲夫人。

孟嘗君將入秦

孟嘗君將入秦，止者千數而弗聽。蘇秦欲止之，孟嘗曰：『人事者，吾已盡知之矣；吾所未聞者，獨鬼事耳。』蘇秦曰：『臣之來也，固不敢言人事也，固且以鬼事見君。』

孟嘗君見之。謂孟嘗君曰：『今者臣來，過于淄上，有土偶人與桃梗相與語。桃梗謂土偶人曰：「子，西岸之土也，挺子以爲人，至歲八月，降雨下，淄水至，則汝殘矣。」土偶曰：「不然。吾西岸之土也，吾殘則復西岸耳。今子，東國之桃梗也，刻削子以爲人，降雨下，淄水至，流子而去，則子漂漂者將何如耳？」今秦四塞之國，譬若虎口，而君入之，則臣不知君所出矣。』孟嘗君乃止。

孟嘗君在薛

孟嘗君在薛，荆人攻之。淳于髡爲齊使于荆，還反過薛。而孟嘗令人體貌而親郊迎之。謂淳于髡曰：『荆人攻薛，夫子弗憂，文無以復侍矣。』淳于髡曰：『敬聞命。』

至于齊，畢報。王曰：『何見于荆？』對曰：『荆甚固，而薛亦不量其力。』王曰：『何謂也？』對曰：『薛不量其力，而爲先王立清廟。荆固而攻之，清廟必危。故曰薛不量力，而荆亦甚固。』齊王和其顏色曰：『嘻！先君之廟在焉！』疾興兵救之。

顛蹶之請，望拜之謁，雖得則薄矣。善説者，陳其勢，言其方，人之急也。若自在隘窘之中，豈用强力哉！

孟嘗君奉夏侯章

孟嘗君奉夏侯章以四馬百人之食，遇之甚歡。夏侯章每言未嘗不毀孟嘗君也。或以告孟嘗君，孟嘗君曰：『文有以事夏侯公矣，勿言。』董之。繁菁以問夏侯公，夏侯公曰：『孟嘗君重非諸侯也，而奉我四馬百人之食。我無分寸之功而得此，然吾毀之以爲之也。君所以得爲長者，以吾毀之者也。吾以身爲孟嘗君，豈得持言也？』

孟嘗君讌坐

孟嘗君讌坐，謂三先生曰：『願聞先生有以補之闕者。』一人曰：『訾天下之主，有侵君者，臣請以臣之血湔其衽。』田瞀曰：『車軼之所能至，請掩足下之短，誦足下之長；千乘之君與萬乘之相，其欲有君也，如使而弗及也。』勝瞖曰：『臣願以足下之府庫財務，收天下之士，能爲君決疑應卒，若魏文侯之有田子方、段干木也。此臣之所爲君取矣。』

孟嘗君舍人有與君之夫人相愛者

孟嘗君舍人有與君之夫人相愛者。或以問孟嘗君曰：『爲君舍人而內與夫人相愛，亦甚不義矣，君其殺之。』君曰：『睹貌而相悦者，人之情也，其錯之勿言也。』

居期年，君召愛夫人者而謂之曰：『子與文游久矣，大官未可得，小官公又弗欲。衛君與文布衣交，請具車馬皮幣，願君以此從衛君游。』于衛甚重。

齊、衛之交惡，衛君甚欲約天下之兵以攻齊。是人謂衛君曰：『孟嘗君不知臣不肖，以臣欺君。且臣聞齊、衛先君，刑馬壓羊，盟曰：「齊、衛後世無相攻伐，有相攻伐者，令其命如此。」今君約天下之兵以攻齊，是足下倍先君盟約而欺孟嘗君也。願君勿以齊爲心。君聽臣則可；不聽臣，若臣不肖也，臣輒以頸血湔足下衿。』衛君乃止。

齊人聞之曰：『孟嘗君可謂善爲事矣，轉禍爲功。』

孟嘗君有舍人而弗悦

孟嘗君有舍人而弗悦，欲逐之。魯連謂孟嘗君曰：『猿獮猴錯木據水，則不若魚鼈；歷險乘危，則騏驥不如狐狸。曹沫之奮三尺之劍，一軍不能當；使曹沫釋其三尺之劍，而操銚鎒與農夫居壠畝之中，則不若農夫。故物舍其所長，之其所短，堯亦有所不及矣。今使人而不能，則謂之不肖；教人而不能，則謂之拙。拙則罷之，不肖則棄之，使人有棄逐，不相與處，而來害相報者，豈非世之立教首也哉！』孟嘗君曰：『善。』乃弗逐。

孟嘗君出行國至楚

孟嘗君出行國，至楚，獻象床。郢之登徒，直使送之，不欲行。見孟嘗君門人公孫戍，曰：『臣，郢之登徒也，直送象床。象床之直千金，傷此若髮漂，賣妻子不足償之。足下能使僕無行，先人有寶劍，願得獻之。』公孫曰：『諾。』

入見孟嘗君曰：『君豈受楚象床哉？』孟嘗君曰：『然。』公孫戍曰：『臣願君勿受。』孟嘗君曰：『何哉？』公孫戍曰：『小國所以皆致相印于君者，聞君于齊能振達貧窮，有存亡繼絶之義。小國英桀之士，皆以國事累君，誠説君之義，慕君之廉也。今君到楚而受象床，所未至之國，將何以待君？臣戍願君勿受。』孟嘗君曰：『諾。』

公孫戍趨而去。未出，至中閨，君召而返之，曰：『子教文無受象床，甚善。今何舉足之高，志之揚也？』公孫戍曰：『臣有大喜三，重之寶劍一。』孟嘗君曰：『何謂也？』公孫戍曰：『門下百數，莫敢入諫，臣獨入諫，臣一喜；諫而得聽，臣二喜；諫而止君之過，臣三喜。輸象床，郢之登徒不欲行，許戍以先人之寶劍。』孟嘗君曰：『善。受之乎？』公孫戍曰：『未敢！』曰：『急受之！』因書門版曰：『有能揚文之名，止文之過，私得寶于外者，疾入諫。』

淳于髡一日而見七人于宣王

淳于髡一日而見七人于宣王。王曰：『子來，寡人聞之，千里而一士，是比肩而立；百世而一聖，若隨踵而至也。今子一朝而見七士，則士不亦衆乎？』淳于髡曰：『不然。夫鳥同翼者而聚居，獸同足者而俱行。今求柴胡、桔梗于沮澤，則累世不得一焉。及之睪黍、梁父之陰，則郄車而載耳。夫物各有疇，今髡賢者之疇也。王求士于髡，譬若挹水于河，而取火于燧也。髡將復見之，豈特七士也。』

齊欲伐魏

齊欲伐魏。淳于髡謂齊王曰：『韓子盧者，天下之疾犬也。東郭逡者，海內之狡兔也。韓子盧逐東郭逡，環山者三，騰山者五，兔極于前，犬廢于後，犬兔俱罷，各死其處。田父見之，無勞倦之苦，而擅其功。今齊、魏久相持，以頓其兵，弊其衆，臣恐强秦大楚承其後，有田父之功。』齊王懼，謝將休士也。

國子曰秦破馬服君之師

國子曰：『秦破馬服君之師，圍邯鄲。齊、魏亦佐秦伐邯鄲，齊取臨鼠，魏取伊是。公子無忌爲天下循便計，殺晉鄙，率魏兵以救邯鄲之圍，使秦弗有而失天下。是齊入于魏而救邯鄲之功也。安邑者，魏之柱國也；晉陽者，趙之柱國也；鄢郢者，楚之柱國也。故三國欲與秦壤界，秦伐魏取安邑，伐趙取晉陽，伐楚取鄢郢矣。福三國之君，兼二周之地，舉韓氏取其地，且天下之半。今又劫趙、魏，疏中國，封衛之東野，兼魏之河南，絶趙之東陽，則趙、魏亦危矣。趙、魏危，則非齊之利也。韓、魏、趙、楚之志，恐秦兼天下而臣其君，故專兵一志以逆秦。三國之與秦壤界而患急，齊不與秦壤界而患緩。是以天下之勢，不得不事齊也。故秦得齊，則權重于中國；趙、魏、楚得齊，則足以敵秦。故秦、趙、魏得齊者重，失齊者輕。齊有此勢，不能以重于天下者何也？其用者過也。』

卷十一　齊四

齊人有馮諼者

齊人有馮諼者，貧乏不能自存，使人屬孟嘗君，願寄食門下。孟嘗君曰：『客何好？』曰：『客無好也。』曰：『客何能？』曰：『客無能也。』孟嘗君笑而受之曰：『諾。』左右以君賤之也，食以草具。

居有頃，倚柱彈其劍，歌曰：『長鋏歸來乎！食無魚。』左右以告。孟嘗君曰：『食之，比門下之客。』居有頃，復彈其鋏，歌曰：『長鋏歸來乎！出無車。』左右皆笑之，以告。孟嘗君曰：『爲之駕，比門下之車客。』于是乘其車，揭其劍，過其友曰：『孟嘗君客我。』後有頃，復彈其劍鋏，歌曰：『長鋏歸來乎！無以爲家。』左右皆惡之，以爲貪而不知足。孟嘗君問：『馮公有親乎？』對曰：『有老母。』孟嘗君使人給其食用，無使乏。于是馮諼不復歌。

後孟嘗君出記，問門下諸客：『誰習計會，能爲文收責于薛者乎？』馮諼署曰：

『能。』孟嘗君怪之，曰：『此誰也？』左右曰：『乃歌夫長鋏歸來者也。』孟嘗君笑曰：『客果有能也，吾負之，未嘗見也。』請而見之，謝曰：『文倦于事，憒于憂，而性懧愚，沉于國家之事，開罪于先生。先生不羞，乃有意欲爲收責于薛乎？』馮諼曰：『願之。』于是約車治裝，載券契而行，辭曰：『責畢收，以何市而反？』孟嘗君曰：『視吾家所寡有者。』

驅而之薛，使吏召諸民當償者，悉來合券。券徧合，起矯命以責賜諸民，因燒其券，民稱萬歲。

長驅到齊，晨而求見。孟嘗君怪其疾也，衣冠而見之，曰：『責畢收乎？來何疾也！』曰：『收畢矣。』『以何市而反？』馮諼曰：『君云「視吾家所寡有者」。臣竊計，君宫中積珍寶，狗馬實外廐，美人充下陳。君家所寡有者以義耳！竊以爲君市義。』孟嘗君曰：『市義奈何？』曰：『今君有區區之薛，不拊愛子其民，因而賈利之。臣竊矯君命，以責賜諸民，因燒其券，民稱萬歲。乃臣所以爲君市義也。』孟嘗君不説，曰：『諾，先生休矣！』

後期年，齊王謂孟嘗君曰：『寡人不敢以先王之臣爲臣。』孟嘗君就國于薛，未至百里，民扶老携幼，迎君道中。孟嘗君顧謂馮諼：『先生所爲文市義者，乃今日見之。』馮諼曰：『狡兔有三窟，僅得免其死耳。今君有一窟，未得高枕而卧也。請爲君復鑿二窟。』孟嘗君予車五十乘，金五百斤，西游于梁，謂惠王曰：『齊放其大臣孟嘗君于諸侯，諸侯先迎之者，富而兵强。』于是，梁王虚上位，以故相爲上將軍，遣使者，黄金千斤，車百乘，往聘孟嘗君。馮諼先驅誡孟嘗君曰：『千金，重幣也；百乘，顯使也。齊其聞之矣。』梁使三反，孟嘗君固辭不往也。齊王聞之，君臣恐懼，遣太傅賫黄金千斤，文車二駟，服劍一，封書謝孟嘗君曰：『寡人不祥，被于宗廟之祟，沉于諂諛之臣，開罪于君，寡人不足爲也。願君顧先王之宗廟，姑反國統萬人乎？』馮諼誡孟嘗君曰：『願請先王之祭器，立宗廟于薛。』廟成，還報孟嘗君曰：『三窟已就，君姑高枕爲樂矣。』

孟嘗君爲相數十年，無纖介之禍者，馮諼之計也。

孟嘗君爲從

孟嘗君爲從。公孫弘謂孟嘗君曰：『君不以使人先觀秦王？意者秦王帝王之主也，君恐不得爲臣，奚暇從以難之？意者秦王不肖之主也，君從以難之，未晚。』孟嘗君曰：『善，願因請公往矣。』

公孫弘敬諾，以車十乘之秦。昭王聞之，而欲媿之以辭。公孫弘見，昭王曰：『薛公之地，大小幾何？』公孫弘對曰：『百里。』昭王笑而曰：『寡人地數千里，猶未敢以有難也。今孟嘗君之地方百里，而因欲難寡人，猶可乎？』公孫弘對曰：『孟嘗君好人，大王不好人。』昭王曰：『孟嘗君之好人也，奚如？』公孫弘曰：『義不臣乎天子，不友乎諸侯，得志不慚爲人主，不得志不肯爲人臣，如此者三人；而治可爲管、商之師，說義聽行，能致其如此者五人；萬乘之嚴主也，辱其使者，退而自刎，必以其血洿其衣，如臣者十人。』昭王笑而謝之，曰：『客胡爲若此，寡人直與客論耳！寡人善孟嘗君，欲客之必諭寡人之志也！』公孫弘曰：『敬諾。』

公孫弘可謂不侵矣。昭王，大國也。孟嘗，千乘也。立千乘之義而不可陵，可謂足使矣。

魯仲連謂孟嘗

魯仲連謂孟嘗：『君好士也！雍門養椒亦，陽得子養，飲食、衣裘與之同之，皆得其死。今君之家富于二公，而士未有爲君盡游者也。』君曰：『文不得是二人故也。使文得二人者，豈獨不得盡？』對曰：『君之廄馬百乘，無不被綉衣而食菽粟者，豈有騏麟騄耳哉？後宫十妃，皆衣縞紵，食粱肉，豈有毛廧、西施哉？色與馬取于今之世，士何必待古哉？故曰君之好士未也。』

孟嘗君逐于齊而復反

孟嘗君逐于齊而復反。譚拾子迎之于境，謂孟嘗君曰：『君得無有所怨齊士大夫？』孟嘗君曰：『有。』『君滿意殺之乎？』孟嘗君曰：『然。』譚拾子曰：『事有必至，理有固然，君知之乎？』孟嘗君曰：『不知。』譚拾子曰：『事之必至者，死也；

理之固然者，富貴則就之，貧賤則去之。此事之必至，理之固然者。請以市諭。市，朝則滿，夕則虛，非朝愛市而夕憎之也。求存故往，亡故去。願君勿怨。』孟嘗君乃取所怨五百牒削去之，不敢以爲言。

齊宣王見顔斶

齊宣王見顔斶，曰：『斶前！』斶亦曰：『王前！』宣王不悦。左右曰：『王，人君也。斶，人臣也。王曰「斶前」，亦曰「王前」，可乎？』斶對曰：『夫斶前爲慕勢，王前爲趨士。與使斶爲趨勢，不如使王爲趨士。』王忿然作色曰：『王者貴乎？士貴乎？』對曰：『士貴耳，王者不貴。』王曰：『有説乎？』斶曰：『有。昔者秦攻齊，令曰：「有敢去柳下季壟五十步而樵采者，死不赦。」令曰：「有能得齊王頭者，封萬户侯，賜金千鎰。」由是觀之，生王之頭，曾不若死士之壟也。』宣王默然不悦。

左右皆曰：『斶來，斶來！大王據千乘之地，而建千石鍾，萬石簴。天下之士，仁義皆來役處；辯知并進，莫不來語；東西南北，莫敢不服。求萬物不備具，而百姓無不親附。今夫士之高者，乃稱匹夫，徒步而處農畝，下則鄙野、監門、閭里，士之賤也，亦甚矣！』

斶對曰：『不然。斶聞古大禹之時，諸侯萬國。何則？德厚之道，得貴士之力也。故舜起農畝，出于野鄙，而爲天子。及湯之時，諸侯三千。當今之世，南面稱寡者，乃二十四。由此觀之，非得失之策與？稍稍誅滅，滅亡無族之時，欲爲監門、閭里，安可得而有乎哉？是故《易傳》不云乎：「居上位，未得其實，以喜其爲名者，必以驕奢爲行。据慢驕奢，則凶從之。是故無其實而喜其名者削，無德而望其福者約，無功而受其禄者辱，禍必握。」故曰：「矜功不立，虛願不至。」此皆幸樂其名，華而無其實德者也。是以堯有九佐，舜有七友，禹有五丞，湯有三輔，自古及今而能虛成名于天下者，無有。是以君王無羞亟問，不愧下學；是故成其道德而揚功名于後世者，堯、舜、禹、湯、周文王是也。故曰：「無形者，形之君也。無端者，事之本也。」夫上見其原，下通其流，至聖人明學，何不吉之有哉！老子曰：「雖貴，必以賤爲本；雖高，必以下爲基。是以侯王稱孤寡不穀，是其賤之本與？」非夫孤寡者，人之困賤下位也，而侯王以自謂，豈非下人而尊貴士與？夫堯傳舜，舜傳禹，周成王任周公旦，而世世稱曰明主，是以明乎士之貴也。』

宣王曰：『嗟乎！君子焉可侮哉，寡人自取病耳！及今聞君子之言，乃今聞細人之行，願請受爲弟子。且顏先生與寡人游，食必太牢，出必乘車，妻子衣服麗都。』

顏斶辭去曰：『夫玉生于山，制則破焉，非弗寶貴矣，然夫璞不完。士生乎鄙野，推選則禄焉，非不得尊遂也，然而形神不全。斶願得歸，晚食以當肉，安步以當車，無罪以當貴，清静貞正以自虞。制言者王也，盡忠直言者斶也。言要道已備矣，願得賜歸，安行而反臣之邑屋。』則再拜而辭去也。

斶知足矣，歸反樸，則終身不辱也。

先生王斗造門而欲見齊宣王

先生王斗造門而欲見齊宣王，宣王使謁者延入。王斗曰：『斗趨見王爲好勢，王趨見斗爲好士，于王何如？』使者復還報。王曰：『先生徐之，寡人請從。』宣王因趨而迎之于門，與入，曰：『寡人奉先君之宗廟，守社稷，聞先生直言正諫不諱。』王斗對曰：『王聞之過。斗生于亂世，事亂君，焉敢直言正諫。』宣王忿然作色，不説。

有間，王斗曰：『昔先君桓公所好者，九合諸侯，一匡天下，天子受籍，立爲大伯。今王有四焉。』宣王説，曰：『寡人愚陋，守齊國，唯恐失抎之，焉能有四焉？』斗曰：『否。先君好馬，王亦好馬。先君好狗，王亦好狗。先君好酒，王亦好酒。先君好色，王亦好色。先君好士，是王不好士。』宣王曰：『當今之世無士，寡人何好？』王斗曰：『世無騏驎騄耳，王駟已備矣。世無東郭俊、盧氏之狗，王之走狗已具矣。世無毛嬙、西施，王宫已充矣。王亦不好士也，何患無士？』王曰：『寡人憂國愛民，固願得士以治之。』王斗曰：『王之憂國愛民，不若王愛尺縠也。』王曰：『何謂也？』王斗曰：『王使人爲冠，不使左右便辟而使工者，何也？爲能之也。今王治齊，非左右便辟無使也，臣故曰不如愛尺縠也。』

宣王謝曰：『寡人有罪國家。』于是舉士五人任官，齊國大治。

齊王使使者問趙威后

齊王使使者問趙威后。書未發，威后問使者曰：『歲亦無恙耶？民亦無恙耶？王亦無恙耶？』使者不說，曰：『臣奉使使威后，今不問王，而先問歲與民，豈先賤而後尊貴者乎？』威后曰：『不然。苟無歲，何以有民？苟無民，何以有君？故有問舍本而問末者耶？』乃進而問之曰：『齊有處士曰鍾離子，無恙耶？是其爲人也，有糧者亦食，無糧者亦食；有衣者亦衣，無衣者亦衣。是助王養其民也，何以至今不業也？葉陽子無恙乎？是其爲人，哀鰥寡，恤孤獨，振困窮，補不足。是助王息其民者也，何以至今不業也？北宮之女嬰兒子無恙耶？徹其環瑱，至老不嫁，以養父母。是皆率民而出于孝情者也，胡爲至今不朝也？此二士弗業，一女不朝，何以王齊國，子萬民乎？於陵子仲尚存乎？是其爲人也，上不臣于王，下不治其家，中不索交諸侯。此率民而出于無用者，何爲至今不殺乎？』

齊人見田駢

齊人見田駢，曰：『聞先生高議，設爲不宦，而願爲役。』田駢曰：『子何聞之？』對曰：『臣聞之鄰人之女。』田駢曰：『何謂也？』對曰：『臣鄰人之女，設爲不嫁，行年三十而有七子，不嫁則不嫁，然嫁過畢矣。今先生設爲不宦，訾養千鍾，徒百人，不宦則然矣，而富過畢也。』田子辭。

管燕得罪齊王

管燕得罪齊王，謂其左右曰：『子孰而與我赴諸侯乎？』左右嘿然莫對。管燕連然流涕曰：『悲夫！士何其易得而難用也！』田需對曰：『士三食不得饜，而君鵝鶩有餘食；下宮糅羅紈，曳綺縠，而士不得以爲緣。且財者君之所輕，死者士之所重，君不肯以所輕與士，而責士以所重事君，非士易得而難用也。』

蘇秦自燕之齊

蘇秦自燕之齊，見于華章南門。齊王曰：『嘻！子之來也。秦使魏冉致帝，子以爲何如？』對曰：『王之問臣也卒，而患之所從生者微。今不聽，是恨秦也；聽之，是恨天下也。不如聽之以卒秦，勿庸稱也以爲天下。秦稱之，天下聽之，王亦稱之，先後之事，帝名爲無傷也。秦稱之，而天下不聽，王因勿稱，其于以收天下，此大資也。』

蘇秦謂齊王

蘇秦謂齊王曰：『齊、秦立爲兩帝，王以天下爲尊秦乎？且尊齊乎？』王曰：『尊秦。』『釋帝則天下愛齊乎？且愛秦乎？』王曰：『愛齊而憎秦。』『兩帝立，約伐趙，孰與伐宋之利也？』對曰：『夫約然與秦爲帝，而天下獨尊秦而輕齊；齊釋帝，則天下愛齊而憎秦；伐趙不如伐宋之利。故臣願王明釋帝，以就天下；倍約儐秦，勿使争重；而王以其間舉宋。夫有宋則衛之陽城危；有淮北則楚之東國危；有濟西則趙之河東危；有陰、平陸則梁門不啓。故釋帝而貳之以伐宋之事，則國重而名尊，燕、楚以形服，天下不敢不聽，此湯、武之舉也。敬秦以爲名，而後使天下憎之，此所謂以卑易尊者也！願王熟慮之也！』

卷十二　齊五

蘇秦説齊閔王

蘇秦説齊閔王曰：『臣聞用兵而喜先天下者憂，約結而喜主怨者孤。夫後起者藉也，而遠怨者時也。是以聖人從事，必藉于權，而務興于時。夫權藉者，萬物之率也；而時勢者，百事之長也。故無權籍，倍時勢，而能事成者寡矣。

『今雖干將、莫邪，非得人力，則不能割劌矣。堅箭利金，不得弦機之利，則不能遠殺矣。矢非不銛，而劍非不利也，何則？權藉不在焉。何以知其然也？昔者趙氏襲衛，車舍人不休傅，衛國城割平，衛八門土而二門墮矣，此亡國之形也。衛君跣行，告遡于魏。魏王身被甲底劍，挑趙索戰。邯鄲之中騖，河、山之間亂。衛得是藉也，亦收餘甲而北面，殘剛平，墮中牟之郭。衛非强于趙也，譬之衛矢而魏弦機也，藉力魏而有河東之地。趙氏懼，楚人救趙而伐魏，戰于州西，出梁門，軍舍林中，馬飲于大河。趙得是藉也，亦襲魏之河北燒棘溝，墜黄城。故剛平之殘也，中牟之墮也，黄城之墜也，棘溝之燒也，此皆非趙、魏之欲也。然二國勸行之者，何也？衛明于時權之藉也。今世之爲國者不然矣。兵弱而好敵强，國罷而好衆怨，事敗而好鞠之，兵弱而憎下人也，地狹而好敵大，事敗而好長詐。行此六者而求伯，則遠矣。

『臣聞善爲國者，順民之意，而料兵之能，然後從于天下。故約不爲人主怨，伐不爲人挫强。如此，則兵不費，權不輕，地可廣，欲可成也。昔者，齊之與韓、魏伐秦、楚也，戰非甚疾也，分地又非多韓、魏也，然而天下獨歸咎于齊者，何也？以其爲韓、魏主怨也。且天下徧用兵矣，齊、燕戰，而趙氏兼中山，秦、楚戰韓、魏不休，而宋、越專用其兵。此十國者，皆以相敵爲意，而獨舉心于齊者，何也？約而好主怨，伐而好挫强也。

『且夫强大之禍，常以王人爲意也；夫弱小之殃，常以謀人爲利也。是以大國危，小國滅也。大國之計，莫若後起而重伐不義。夫後起之籍與多而兵勁，則事以衆强適罷寡也，兵必立也。事不塞天下之心，則利必附矣。大國行此，則名號不攘而至，伯王不爲而立矣。小國之情，莫如僅靜而寡信諸侯。僅靜，則四鄰不反；寡信諸侯，則天下不賣。外不賣，内不反，則檳禍朽腐而不用，幣帛矯蠹而不服矣。小國道此，則不祠而福矣，不貸而見足矣。故曰：祖仁者王，立義者伯，用兵窮者亡。何以知其然也？昔吴王夫差以强大爲天下先，强襲郢而棲越，身從諸侯之君，而卒身死國亡，爲天下戮者，何也？此夫差平居而謀王，强大而喜先天下之禍也。昔者萊、莒好謀，陳、蔡好詐，莒恃越而滅，蔡恃晋而亡，此皆内長詐、外信諸侯之殃也。由此觀之，則强弱大小之禍，可見于前事矣。

『語曰：「麒驥之衰也，駑馬先之；孟賁之倦也，女子勝之。」夫駑馬、女子，筋骨力勁，非賢于騏驥、孟賁也。何則？後起之藉也。今天下之相與也不并滅，有而案兵而後起，寄怨而誅不直，微用兵而寄于義，則亡天下可蹻足而須也。明于諸侯之故，察于地形之理者，不約親，不相質而固，不趨而疾，衆事而不反，交割而不相憎，俱强而加以親。何則？形同憂而兵趨利也。何以知其然也？昔者齊、燕戰于桓之曲，燕不勝，十萬之衆盡。胡人襲燕樓煩數縣，取其牛馬。夫胡之與齊非素親也，而用兵又非約質而謀燕也，然而甚于相趨者，何也？何則形同憂而兵趨利也。由此觀之，約于同形則利長，後起則諸侯可趨役也。

『故明主察相，誠欲以伯王爲志，則戰攻非所先。戰者，國之殘也，而都縣之費也。殘費已先，而能從諸侯者寡矣。彼戰者之爲殘也，士聞戰則輸私財而富軍市，輸飲食而待死士，令折轅而炊之，殺牛而觴士，則是路君之道也。中人禱祝，君翳釀，通都小縣置社，有市之邑莫不止事而奉王，則此虛中之計也。夫戰之明日，尸死扶傷，雖若有功也，軍出費，中哭泣，則傷主心矣。死者破家而葬，夷傷者空財而共藥，完者内酺而華樂，故其費與死傷者鈞。故民之所費也，十年之田而不償也。軍之所出，矛戟折，鐶弦絶，傷弩、破車、罷馬，亡矢之大半。甲兵之具，官之所私出也，士大夫之所匿，廝養士之所竊，十年之田而不償也。天下有此再費者，而能從諸侯寡矣。攻城之費，百姓理襜蔽，舉衝櫓，家雜總，身窟穴，中罷于刀金。而士困于土功，將不釋甲，期數而能拔城者爲亟耳。上倦于教，士斷于兵，故三下城而能勝敵者寡矣。故曰：彼戰攻者，非所先也。何以知其然也？昔智伯瑶攻范、中行氏，殺其君，滅其國，又西圍晉陽，呑兼二國，而憂一主，此用兵之盛也。然而智伯卒身死國亡，爲天下笑者，何謂也？兵先戰攻，而滅二子患也。日者，中山悉起而迎燕、趙，南戰于長子，敗趙氏；北戰于中山，克燕軍，殺其將。夫中山千乘之國也，而敵萬乘之國二，再戰比勝，此用兵之上節也。然而國遂亡，君臣于齊者，何也？不嗇于戰攻之患也。由此觀之，則戰攻之敗，可見于前事。

『今世之所謂善用兵者，終戰比勝，而守不可拔，天下稱爲善，一國得而保之，則非國之利也。臣聞戰大勝者，其士多死而兵益弱；守而不可拔者，其百姓罷而城郭露。夫士死于外，民殘于内，而城郭露于境，則非王之樂也。今夫鵠的非咎罪于人也，便弓引弩而射之，中者則善，不中則愧，少長貴賤，則同心于貫之者，何也？惡其示人以難也。今窮戰比勝，而守必不拔，則是非徒示人以難也，又且害人者也，然則天下仇之必矣。夫罷士露國，而多與天下爲仇，則明君不居也；素用强兵而弱之，則察相不事。彼明君察相者，則五兵不動而諸侯從，辭讓而重賂至矣。故明君之攻戰也，甲兵不出于軍而敵國勝，衝櫓不施而邊城降，士民不知而王業至矣。彼明君之從事也，用財少，曠日遠而爲利長者。故曰：兵後起則諸侯可趨役也。

『臣之所聞，攻戰之道非師者，雖有百萬之軍，比之堂上；雖有闔閭、吴起之將，禽之户内；千丈之城，拔之尊俎之間；百尺之衝，折之衽席之上。故鐘鼓竽瑟之音不絶，地可廣而欲可成；和樂倡優侏儒之笑不之，諸侯可同日而致也。故名配天地不爲尊，利制海内不爲厚。故夫善爲王業者，在勞天下而自佚，亂天下而自安，諸侯無成謀，則其國無宿憂也。何以知其然？佚治在我，勞亂在天下，則王之道也。鋭兵來則拒之，患至則趨之，使諸侯無成謀，則其國無宿憂矣。何以知其然矣？昔者魏王擁土千里，帶甲三十六萬，其强而拔邯鄲，西圍定陽，又從十二諸侯朝天子，以西謀秦。秦王恐之，寢不安席，食不甘味，令于境内，盡堞中爲戰具，竟爲守備，爲死士置將，以待魏氏。衛鞅謀于秦王曰：「夫魏氏其功大，而令行于天下，有十二諸侯而朝天子，其與必衆。故以一秦而敵大魏，恐不如。王何不使臣見魏王，則臣請必北魏矣。」秦王許諾。衛鞅見魏王曰：「大王之功大矣，令行于天下矣。今大王之所從十二諸侯，非宋、衛也，則鄒、魯、陳、蔡，此固大王之所以鞭箠使也，不足以王天下。大王不若北取燕，東伐齊，則趙必從矣；西取秦，南伐楚，則韓必從矣。大王有伐齊、楚心，而從天下之志，則王業見矣。大王不如先行王服，然後圖齊、楚。」魏説于衛鞅之言也，故身廣公宫，制丹衣柱，建九斿，從七星之旟。此天子之位也，而魏王處之。于是齊、楚怒，諸侯奔齊，齊人伐魏，殺其太子，覆其十萬之軍。魏王大恐，跣行按兵于國，而東次于齊，然後天下乃舍之。當是時，秦王垂拱受西河之外，而不以德魏王。故曰衛鞅之始與秦王計也，謀約不下席，言于尊俎之間，謀成于堂上，而魏將以禽于齊矣；衝櫓未施，而西河之外入于秦矣。此臣之所謂比之堂上，禽將户内，拔城于尊俎之間，折衝席上者也。』

卷十三　齊六

齊負郭之民有孤狐咺者

齊負郭之民有孤狐咺者，正議閔王，斮之檀衢，百姓不附。齊孫室子陳舉直言，殺之東閭，宗族離心。司馬穰苴爲政者也，殺之，大臣不親。以故燕舉兵，使昌國君將而擊之。齊使向子將而應之。齊軍破，向子以輿一乘亡。達子收餘卒，復振，與燕戰，求所以償者，閔王不肯與，軍破走。

王奔莒，淖齒數之曰：『夫千乘、博昌之間，方數百里，雨血沾衣，王知之乎？』王曰：『不知。』『嬴、博之間，地坼至泉，王知之乎？』王曰：『不知。』『人有當闕而哭者，求之則不得，去之則聞其聲，王知之乎？』王曰：『不知。』淖齒曰：『天雨血沾衣者，天以告也；地坼至泉者，地以告也；人有當闕而哭者，人以告也。天地人皆以告矣，而王不知戒焉，何得無誅乎！』于是殺閔王于鼓里。

太子乃解衣免服，逃太史之家爲溉園。君王后，太史氏女，知其貴人，善事之。

田單以即墨之城，破亡餘卒，破燕兵，紿騎劫，遂以復齊，遽迎太子于莒，立之以爲王。襄王即位，君王后以爲后，生齊王建。

王孫賈年十五事閔王

王孫賈年十五，事閔王。王出走，失王之處。其母曰：『女朝出而晚來，則吾倚門而望；女暮出而不還，則吾倚閭而望。女今事王，王出走，女不知其處，女尚何歸？』

王孫賈乃入市中，曰：『淖齒亂齊國，殺閔王，欲與我誅者，袒右！』市人從者四百人，與之誅淖齒，刺而殺之。

燕攻齊取七十餘城

燕攻齊，取七十餘城，唯莒、即墨不下。齊田單以即墨破燕，殺騎劫。

初，燕將攻下聊城，人或讒之。燕將懼誅，遂保守聊城，不敢歸。田單攻之歲餘，士卒多死，而聊城不下。

魯連乃書，約之矢以射城中，遺燕將曰：『吾聞之，知者不倍時而棄利，勇士不怯死而滅名，忠臣不先身而後君。今公行一朝之忿，不顧燕王之無臣，非忠也；殺身亡聊城，而威不信于齊，非勇也；功廢名滅，後世無稱，非知也。故知者不再計，勇士不怯死。今死生榮辱，尊卑貴賤，此其一時也。願公之詳計而無與俗同也！且楚攻南陽，魏攻平陸，齊無南面之心，以爲亡南陽之害，不若得濟北之利，故定計而堅守之。今秦人下兵，魏不敢東面，横秦之勢合，則楚國之形危。且棄南陽，斷右壤，存濟北，計必爲之。今楚、魏交退，燕救不至，齊無天下之規，與聊城共據期年之弊，即臣見公之不能得也。齊必決之于聊城，公無再計。彼燕國大亂，君臣過計，上下迷惑，栗腹以百萬之衆，五折于外，萬乘之國，被圍于趙，壤削主困，爲天下戮，公聞之乎？今燕王方寒心獨立，大臣不足恃，國弊旤多，民心無所歸。今公又以弊聊之民，距全齊之兵，期年不解，是墨翟之守也；食人炊骨，士無反北之心，是孫臏、吴起之兵也。能以見于天下矣！

『故爲公計者，不如罷兵休士，全車甲，歸報燕王，燕王必喜。士民見公，如見父母，交游攘臂而議于世，功業可明矣。上輔孤主，以制群臣；下養百姓，以資説士。矯國革俗于天下，功名可立也。意者，亦捐燕棄世，東游于齊乎？請裂地定封，富比陶、衛，世世稱孤寡，與齊久存，此亦一計也。二者顯名厚實也，願公熟計而審處一也。

『且吾聞，傚小節者不能行大威，惡小耻者不能立榮名。昔管仲射桓公中鉤，篡也；遺公子糾而不能死，怯也；束縛桎梏，辱身也。此三行者，鄉里不通也，世主不臣也。使管仲終窮抑，幽囚而不出，慚耻而不見，窮年没壽，不免爲辱人賤行矣。然而管子并三行之過，據齊國之政，一匡天下，九合諸侯，爲五伯首，名高天下，光照鄰國。曹沫爲魯君將，三戰三北，而喪地千里。使曹子之足不離陳，計不顧後，出必死而不生，則不免爲敗軍禽將。曹子以敗軍禽將，非勇也；功廢名滅，後世無稱，非知也。故去三北之耻，退而與魯君計也，曹子以爲遭。齊桓公有天下，朝諸侯。曹子以一劍之任，劫桓公于壇位之上，顏色不變，而辭氣不悖。三戰之所喪，一朝而反之，天下震動驚駭，威信吴、楚，傳名後世。若此二公者，非不能行小節，死小耻也，以爲殺身絶世，功名不立，非知也。故去忿恚之心，而成終身之名；除感忿之耻，而立累世之功。故業與三王争流，名與天壤相敝也。公其圖之！』

燕將曰：『敬聞命矣！』因罷兵到讀而去。故解齊國之圍，救百姓之死，仲連之説也。

燕攻齊齊破

燕攻齊，齊破。閔王奔莒，淖齒殺閔王。田單守即墨之城，破燕兵，復齊墟。襄王爲太子徵。齊以破燕，田單之立疑，齊國之衆，皆以田單爲自立也。襄王立，田單相之。

過菑水，有老人涉菑而寒，出不能行，坐于沙中。田單見其寒，欲使後車分衣，無可以分者，單解裘而衣之。襄王惡之，曰：『田單之施，將欲以取我國乎？不早圖，恐後之。』左右顧無人，巖下有貫珠者，襄王呼而問之曰：『女聞吾言乎？』對曰：『聞之。』王曰：『女以爲何若？』對曰：『王不如因以爲己善。王嘉單之善，下令曰：

「寡人憂民之飢也，單收而食之；寡人憂民之寒也，單解裘而衣之；寡人憂勞百姓，而單亦憂之，稱寡人之意。」單有是善而王嘉之，善單之善，亦王之善已。』王曰：「善！」乃賜單牛酒，嘉其行。

後數日，貫珠者復見王曰：『王至朝日，宜召田單而揖之于庭，口勞之。乃布令求百姓之飢寒者，收穀之。』乃使人聽于閭里，聞丈夫之相□與語，舉□□□□曰：『田單之愛人！嗟，乃王之教澤也！』

貂勃常惡田單

貂勃常惡田單，曰：『安平君，小人也。』安平君聞之，故爲酒而召貂勃，曰：『單何以得罪于先生，故常見譽于朝？』貂勃曰：『跖之狗吠堯，非貴跖而賤堯也，狗固吠非其主也。且今使公孫子賢，而徐子不肖。然而使公孫子與徐子鬭，徐子之狗，猶時攫公孫子之腓而噬之也。若乃得去不肖者，而爲賢者狗，豈特攫其腓而噬之耳哉？』安平君曰：『敬聞命。』明日，任之于王。

王有所幸臣九人之屬，欲傷安平君，相與語于王曰：『燕之伐齊之時，楚王使將軍將萬人而佐齊。今國已定，而社稷已安矣，何不使使者謝于楚王？』王曰：『左右孰可？』九人之屬曰：『貂勃可。』貂勃使楚。楚王受而觴之，數日不反。九人之屬相與語于王曰：『夫一人身，而牽留萬乘者，豈不以據勢也哉？且安平君之與王也，君臣無禮，而上下無別。且其志欲爲不善。内牧百姓，循撫其心，振窮補不足，布德于民；外懷戎翟、天下之賢士，陰結諸侯之雄俊豪英。其志欲有爲也。願王之察之。』异日，而王曰：『召相單來。』田單免冠徒跣肉袒而進，退而請死罪。五日，而王曰：『子無罪于寡人，子爲子之臣禮，吾爲吾之王禮而已矣。』

貂勃從楚來，王賜諸前，酒酣，王曰：『召相田單而來。』貂勃避席稽首曰：『王惡得此亡國之言乎？王上者孰與周文王？』王曰：『吾不若也。』貂勃曰：『然，臣固知王不若也。下者孰與齊桓公？』王曰：『吾不若也。』貂勃曰：『然，臣固知王不若也。然則周文王得吕尚以爲太公，齊桓公得管夷吾以爲仲父，今王得安平君而獨曰「單」。且自天地之闢，民人之治，爲人臣之功者，誰有厚于安平君者哉？

而王曰「單，單」。惡得此亡國之言乎？且王不能守先王之社稷，燕人興師而襲齊墟，王走而之城陽之山中。安平君以惴惴之即墨，三里之城，五里之郭，敝卒七千，禽其司馬，而反千里之齊，安平君之功也。當是時也，闔城陽而王，城陽、天下莫之能止。然而計之于道，歸之于義，以爲不可，故爲棧道木閣，而迎王與后于城陽山中，王乃得反，子臨百姓。今國已定，民已安矣，王乃曰「單」。且嬰兒之計不爲此。王不亟殺此九子者以謝安平君，不然，國危矣！』王乃殺九子而逐其家，益封安平君以夜邑萬户。

田單將攻狄

田單將攻狄，往見魯仲子。仲子曰：『將軍攻狄，不能下也。』田單曰：『臣以五里之城，七里之郭，破亡餘卒，破萬乘之燕，復齊墟。攻狄而不下，何也？』上車弗謝而去。遂攻狄，三月而不克之也。

齊嬰兒謡曰：『大冠若箕，脩劍拄頤，攻狄不能，下壘枯丘。』田單乃懼，問魯仲子曰：『先生謂單不能下狄，請聞其說。』魯仲子曰：『將軍之在即墨，坐而織蕢，立則丈插，爲士卒倡曰：「可往矣！宗廟亡矣！云曰尚矣！歸于何黨矣！」當此之時，將軍有死之心，而士卒無生之氣，聞若言，莫不揮泣奮臂而欲戰，此所以破燕也。當今將軍東有夜邑之奉，西有菑上之虞，黃金橫帶，而馳乎淄、澠之間，有生之樂，無死之心，所以不勝者也。』田單曰：『單有心，先生志之矣。』明日，乃厲氣循城，立于矢石之所，乃援枹鼓之，狄人乃下。

濮上之事

濮上之事，贅子死，章子走，盼子謂齊王曰：『不如易餘糧于宋，宋王必說，梁氏不敢過宋伐齊。齊固弱，是以餘糧收宋也。齊國復强，雖復責之宋，可；不償，因以爲辭而攻之，亦可。』

齊閔王之遇殺

齊閔王之遇殺，其子法章變姓名，爲莒太史家庸夫。太史敫女，奇法章之狀貌，以爲非常人，憐而常竊衣食之，與私焉。莒中及齊亡臣相聚，求閔王子，欲立之。法章乃自言于莒。共立法章爲襄王。襄王立，以太史氏女爲王后，生子建。太史敫曰：『女無謀而嫁者，非吾種也，汙吾世矣。』終身不覩。君王后賢，不以不覩之故，失人子之禮也。

襄王卒，子建立爲齊王。君王后事秦謹，與諸侯信，以故建立四十有餘年不受兵。秦始皇嘗使使者遺君王后玉連環，曰：『齊多知，而解此環不？』君王后以示群臣，群臣不知解。君王后引椎椎破之，謝秦使曰：『謹以解矣。』及君王后病且卒，誡建曰：『群臣之可用者某。』建曰：『請書之。』君王后曰：『善。』取筆牘受言。君王后曰：『老婦已亡矣。』

君王后死，後后勝相齊，多受秦間金玉，使賓客入秦，皆爲變辭，勸王朝秦，不脩攻戰之備。

齊王建入朝于秦

齊王建入朝于秦，雍門司馬前曰：『所爲立王者，爲社稷耶？爲王立王耶？』王曰：『爲社稷。』司馬曰：『爲社稷立王，王何以去社稷而入秦？』齊王還車而反。

即墨大夫與雍門司馬諫而聽之，則以爲可可爲謀，即入見齊王曰：『齊地方數千里，帶甲數百萬。夫三晋大夫，皆不便秦，而在阿、鄄之間者百數，王收而與之百萬之衆，使收三晋之故地，即臨晋之關可以入矣；鄢、郢大夫，不欲爲秦，而在城南下者百數，王收而與之百萬之師，使收楚故地，即武關可以入矣。如此，則齊威可立，秦國可亡。夫舍南面之稱制，及西面而事秦，爲大王不取也。』齊王不聽。

秦使陳馳誘齊王内之，約與五百里之地。齊王不聽即墨大夫而聽陳馳，遂入秦。處之共松柏之間，餓而死。先是齊爲之歌曰：『松邪！柏邪！住建共者，客耶！』

齊以淖君之亂

齊以淖君之亂秦。其後秦欲取齊，故使蘇涓之楚，令任固之齊。齊明謂楚王曰：

『秦王欲楚，不若其欲齊之甚也。其使涓來，以示齊之有楚，以資固于齊。齊見楚，必受固。是王之聽涓也，適爲固驅以合齊、秦也。齊、秦合，非楚之利也。且夫涓來之辭，必非固之所以之齊之辭也。王不如令人以涓來之辭謾固于齊，齊、秦必不合。齊、秦不合，則王重矣。王欲收齊以攻秦，漢中可得也。王即欲以秦攻齊，淮、泗之間亦可得也。』

卷十四　楚一

齊楚構難

齊、楚構難，宋請中立。齊急宋，宋許之。子象爲楚謂宋王曰：『楚以緩失宋，將法齊之急也。齊以急得宋，後將常急矣。是從齊而攻楚，未必利也。齊戰勝楚，勢必危宋；不勝，是以弱宋干强楚也。而令兩萬乘之國，常以急求所欲，國必危矣。』

五國約以伐齊

五國約以伐齊。昭陽謂楚王曰：『五國以破齊、秦，必南圖楚。』王曰：『然則奈何？』對曰：『韓氏輔國也，好利而惡難。好利，可營也；惡難，可懼也。我厚賂之以利，其心必營。我悉兵以臨之，其心必懼我。彼懼吾兵而營我利，五國之事必可敗也。約絶之後，雖勿與地可。』

楚王曰：『善。』乃命大公事之韓，見公仲曰：『夫牛闌之事，馬陵之難，親王之所見也。王苟無以五國用兵，請效列城五，請悉楚國之衆也，以廧于齊。』

齊之反趙、魏之後，而楚果弗與地，則五國之事困也。

荆宣王問群臣

荆宣王問群臣曰：『吾聞北方之畏昭奚恤也，果誠何如？』群臣莫對。江乙對曰：『虎求百獸而食之，得狐。狐曰：「子無敢食我也。天帝使我長百獸，今子食我，是逆天帝命也。子以我爲不信，吾爲子先行，子隨我後，觀百獸之見我而敢不走乎？」虎以爲然，故遂與之行。獸見之皆走。虎不知獸畏己而走也，以爲畏狐也。今王之地方五千里，帶甲百萬，而專屬之昭奚恤；故北方之畏奚恤也，其實畏王之甲兵也，猶百獸之畏虎也。』

昭奚恤與彭城君議于王前

昭奚恤與彭城君議于王前，王召江乙而問焉。江乙曰：『二人之言皆善也，臣不敢言其後。此謂慮賢也。』

邯鄲之難

邯鄲之難，昭奚恤謂楚王曰：『王不如無救趙，而以强魏。魏强，其割趙必深矣。趙不能聽，則必堅守，是兩弊也。』

景舍曰：『不然。昭奚恤不知也。夫魏之攻趙也，恐楚之攻其後，今不救趙，趙有亡形，而魏無楚憂，是楚、魏共趙也，害必深矣！何以兩弊也？且魏令兵以深割趙，趙見亡形，而有楚之不救己也，必與魏合而以謀楚。故王不如少出兵，以爲趙援。趙恃楚勁，必與魏戰。魏怒于趙之勁，而見楚救之不足畏也，必不釋趙。趙、魏相弊，而齊、秦應楚，則魏可破也。』

楚因使景舍起兵救趙。邯鄲拔，楚取睢、濊之間。

江尹欲惡昭奚恤于楚王

江尹欲惡昭奚恤于楚王，而力不能，故爲梁山陽君請封于楚。楚王曰：『諾。』昭奚恤曰：『山陽君無功于楚國，不當封。』江尹因得山陽君與之共惡昭奚恤。

魏氏惡昭奚恤于楚王

魏氏惡昭奚恤于楚王，楚王告昭子。昭子曰：『臣朝夕以事聽命，而魏入吾君臣之間，臣大懼。臣非畏魏也！夫泄吾君臣之交，而天下信之，是其爲人也近苦矣。夫苟不難爲之外，豈忘爲之内乎？臣之得罪無日矣。』王曰：『寡人知之，大夫何患？』

江乙惡昭奚恤

江乙惡昭奚恤，謂楚王曰：『人有以其狗爲有執而愛之。其狗嘗溺井，其鄰人見狗之溺井也，欲入言之。狗惡之，當門而噬之。鄰人憚之，遂不得入言。邯鄲之難，楚進兵大梁，取矣。昭奚恤取魏之寶器，以居魏知之，故昭奚恤常惡臣之見王。』

江乙欲惡昭奚恤于楚

江乙欲惡昭奚恤于楚，謂楚王曰：『下比周，則上危；下分爭，則上安。王亦知之乎？願王勿忘也。且人有好揚人之善者，于王何如？』王曰：『此君子也，近之。』江乙曰：『有人好揚人之惡者，于王何如？』王曰：『此小人也，遠之。』江乙曰：『然則且有子殺其父、臣弒其主者，而王終已不知者，何也？以王好聞人之美而惡聞人之惡也。』王曰：『善。寡人願兩聞之。』

江乙説于安陵君

江乙説于安陵君曰：『君無咫尺之地，骨肉之親，處尊位，受厚祿，一國之衆，見君莫不斂衽而拜，撫委而服，何以也？』曰：『王過舉而已。不然，無以至此。』江乙曰：『以財交者，財盡而交絶；以色交者，華落而愛渝。是以嬖女不敝席，寵臣不避軒。今君擅楚國之勢，而無以深自結于王，竊爲君危之！』安陵君曰：『然則奈何？』『願君必請從死，以身爲殉，如是必長得重于楚國。』曰：『謹受令。』

三年而弗言。江乙復見曰：『臣所爲君道，至今未效。君不用臣之計，臣請不敢復見矣。』安陵君曰：『不敢忘先生之言，未得間也。』

于是，楚王游于雲夢，結駟千乘，旌旗蔽日，野火之起也若雲蜺，兕虎嗥之聲若雷霆，有狂兕牂車依輪而至，王親引弓而射，壹發而殪。王抽旃旄而抑兕首，仰天而笑曰：『樂矣，今日之游也。寡人萬歲千秋之後，誰與樂此矣？』安陵君泣數行而進曰：『臣入則編席，出則陪乘。大王萬歲千秋之後，願得以身試黃泉，蓐螻蟻，又何如得此樂而樂之！』王大說，乃封壇爲安陵君。

君子聞之曰：『江乙可謂善謀，安陵君可謂知時矣。』

江乙爲魏使于楚

江乙爲魏使于楚，謂楚王曰：『臣入竟，聞楚之俗，不蔽人之善，不言人之惡，誠有之乎？』王曰：『誠有之。』江乙曰：『然則白公之亂，得無遂乎？誠如是，臣等之罪免矣。』楚王曰：『何也？』江乙曰：『州侯相楚，貴甚矣而主斷，左右俱曰「無有」。如出一口矣。』

郢人有獄三年不決

郢人有獄三年不決者，故令請其宅，以卜其罪。客因爲之謂昭奚恤曰：『郢人某氏之宅，臣願之。』昭奚恤曰：『郢人某氏，不當服罪，故其宅不得。』客辭而去。昭奚恤已而悔之，因謂客曰：『奚恤得事公，公何爲以故與奚恤？』客曰：『非用故也。』曰：『謂而不得，有說色，非故如何也？』

城渾出周

城渾出周，三人偶行，南游于楚，至于新城。

城渾説其令曰：『鄭、魏者，楚之耎國；而秦，楚之強敵也。鄭、魏之弱，而楚以上梁應之；宜陽之大也，楚以弱新城圍之。蒲反、平陽相去百里，秦人一夜而襲之，安邑不知；新城、上梁相去五百里，秦人一夜而襲之，上梁亦不知也。今邊邑之所恃者，非江南泗上也。故楚王何不以新城爲主郡也，邊邑甚利之。

新城公大説，乃爲具駟馬乘車五百金之楚。城渾得之，遂南交于楚，楚王果以新城爲主郡。

韓公叔有齊魏

韓公叔有齊、魏，而太子有楚、秦以争國。鄭申爲楚使于韓，矯以新城、陽人予太子。楚王怒，將罪之。對曰：『臣矯予之，以爲國也。臣爲太子得新城、陽人，以與公叔争國而得之。齊、魏必伐韓。韓氏急，必懸命于楚，又何新城、陽人之敢求？太子不勝，然而不死，今將倒冠而至，又安敢言地？』楚王曰：『善。』乃不罪也。

楚杜赫説楚王以取趙

楚杜赫説楚王以取趙。王且予之五大夫，而令私行。

陳軫謂楚王曰：『赫不能得趙，五大夫不可收也，得賞無功也。得趙而王無加焉，是無善也。王不如以十乘行之，事成，予之五大夫。』王曰：『善。』乃以十乘行之。

杜赫怒而不行。陳軫謂王曰：『是不能得趙也。』

楚王問于范環

楚王問于范環曰：『寡人欲置相于秦，孰可？』對曰：『臣不足以知之。』王曰：『吾相甘茂可乎？』范環對曰：『不可。』王曰：『何也？』曰：『夫史舉，上蔡之監門也。大不如事君，小不如處室，以苛廉聞于世，甘茂事之順焉。故惠王之明，武王之察，張儀之好譖，甘茂事之，取十官而無罪，茂誠賢者也，然而不可相秦。秦之有賢相也，非楚國之利也。且王嘗用滑于越而納句章，昧之難，越亂，故楚南察瀨胡而野江東。計王之功所以能如此者，越亂而楚治也。今王以用之于越矣，而忘之于秦，臣以爲王鉅速忘矣。王若欲置相于秦乎？若公孫郝者可。夫公孫郝之于秦王，親也。少與之同衣，長與之同車，被王衣以聽事，真大王之相已。王相之，楚國之大利也。』

蘇秦爲趙合從説楚威王

蘇秦爲趙合從，説楚威王曰：『楚，天下之强國也。大王，天下之賢王也。楚地西有黔中、巫郡，東有夏州、海陽，南有洞庭、蒼梧，北有汾陘之塞、郇陽。地方五千里，帶甲百萬，車千乘，騎萬匹，粟支十年，此霸王之資也。夫以楚之强與大王之賢，天下莫能當也。今乃欲西面而事秦，則諸侯莫不南面而朝于章臺之下矣。秦之所害于天下莫如楚，楚强則秦弱，楚弱則秦强，此其勢不兩立。故爲王至計，莫如從親以孤秦。大王不從親，秦必起兩軍：一軍出武關，一軍下黔中。若此，則鄢、郢動矣。臣聞治之其未亂，爲之其未有也；患至而後憂之，則無及已。故願大王之早計之。

『大王誠能聽臣，臣請令山東之國，奉四時之獻，以承大王之明制，委社稷宗廟，練士厲兵，在大王之所用之。大王誠能聽臣之愚計，則韓、魏、齊、燕、趙、衛之妙音美人，必充後宮矣。趙、代良馬橐他，必實于外厩。故從合則楚王，横成則秦帝。今釋霸王之業，而有事人之名，臣竊爲大王不取也。

『夫秦，虎狼之國也，有吞天下之心。秦，天下之仇讎也，横人皆欲割諸侯之地以事秦，此所謂養仇而奉讎者也。夫爲人臣而割其主之地，以外交强虎狼之秦，以侵天下，卒有秦患，不顧其禍。夫外挾强秦之威，以内劫其主，以求割地，大逆不忠，無過此者。故從親，則諸侯割地以事楚；横合，則楚割地以事秦。此兩策者，相去遠矣，有億兆之數。兩者大王何居焉？故弊邑趙王，使臣效愚計，奉明約，在大王命之。』

楚王曰：『寡人之國，西與秦接境，秦有舉巴蜀、并漢中之心。秦，虎狼之國，不可親也。而韓、魏迫于秦患，不可與深謀，恐反人以入于秦，故謀未發而國已危矣。寡人自料，以楚當秦，未見勝焉。内與群臣謀，不足恃也。寡人卧不安席，食不甘味，心摇摇如懸旌，而無所終薄。今君欲一天下，安諸侯，存危國，寡人謹奉社稷以從。』

張儀爲秦破從連横

張儀爲秦破從連横，説楚王曰：『秦地半天下，兵敵四國，被山帶河，四塞以爲固。虎賁之士百餘萬，車千乘，騎萬匹，粟如丘山。法令既明，士卒安難樂死。主嚴以明，將知以武。雖無出兵甲，席卷常山之險，折天下之脊，天下後服者先亡。且夫爲從者，無以异于驅群羊而攻猛虎也。夫虎之與羊，不格明矣。今大王不與猛虎而與群羊，竊以爲大王之計過矣。

『凡天下强國，非秦而楚，非楚而秦。兩國敵侔交争，其勢不兩立。而大王不與秦，秦下甲兵，據宜陽，韓之上地不通；下河東，取成皋，韓必入臣于秦。韓入臣，魏則從風而動。秦攻楚之西，韓、魏攻其北，社稷豈得無危哉？

『且夫約從者，聚群弱而攻至强也。夫以弱攻强，不料敵而輕戰，國貧而驟舉兵，此危亡之術也。臣聞之，兵不如者，勿與挑戰；粟不如者，勿與持久。夫從人者，飾辯虚辭，高主之節行，言其利而不言其害，卒有楚禍，無及爲已，是故願大王之熟計之也。

『秦西有巴蜀，方船積粟，起于汶山，循江而下，至郢三千餘里。舫船載卒，一舫載五十人，與三月之糧，下水而浮，一日行三百餘里；里數雖多，不費馬汗之勞，不至十日而距扞關，扞關驚，則從竟陵已東，盡城守矣，黔中、巫郡非王之有已。秦舉甲出之武關，南面而攻，則北地絕。秦兵之攻楚也，危難在三月之內。而楚恃諸侯之救，在半歲之外，此其勢不相及也。夫恃弱國之救，而忘强秦之禍，此臣之所以爲大王患也。且大王嘗與吴人五戰三勝而亡之，陳卒盡矣；有偏守新城而居民苦矣。臣聞之，攻大者易危，而民弊者怨于上。夫守易危之功，而逆强秦之心，臣竊爲大王危之。

『且夫秦之所以不出甲于函谷關十五年以攻諸侯者，陰謀有吞天下之心也。楚嘗與秦構難，戰于漢中。楚人不勝，通侯、執珪死者七十餘人，遂亡漢中。楚王大怒，興師襲秦，戰于藍田，又却。此所謂兩虎相搏者也。夫秦、楚相弊，而韓、魏以全制其後，計無過于此者矣，是故願大王熟計之也。

『秦下兵攻衛、陽晋，必開扃天下之匈，大王悉起兵以攻宋，不至數月而宋可舉。舉宋而東指，則泗上十二諸侯，盡王之有已。

『凡天下所信約從親堅者蘇秦，封爲武安君而相燕，即陰與燕王謀破齊共分其地。乃佯有罪，出走入齊，齊王因受而相之。居二年而覺，齊王大怒，車裂蘇秦于市。夫以一詐僞反覆之蘇秦，而欲經營天下，混一諸侯，其不可成也亦明矣。

『今秦之與楚也，接境壤界，固形親之國也。大王誠能聽臣，臣請秦太子入質于楚，楚太子入質于秦，請以秦女爲大王箕箒之妾，效萬家之都，以爲湯沐之邑，長爲昆弟之國，終身無相攻擊。臣以爲計無便于此者。故敝邑秦王，使使臣獻書大王之從車下風，須以決事。』

楚王曰：『楚國僻陋，托東海之上。寡人年幼，不習國家之長計。今上客幸教以明制，寡人聞之，敬以國從。』乃遣使車百乘，獻鷄駭之犀、夜光之璧于秦王。

張儀相秦

張儀相秦，謂昭雎曰：『楚無鄢、郢、漢中，有所更得乎？』曰：『無有。』曰：『無昭雎、陳軫，有所更得乎？』曰：『無所更得。』張儀曰：『爲儀謂楚王逐昭雎、陳軫，請復鄢、郢、漢中。』昭雎歸報楚王，楚王說之。

有人謂昭睢曰：『甚矣，楚王不察于争名者也。韓求相工陳籍而周不聽，魏求相綦母恢而周不聽，何以也？周是列縣畜我也。今楚，萬乘之强國也；大王，天下之賢主也。今儀曰逐君與陳軫而王聽之，是楚自行不如周，而儀重于韓、魏之王也。且儀之所行，有功名者秦也，所欲貴富者魏也。欲爲攻于魏，必南伐楚。故攻有道，外絶其交，内逐其謀臣。陳軫，夏人也，習于三晋之事，故逐之，則楚無謀臣矣。今君能用楚之衆，故亦逐之，則楚衆不用矣。此所謂内攻之者也，而王不知察。今君何不見臣于王，請爲王使齊交不絶。齊交不絶，儀聞之，其效鄢、郢、漢中必緩矣。是昭睢之言不信也，王必薄之。』

威王問于莫敖子華

威王問于莫敖子華曰：『自從先君文王以至不穀之身，亦有不爲爵勸，不爲禄勉，以憂社稷者乎？』莫敖子華對曰：『如華不足知之矣。』王曰：『不于大夫，無所聞之？』莫敖子華對曰：『君王將何問者也？彼有廉其爵，貧其身，以憂社稷者；

有崇其爵，豐其禄，以憂社稷者；有斷脰決腹，一瞑而萬世不視，不知所益，以憂社稷者；有勞其身，愁其志，以憂社稷者；亦有不爲爵勸，不爲禄勉，以憂社稷者。』

王曰：『大夫此言，將何謂也？』

莫敖子華對曰：『昔令尹子文，緇帛之衣以朝，鹿裘以處；未明而立于朝，日晦而歸食；朝不謀夕，無一月之積。故彼廉其爵，貧其身，以憂社稷者，令尹子文是也。

『昔者葉公子高，身獲于表薄，而財于柱國，定白公之禍，寧楚國之事；恢先君以揜方城之外，四封不侵，名不挫于諸侯。當此之時也，天下莫敢以兵南鄉。葉公子高，食田六百畛，故彼崇其爵，豐其禄，以憂社稷者，葉公子高是也。

『昔者吴與楚戰于柏舉。兩御之間夫卒交。莫敖大心撫其御之手，顧而大息曰：「嗟乎子乎，楚國亡之月至矣！吾將深入吴軍，若扑一人，若捽一人，以與大心者也，社稷其爲庶幾乎？」故斷脰決腹，壹瞑而萬世不視，不知所益，以憂社稷者，莫敖大心是也。

『昔吴與楚戰于柏舉，三戰入郢。寡君身出，大夫悉屬，百姓離散。棼冒勃蘇曰：

「吾被堅執鋭，赴强敵而死，此猶一卒也，不若奔諸侯。」于是嬴糧潛行，上峥山，逾深溪，蹠穿膝暴，七日而薄秦王之朝。雀立不轉，晝吟宵哭。七日不得告。水漿無入口，瘨而殫悶，旄不知人。秦王聞而走之，冠帶不相及，左奉其首，右濡其口，勃蘇乃蘇。秦王身問之：「子孰誰也？」棼冒勃蘇對曰：「臣非异，楚使新造盩棼冒勃蘇。吴與楚人戰于柏舉，三戰入郢，寡君身出，大夫悉屬，百姓離散，使下臣來告亡，且求救。」秦王顧令不起：「寡人聞之，萬乘之君，得罪一士，社稷其危，今此之謂也。」遂出革車千乘，卒萬人，屬之子滿與子虎，下塞以東，與吴人戰于濁水而大敗之，亦聞于遂浦。故勞其身，愁其思，以憂社稷者，棼冒勃蘇是也。

『吴與楚戰于柏舉，三戰入郢。君王身出，大夫悉屬，百姓離散。蒙穀給鬭于宫唐之上，舍鬭奔郢曰：「若有孤，楚國社稷其庶幾乎？」遂入大宫，負鷄次之典以浮于江，逃于雲夢之中。昭王反郢，五官失法，百姓昏亂；蒙穀獻典，五官得法，而百姓大治。此蒙穀之功，多與存國相若，封之執圭，田六百畛。蒙穀怒曰：「穀非人臣，社稷之臣，苟社稷血食，餘豈悉無君乎？」遂自棄于磨山之中，至今無冒。

故不爲爵勸，不爲禄勉，以憂社稷者，蒙穀是也。』

王乃大息曰：『此古之人也，今之人，焉能有之耶？』

莫敖子華對曰：『昔者先君靈王好小要，楚士約食，馮而能立，式而能起。食之可欲，忍而不入；死之可惡，然而不避。章聞之，其君好發者，其臣抉拾。君王直不好，若君王誠好賢，此五臣者，皆可得而致之。』

卷十五　楚二

魏相翟强死

魏相翟强死。爲甘茂謂楚王曰：『魏之幾相者，公子勁也。勁也相魏，魏、秦之交必善。秦、魏之交完，則楚輕矣。故王不如與齊約，相甘茂于魏。齊王好高人以名，今爲其行人請魏之相，齊必喜。魏氏不聽，交惡于齊，齊、魏之交惡，必争事楚。魏氏聽，甘茂與樗里疾，貿首之讎也；而魏、秦之交必惡，又交重楚也。』

齊秦約攻楚

齊、秦約攻楚，楚令景翠以六城賂齊，太子爲質。昭雎謂景翠曰：『秦恐且因景鯉、蘇厲而效地于楚。公出地以取齊，鯉與厲且以收地取秦，公事必敗。公不如令王重賂景鯉、蘇厲，使入秦，秦恐，必不求地而合于楚。若齊不求，是公與約也。』

術視伐楚

術視伐楚，楚令昭鼠以十萬軍漢中。昭雎勝秦于重丘，蘇厲謂宛公昭鼠曰：『王欲昭雎之乘秦也，必分公之兵以益之。秦知公兵之分也，必出漢中。請爲公令辛戎謂王曰：「秦兵且出漢中。」則公之兵全矣。』

四國伐楚

四國伐楚，楚令昭雎將以距秦。楚王欲擊秦，昭侯不欲。桓臧爲昭雎謂楚王曰：『雎戰勝，三國惡楚之强也，恐秦之變而聽楚也，必深攻楚以勁秦。秦王怒于戰不勝，必悉起而擊楚，是王與秦相罷，而以利三國也。戰不勝秦，秦進兵而攻。不如益昭雎之兵，令之示秦必戰。秦王惡與楚相弊而令天下，秦可以少割而收害也。秦、楚之合，而燕、趙、魏不敢不聽，三國可定也。』

楚懷王拘張儀

楚懷王拘張儀，將欲殺之。靳尚爲儀謂楚王曰：『拘張儀，秦王必怒。天下見楚之無秦也，楚必輕矣。』又謂王之幸夫人鄭袖曰：『子亦自知且賤于王乎？』鄭袖曰：『何也？』尚曰：『張儀者，秦王之忠信有功臣也。今楚拘之，秦王欲出之。秦王有愛女而美，又簡擇宮中佳翫麗好翫習音者，以歡從之；資之金玉寶器，奉以上庸六縣爲湯沐邑，欲因張儀内之楚王。楚王必愛，秦女依强秦以爲重，挾寶地以爲資，勢爲王妻以臨于楚。王惑于虞樂，必厚尊敬親愛之而忘子，子益賤而日疏矣。』鄭袖曰：『願委之于公，爲之奈何？』曰：『子何不急言王，出張子。張子得出，德子無已時，秦女必不來，而秦必重子。子内擅楚之貴，外結秦之交，畜張子以爲用，子之子孫必爲楚太子矣，此非布衣之利也。』鄭袖遽説楚王出張子。

楚王將出張子

楚王將出張子，恐其敗己也，靳尚謂楚王曰：『臣請隨之。儀事王不善，臣請殺之。』

楚小臣，靳尚之仇也，謂張旄曰：『以張儀之知，而有秦、楚之用，君必窮矣。君不如使人微要靳尚而刺之，楚王必大怒儀也。彼儀窮，則子重矣。楚、秦相難，則魏無患矣。』

張旄果令人要靳尚刺之。楚王大怒，秦構兵而戰。秦、楚爭事魏，張旄果大重。

秦敗楚漢中

秦敗楚漢中。楚王入秦，秦王留之。游騰爲楚謂秦王曰：『王挾楚王，而與天下攻楚，則傷行矣。不與天下共攻之，則失利矣。王不如與之盟而歸之。楚王畏，必不敢倍盟。王因與三國攻之，義也。』

楚襄王爲太子之時

楚襄王爲太子之時，質于齊。懷王薨，太子辭于齊王而歸。齊王隘之：『予我東地五百里，乃歸子。子不予我，不得歸。』太子曰：『臣有傅，請追而問傅。』傅慎子曰：『獻之地，所以爲身也。愛地不送死父，不義。臣故曰，獻之便。』太子入，致命齊王曰：『敬獻地五百里。』齊王歸楚太子。

太子歸，即位爲王。齊使車五十乘，來取東地于楚。楚王告慎子曰：『齊使來求東地，爲之奈何？』慎子曰：『王明日朝群臣，皆令獻其計。』

上柱國子良入見。王曰：『寡人之得求反，王墳墓、復群臣、歸社稷也，以東地五百里許齊。齊令使來求地，爲之奈何？』子良曰：『王不可不與也。王身出玉聲，許强萬乘之齊而不與，則不信，後不可以約結諸侯。請與而復攻之。與之信，攻之武。臣故曰與之。』

子良出，昭常入見。王曰：『齊使來求東地五百里，爲之奈何？』昭常曰：『不可與也。萬乘者，以地大爲萬乘。今去東地五百里，是去戰國之半也，有萬乘之號而無千乘之用也，不可。臣故曰勿與。常請守之。』

昭常出，景鯉入見。王曰：『齊使來求東地五百里，爲之奈何？』景鯉曰：『不可與也。雖然，楚不能獨守。王身出玉聲，許萬乘之强齊也而不與，負不義于天下。楚亦不能獨守。臣請西索救于秦。』

景鯉出，慎子入，王以三大夫計告慎子曰：『子良見寡人曰：「不可不與也，與而復攻之。」常見寡人曰：「不可與也，常請守之。」鯉見寡人曰：「不可與也，雖然楚不能獨守也，臣請索救于秦。」寡人誰用于三子之計？』慎子對曰：『王皆用之。』王怫然作色曰：『何謂也？』慎子曰：『臣請效其説，而王且見其誠然也。王發上柱國子良車五十乘，而北獻地五百里于齊。發子良之明日，遣昭常爲大司馬，令往守東地。遣昭常之明日，遣景鯉車五十乘，西索救于秦。』王曰：『善。』乃遣子良北獻地于齊。遣子良之明日，立昭常爲大司馬，使守東地。又遣景鯉西索救于秦。

子良至齊，齊使人以甲受東地。昭常應齊使曰：『我典主東地，且與死生。悉五尺至六十，三十餘萬弊甲鈍兵，願承下塵。』齊王謂子良曰：『大夫來獻地，今常守之何如？』子良曰：『臣身受命弊邑之王，是常矯也。王攻之。』齊王大興兵，攻東地，伐昭常。未涉疆，秦以五十萬臨齊右壤。曰：『夫隘楚太子弗出，不仁；

又欲奪之東地五百里，不義。其縮甲則可，不然，則願待戰。』齊王恐焉。乃請子良南道楚，西使秦，解齊患。士卒不用，東地復全。

女阿謂蘇子

女阿謂蘇子曰：『秦栖楚王，危太子者，公也。今楚王歸，太子南，公必危。公不如令人謂太子曰：「蘇子知太子之怨己也，必且務不利太子。太子不如善蘇子，蘇子必且爲太子入矣。」』蘇子乃令人謂太子。太子復請善于蘇子。

卷十六　楚三

蘇子謂楚王

蘇子謂楚王曰：『仁人之于民也，愛之以心，事之以善言。孝子之于親也，愛之以心，事之以財。忠臣之于君也，必進賢人以輔之。今王之大臣父兄，好傷賢以爲資，厚賦斂諸臣百姓，使王見疾于民，非忠臣也。大臣播王之過于百姓，多賂諸侯以王之地，是故退王之所愛，亦非忠臣也，是以國危。臣願無聽群臣之相惡也，慎大臣父兄；用民之所善，節身之嗜欲，以百姓。人臣莫難于無妒而進賢。爲主死易，垂沙之事，死者以千數。爲主辱易，自令尹以下，事王者以千數。至于無妒而進賢，未見一人也。故明主之察其臣也，必知其無妒而進賢也。賢之事其主也，亦必無妒而進賢。夫進賢之難者，賢者用且使己廢，貴且使己賤，故人難之。』

蘇秦之楚三日

蘇秦之楚，三日乃得見乎王。談卒，辭而行。楚王曰：『寡人聞先生，若聞古人。今先生乃不遠千里而臨寡人，曾不肯留，願聞其說。』對曰：『楚國之食貴于玉，薪貴于桂，謁者難得見如鬼，王難得見如天帝。今令臣食玉炊桂，因鬼見帝。』王曰：『先生就舍，寡人聞命矣。』

楚王逐張儀于魏

楚王逐張儀于魏。陳軫曰：『王何逐張子？』曰：『爲臣不忠不信。』曰：『不忠，王無以爲臣；不信，王勿與爲約。且魏臣不忠不信，于王何傷？忠且信，于王何益？逐而聽則可，若不聽，是王令困也。且使萬乘之國免其相，是城下之事也。』

張儀之楚貧

張儀之楚，貧。舍人怒而歸。張儀曰：『子必以衣冠之敝，故欲歸。子待我爲子見楚王。』當是之時，南后、鄭袖貴于楚。

張子見楚王，楚王不説。張子曰：『王無所用臣，臣請北見晉君。』楚王曰：『諾。』張子曰：『王無求于晉國乎？』王曰：『黃金珠璣犀象出于楚，寡人無求于晉國。』張子曰：『王徒不好色耳？』王曰：『何也？』張子曰：『彼鄭、周之女，粉白墨黑，立于衢閭，非知而見之者，以爲神。』楚王曰：『楚，僻陋之國也，未嘗見中國之女如此其美也。寡人之獨何爲不好色也？』乃資之以珠玉。

南后、鄭袖聞之大恐。令人謂張子曰：『妾聞將軍之晉國，偶有金千斤，進之左右，以供芻秣。』鄭袖亦以金五百斤。

張子辭楚王曰：『天下關閉不通，未知見日也，願王賜之觴。』王曰：『諾。』乃觴之。張子中飲，再拜而請曰：『非有他人于此也，願王召所便習而觴之。』王曰：『諾。』乃召南后、鄭袖而觴之。張子再拜而請曰：『儀有死罪于大王。』王曰：『何也？』曰：『儀行天下徧矣，未嘗見人如此其美也。而儀言得美人，是欺王也。』王曰：『子釋之。吾固以爲天下莫若是兩人也。』

楚王令昭雎之秦重張儀

楚王令昭雎之秦重張儀。未至，惠王死。武王逐張儀。楚王因收昭雎以取齊。桓臧爲雎謂楚王曰：「横親之不合也，儀貴惠王而善雎也。今惠王死，武王立，儀走，公孫郝、甘茂貴。甘茂善魏，公孫郝善韓。二人固不善雎也，必以秦合韓、魏。韓、魏之重儀，儀有秦而雎以楚重之。今儀困秦而雎收楚，韓、魏欲得秦，必善二人者。將收韓、魏，輕儀而伐楚，方城必危。王不如復雎，而重儀于韓、魏。儀據楚勢，挾魏重，以與秦争。魏不合秦，韓亦不從，則方城無患。」

張儀逐惠施于魏

張儀逐惠施于魏。惠子之楚，楚王受之。

馮郝謂楚王曰：「逐惠子者，張儀也。而王親與約，是欺儀也，臣爲王弗取也。惠子爲儀者來，而惡王之交于張儀，惠子必弗行也。且宋王之賢惠子也，天下莫不聞也。今之不善張儀也，天下莫不知也。今爲事之故，棄所貴于讎人，臣以爲大王輕矣。且爲事耶？王不如舉惠子而納之于宋，而謂張儀曰：「請爲子勿納也。」儀必德王。而惠子窮人，而王奉之，又必德王。此不失爲儀之實，而可以德惠子。』楚王曰：『善。』乃奉惠子而納之宋。

五國伐秦

五國伐秦。魏欲和，使惠施之楚。楚將入之秦而使行和。

杜赫謂昭陽曰：『凡爲伐秦者，楚也。今施以魏來，而公入之秦，是明楚之伐而信魏之和也。公不如無聽惠施，而陰使人以請聽秦。』昭子曰：『善。』因謂惠施曰：『凡爲攻秦者，魏也。今子從楚爲和，楚得其利，魏受其怨。子歸，吾將使人因魏而和。』

惠子反，魏王不説。杜赫謂昭陽曰：『魏爲子先戰，折兵之半，謁病不聽，請和不得，魏折而入齊、秦，子何以救之？東有越纍，北無晉，而交未定于齊、秦，是楚孤也。不如速和。』昭子曰：『善。』因令人謁和于魏。

陳軫告楚之魏

陳軫告楚之魏。張儀惡之于魏王曰：『軫猶善楚，爲求地甚力。』左爽謂陳軫曰：『儀善于魏王，魏王甚信之，公雖百説之，猶不聽也。公不如以儀之言爲資，而得復楚。』陳軫曰：『善。』因使人以儀之言聞于楚。楚王喜，欲復之。

秦伐宜陽

秦伐宜陽。楚王謂陳軫曰：『寡人聞韓侈巧士也，習諸侯事，殆能自免也。爲其必免，吾欲先據之以加德焉。』陳軫對曰：『舍之，王勿據也。以韓侈之知，于此困矣。今山澤之獸，無黠于麋。麋知獵者張罔，前而驅己也，因還走而冒人，至數。獵者知其詐，僞舉罔而進之，麋因得矣。今諸侯明知此多詐，僞舉罔而進者必衆矣。舍之，王勿據也。韓侈之知，于此困矣。』楚王聽之，宜陽果拔。陳軫先知之也。

唐且見春申君

唐且見春申君曰：『齊人飾身修行得爲益，然臣羞而不學也。不避絶江河，行千餘里來，竊慕大君之義，而善君之業。臣聞之，賁、諸懷錐刃而天下爲勇，西施衣褐而天下稱美。今君相萬乘之楚，御中國之難，所欲者不成，所求者不得，臣等少也。夫梟棋之所以能爲者，以散棋佐之也。夫一梟之不如不勝五散，亦明矣。今君何不爲天下梟，而令臣等爲散乎？』

卷十七　楚四

或謂楚王

或謂楚王曰：『臣聞從者欲合天下以朝大王，臣願大王聽之也。夫因詘爲信，舊患有成，勇者義之。攝禍爲福，裁少爲多，知者官之。夫報報之反，墨墨之化，唯大君能之，禍與福相貫，生與亡爲鄰，不偏于死，不偏于生，不足以載大名。無所寇艾，不足以横世。夫秦捐德絶命之日久矣，而天下不知。今夫横人嚂口利機，上干主心，下牟百姓，公舉而私取利，是以國權輕于鴻毛，而積禍重于丘山。』

魏王遺楚王美人

魏王遺楚王美人，楚王説之。夫人鄭袖知王之説新人也，甚愛新人。衣服玩好，擇其所喜而爲之；宮室卧具，擇其所善而爲之。愛之甚于王。王曰：『婦人所以事夫者，色也；而妒者，其情也。今鄭袖知寡人之説新人也，其愛之甚于寡人，此孝子之所以事親，忠臣之所以事君也。』

鄭袖知王以己爲不妒也，因謂新人曰：『王愛子美矣。雖然，惡子之鼻。子爲見王，則必掩子鼻。』新人見王，因掩其鼻。王謂鄭袖曰：『夫新人見寡人，則掩其鼻，何也？』鄭袖曰：『妾知也。』王曰：『雖惡必言之。』鄭袖曰：『其似惡聞君王之臭也。』王曰：『悍哉！』令劓之，無使逆命。

楚王后死

楚王后死，未立后也。謂昭魚曰：『公何以不請立后也？』昭魚曰：『王不聽，是知困而交絶于后也。』『然則不買五雙珥，令其一善而獻之王，明日視善珥所在，因請立之。』

莊辛謂楚襄王

莊辛謂楚襄王曰：『君王左州侯，右夏侯，輦從鄢陵君與壽陵君，專淫逸侈靡，不顧國政，郢都必危矣。』襄王曰：『先生老悖乎？將以爲楚國祅祥乎？』莊辛曰：『臣誠見其必然者也。非敢以爲國祅祥也。君王卒幸四子者不衰，楚國必亡矣。臣請辟于趙，淹留以觀之。』莊辛去之趙，留五月，秦果舉鄢、郢、巫、上蔡、陳之地，襄王流揜于城陽。于是使人發騶，徵莊辛于趙。莊辛曰：『諾。』莊辛至，襄王曰：『寡人不能用先生之言，今事至于此，爲之奈何？』

莊辛對曰：『臣聞鄙語曰：「見兔而顧犬，未爲晚也；亡羊而補牢，未爲遲也。」臣聞昔湯、武以百里昌，桀、紂以天下亡。今楚國雖小，絶長續短，猶以數千里，豈特百里哉？

『王獨不見夫蜻蛉乎？六足四翼，飛翔乎天地之間，俯啄蚊虻而食之，仰承甘露而飲之，自以爲無患，與人無争也。不知夫五尺童子，方將調鈆膠絲，加己乎四仞之上，而下爲螻蟻食也。蜻蛉其小者也，黄雀因是以。俯噣白粒，仰棲茂樹，鼓翅奮翼，自以爲無患，與人無争也。不知夫公子王孫，左挾彈，右攝丸，將加己乎十仞之上，以其類爲招。晝游乎茂樹，夕調乎酸鹹，倏忽之間，墜于公子之手。

『夫雀其小者也，黄鵠因是以。游于江海，淹乎大沼，俯噣鱔鯉，仰嚙蔆衡，奮其六翮，而凌清風，飄摇乎高翔，自以爲無患，與人無争也。不知夫射者，方將脩其碆盧，治其繒繳，將加己乎百仞之上。彼礛磻，引微繳，折清風而抎矣。故晝游乎江河，夕調乎鼎鼐。

『夫黄鵠其小者也，蔡聖侯之事因是以。南游乎高陂，北陵乎巫山，飲茹溪流，食湘波之魚，左抱幼妾，右擁嬖女，與之馳騁乎高蔡之中，而不以國家爲事。不知夫子發方受命乎宣王，繫己以朱絲而見之也。

『蔡聖侯之事其小者也，君王之事因是以。左州侯，右夏侯，輦從鄢陵君與壽陵君，飯封禄之粟，而戴方府之金，與之馳騁乎雲夢之中，而不以天下國家爲事。不知夫穰侯方受命乎秦王，填黽塞之内，而投己乎黽塞之外。

襄王聞之，顔色變作，身體戰慄。于是乃以執珪而授之爲陽陵君，與淮北之地也。

齊明説卓滑以伐秦

齊明説卓滑以伐秦，滑不聽也。齊明謂卓滑曰：『明之來也，爲樗里疾卜交也。明説楚大夫以伐秦，皆受明之説也，唯公弗受也，臣有辭以報樗里子矣。』卓滑因重之。

或謂黄齊

或謂黄齊曰：『人皆以謂公不善于富摯。公不聞老萊子之教孔子事君乎？示之其齒之堅也，六十而盡相靡也。今富摯能，而公重不相善也，是兩盡也。諺曰：「見君之乘，下之；見杖，起之。」今也，王愛富摯，而公不善也，是不臣也。』

長沙之難

長沙之難，楚太子横爲質于齊。楚王死，薛公歸太子横，因與韓、魏之兵，隨而攻東國。太子懼。昭蓋曰：『不若令屈署以新東國爲和于齊以動秦。秦恐齊之敗東國，而令行于天下也，必將救我。』太子曰：『善。』遽令屈署以東國爲和于齊。秦王聞之懼，令辛戎告楚曰：『毋與齊東國，吾與子出兵矣。』

有獻不死之藥于荊王者

有獻不死之藥于荊王者，謁者操以入。中射之士問曰：『可食乎？』曰：『可。』因奪而食之。王怒，使人殺中射之士。中射之士使人說王曰：『臣問謁者，謁者曰可食，臣故食之。是臣無罪，而罪在謁者也。且客獻不死之藥，臣食之而王殺臣，是死藥也。王殺無罪之臣，而明人之欺王。』王乃不殺。

客說春申君

客說春申君曰：『湯以亳，武王以鄗，皆不過百里以有天下。今孫子，天下賢人也，君籍之以百里勢，臣竊以爲不便于君。何如？』春申君曰：『善。』于是使人謝孫子。孫子去之趙，趙以爲上卿。

客又説春申君曰：『昔伊尹去夏入殷，殷王而夏亡。管仲去魯入齊，魯弱而齊强。夫賢者之所在，其君未嘗不尊，國未嘗不榮也。今孫子，天下賢人也，君何辭之？』春申君又曰：『善。』于是使人請孫子于趙。

孫子爲書謝曰：『癘人憐王，此不恭之語也。雖然，不可不審察也。此爲劫弑死亡之主言也。夫人主年少而矜材，無法術以知奸，則大臣主斷國私以禁誅于己也，故弑賢長而立幼弱，廢正適而立不義。《春秋》戒之曰：「楚王子圍聘于鄭，未出竟，聞王病，反問疾，遂以冠纓絞王，殺之，因自立也。齊崔杼之妻美，莊公通之。崔杼帥其君黨而攻。莊公請與分國，崔杼不許；欲自刃于廟，崔杼不許。莊公走出，逾于外墻，射中其股，遂殺之，而立其弟景公。」近代所見：李兑用趙，餓主父于沙丘，百日而殺之；淖齒用齊，擢閔王之筋，縣于其廟梁，宿夕而死。夫癘雖癰腫胞疾，上比前世，未至絞纓射股；下比近代，未至擢筋而餓死也。夫劫弑死亡之主也，心之憂勞，形之困苦，必甚于癘矣。由此觀之，癘雖憐王可也。』因爲賦曰：『寶珍隋珠，不知佩兮。禕布與絲，不知异兮。閭姝子奢，莫知媒兮。嫫母求之，又甚喜之兮。以瞽爲明，以聾爲聰，以是爲非，以吉爲凶。嗚呼上天，曷惟其同！』《詩》曰：『上天甚神，無自瘵也。』

天下合從

天下合從。趙使魏加見楚春申君曰：『君有將乎？』曰：『有矣，僕欲將臨武君。』魏加曰：『臣少之時好射，臣願以射譬之，可乎？』春申君曰：『可。』加曰：『异日者，更羸與魏王處京臺之下，仰見飛鳥。更羸謂魏王曰：「臣爲王引弓虛發而下鳥。」魏王曰：「然則射可至此乎？」更羸曰：「可。」有間，雁從東方來，更羸以虛發而下之。魏王曰：「然則射可至此乎？」更羸曰：「此孽也。」王曰：「先生何以知之？」對曰：「其飛徐而鳴悲。飛徐者，故瘡痛也；鳴悲者，久失群也，故瘡未息，而驚心未至也。聞弦音，引而高飛，故瘡隕也。」今臨武君，嘗爲秦孽，不可爲拒秦之將也。』

汗明見春申君

汗明見春申君，候問三月，而後得見。談卒，春申君大説之。汗明欲復談，春申君曰：『僕已知先生，先生大息矣。』汗明憱焉曰：『明願有問君而恐固。不審君之聖，孰與堯也？』春申君曰：『先生過矣，臣何足以當堯？』汗明曰：『然則君料臣孰與舜？』春申君曰：『先生即舜也。』汗明曰：『不然，臣請爲君終言之。君之賢實不如堯，臣之能不及舜。夫以賢舜事聖堯，三年而後乃相知也。今君一時而知臣，是君聖于堯而臣賢于舜也。』春申君曰：『善。』召門吏爲汗先生著客籍，五日一見。

汗明曰：『君亦聞驥乎？夫驥之齒至矣，服鹽車而上太行。蹄申膝折，尾湛胕潰，漉汁灑地，白汗交流，中阪遷延，負轅不能上。伯樂遭之，下車攀而哭之，解紵衣以冪之。驥于是俯而噴，仰而鳴，聲達于天，若出金石聲者，何也？彼見伯樂之知己也。今僕之不肖，厄于州部，堀穴窮巷，沈洿鄙俗之日久矣，君獨無意湔拔僕也，使得爲君高鳴屈于梁乎？』

楚考烈王無子

楚考烈王無子，春申君患之，求婦人宜子者進之，甚衆，卒無子。

趙人李園，持其女弟，欲進之楚王，聞其不宜子，恐又無寵。李園求事春申君爲舍人。已而謁歸，故失期。還謁，春申君問狀。對曰：『齊王遣使求臣女弟，與其使者飲，故失期。』春申君曰：『聘入乎？』對曰：『未也。』春申君曰：『可得見乎？』曰：『可。』于是園乃進其女弟，即幸于春申君。知其有身，園乃與其女弟謀。

園女弟承間説春申君曰：『楚王之貴幸君，雖兄弟不如。今君相楚王二十餘年，而王無子，即百歲後將更立兄弟。即楚王更立，彼亦各貴其故所親，君又安得長有寵乎？非徒然也？君用事久，多失禮于王兄弟，兄弟誠立，禍且及身，奈何以保相印、江東之封乎？今妾自知有身矣，而人莫知。妾之幸君未久，誠以君之重而進妾于楚王，王必幸妾。妾賴天而有男，則是君之子爲王也，楚國封盡可得，孰與其臨不測之罪乎？』春申君大然之。乃出園女弟謹舍，而言之楚王。楚王召入，幸之。遂生子男，立爲太子，以李園女弟立爲王后，楚王貴李園，李園用事。

李園既入其女弟爲王后，子爲太子，恐春申君語泄而益驕，陰養死士，欲殺春申君以滅口，而國人頗有知之者。

春申君相楚二十五年，考烈王病。朱英謂春申君曰：『世有無妄之福，又有無妄之禍。今君處無妄之世，以事無妄之主，安不有無妄之人乎？』春申君曰：『何謂無妄之福？』曰：『君相楚二十餘年矣，雖名爲相國，實楚王也。五子皆相諸侯。今王疾甚，旦暮且崩，太子衰弱，疾而不起，而君相少主，因而代立當國，如伊尹、周公。王長而反政，不，即遂南面稱孤，因而有楚國。此所謂無妄之福也。』春申君曰：『何謂無妄之禍？』曰：『李園不治國，王之舅也。不爲兵將，而陰養死士之日久矣。楚王崩，李園必先入，據本議制斷君命，秉權而殺君以滅口。此所謂無妄之禍也。』春申君曰：『何謂無妄之人？』曰：『君先仕臣爲郎中，君王崩，李園先入，臣請爲君剸其胸殺之。此所謂無妄之人也。』春申君曰：『先生置之，勿復言已。李園，軟弱人也，僕又善之，又何至此？』朱英恐，乃亡去。

後十七日，楚考烈王崩，李園果先入，置死士，止于棘門之內。春申君後入，止棘門。園死士夾刺春申君，斬其頭，投之棘門外。于是使吏盡滅春申君之家。而李園女弟，初幸春申君有身，而入之王所生子者，遂立爲楚幽王也。

是歲，秦始皇立九年矣。嫪毐亦亂于秦。覺，夷三族，而呂不韋廢。

續：《越絶書》、《隋・經籍志》稱爲子貢作，今雜記秦、漢事，疑後人所羼，不敢盡信。《史記》《戰國策》《列女傳》，不載女環之名，止見于此。其畫策終始，信如此，皆出于女環，尤爲异也。至言烈王死後，李園相春申君，方封于吴，又立其子爲假君，皆與《史記》《國策》不合。聊記于此，以廣异聞。

虞卿謂春申君

虞卿謂春申君曰：『臣聞之《春秋》，于安思危，危則慮安。今楚王之春秋高矣，而君之封地，不可不早定也。爲主君慮封者，莫如遠楚。秦孝公封商君，孝公死，而後不免殺之。秦惠王封冉子，惠王死，而後王奪之。公孫鞅，功臣也；冉子，親姻也。然而不免奪死者，封近故也。太公望封于齊，邵公奭封于燕，爲其遠王室矣。

今燕之罪大而趙怒深，故君不如北兵以德趙，踐亂燕，以定身封，此百代之一時也。』

君曰：『所道攻燕，非齊則魏。魏、齊新怨楚，楚君雖欲攻燕，將道何哉？』對曰：『請令魏王可。』君曰：『何如？』對曰：『臣請到魏，而使所以信之。』

乃謂魏王曰：『夫楚亦强大矣，天下無敵，乃且攻燕。』魏王曰：『鄉也子云天下無敵，今也子云乃且攻燕者，何也？』對曰：『今爲馬多力則有矣，若曰勝千鈞則不然者，何也？夫千鈞非馬之任也。今謂楚强大則有矣，若越趙、魏而鬬兵于燕，則豈楚之任也我？非楚之任而楚爲之，是敝楚也。敝楚見强魏也，其于王孰便也？』

卷十八　趙一

知伯從韓魏兵以攻趙

知伯從韓、魏兵以攻趙，圍晋陽而水之，城下不沉者三板。郄疵謂知伯曰：『韓、魏之君必反矣。』知伯曰：『何以知之？』郄疵曰：『以其人事知之。夫從韓、魏之兵而攻趙，趙亡，難必及韓、魏矣。今約勝趙而三分其地。今城不没者三板，臼竈生鼃，人馬相食，城降有日，而韓、魏之君無憙志而有憂色，是非反如何也？』明日，知伯以告韓、魏之君曰：『郄疵言君之且反也。』韓、魏之君曰：『夫勝趙而三分其地，城今且將拔矣。夫三家雖愚，不棄美利于前，背信盟之約，而爲危難不可成之事，其勢可見也。是疵爲趙計矣，使君疑二主之心，而解于攻趙也。今君聽讒臣之言，而離二主之交，爲君惜之。』趨而出。郄疵謂知伯曰：『君又何以疵言告韓、魏之君爲？』知伯曰：『子安知之？』對曰：『韓、魏之君視疵端而趨疾。』

郄疵知其言之不聽，請使于齊，知伯遣之。韓、魏之君果反矣。

知伯帥趙韓魏而伐范中行氏

知伯帥趙、韓、魏而伐范、中行氏，滅之。休數年，使人請地于韓。韓康子欲勿與，段規諫曰：『不可。夫知伯之爲人也，好利而鷙復，來請地不與，必加兵于韓矣。君其與之。與之，彼狃，又將請地于他國，他國不聽，必鄉之以兵；然則韓可以免于患難，而待事之變。』康子曰：『善。』使使者致萬家之邑一于知伯。知伯說，又使人請地于魏，魏宣子欲勿與。趙葭諫曰：『彼請地于韓，韓與之。請地于魏，魏弗與，則是魏内自强，而外怒知伯也。然則其錯兵于魏必矣！不如與之。』宣子曰：『諾。』因使人致萬家之邑一于知伯。知伯說，又使人之趙，請蔡、皐狼之地，趙襄子弗與。知伯因陰結韓、魏，將以伐趙。

趙襄子召張孟談而告之曰：『夫知伯之爲人，陽親而陰疏，三使韓、魏，而寡人弗與焉，其移兵寡人必矣。今吾安居而可？』張孟談曰：『夫董閼安于，簡主之才臣也，世治晉陽，而尹澤循之，其餘政教猶存，君其定居晉陽。』君曰：『諾。』乃使延陵王將車騎先之晉陽，君因從之。至，行城郭，案府庫，視倉廩，召張孟談曰：『吾城郭之完，府庫足用，倉廩實矣，無矢奈何？』張孟談曰：『臣聞董子之治晉陽也，公宫之垣，皆以狄蒿苦楚廧之，其高至丈餘，君發而用之。』于是發而試之，其堅則箘簬之勁不能過也。君曰：『足矣。吾銅少若何？』張孟談曰：『臣聞董子之治晉陽也，公宫之室，皆以鍊銅爲柱質，請發而用之，則有餘銅矣。』君曰：『善。』號令以定，備守以具。

三國之兵乘晉陽城，遂戰。三月不能拔，因舒軍而圍之，決晉水而灌之。圍晉陽三年，城中巢居而處，懸釜而炊，財食將盡，士卒病羸。襄子謂張孟談曰：『糧食匱，城力盡，士大夫病，吾不能守矣，欲以城下，何如？』張孟談曰：『臣聞之，亡不能存，危不能安，則無爲貴知士也。君釋此計，勿復言也。臣請見韓、魏之君。』襄子曰：『諾。』

張孟談于是陰見韓、魏之君曰：『臣聞唇亡則齒寒，今知伯帥二國之君伐趙，趙將亡矣，亡則二君爲之次矣。』二君曰：『我知其然。夫知伯爲人也，麄中而少親，我謀未遂而知，則其禍必至，爲之奈何？』張孟談曰：『謀出二君之口，入臣之耳，人莫之知也。』二君即與張孟談陰約三軍，與之期日，夜，遣入晉陽。張孟談以報襄子，襄子再拜之。

張孟談因朝知伯而出，遇知過轅門之外。知過入見知伯曰：『二主殆將有變。』君曰：『何如？』對曰：『臣遇張孟談于轅門之外，其志矜，其行高。』知伯曰：『不然。吾與二主約謹矣，破趙三分其地，寡人所親之，必不欺也。子釋之，勿出于口。』知過出見二主，入説知伯曰：『二主色動而意變，必背君，不如令殺之。』知伯曰：『兵箸晉陽三年矣，旦暮當拔之而饗其利，乃有他心？不可，子慎勿復言。』知過曰：『不殺則遂親之。』知伯曰：『親之奈何？』知過曰：『魏宣子之謀臣曰趙葭，康子之謀臣曰段規，是皆能移其君之計。君其與二君約，破趙則封二子者各萬家之縣一，如是則二主之心可不變，而君得其所欲矣。』知伯曰：『破趙而三分其地，又封二子者各萬家之縣一，則吾所得者少，不可。』知過見君之不用也，言之不聽，出，更其姓爲輔氏，遂去不見。

張孟談聞之，入見襄子曰：『臣遇知過于轅門之外，其視有疑臣之心，入見知伯，出更其姓。今暮不擊，必後之矣。』襄子曰：『諾。』使張孟談見韓、魏之君曰：『夜期殺守堤之吏，而決水灌知伯軍。』知伯軍救水而亂，韓、魏翼而擊之，襄子將卒犯其前，大敗知伯軍而禽知伯。

知伯身死，國亡地分，爲天下笑，此貪欲無厭也。夫不聽知過，亦所以亡也。知氏盡滅，唯輔氏存焉。

張孟談既固趙宗

張孟談既固趙宗，廣封疆，發五百，乃稱簡之塗以告襄子曰：『昔者，前國地君之御有之曰：「五百之所以致天下者，約兩主勢能制臣，無令臣能制主。故貴爲列侯者，不令在相位，自將軍以上，不爲近大夫。」今臣之名顯而身尊，權重而衆服，臣願捐功名去權勢以離衆。』襄子恨然曰：『何哉？吾聞輔主者名顯，功大者身尊，任國者權重，信忠在己而衆服焉。此先聖之所以集國家，安社稷乎！子何爲然？』張孟談對曰：『君之所言，成功之美也。臣之所謂，持國之道也。臣觀成事，聞往古，天下之美同，臣主之權均之能美，未之有也。前事之不忘，後事之師。君若弗圖，則臣力不足。』愴然有決色。襄子去之。卧三日，使人謂之曰：『晋陽之政，臣下不使者何如？』對曰：『死僇。』張孟談曰：『左司馬見使于國家，安社稷，不避其死，以成其忠，君其行之。』君曰：『子從事。』乃許之。張孟談便厚以便名，納地、釋事以去權尊，而耕于負親之丘。故曰：賢人之行，明主之政也。

耕三年，韓、魏、齊、燕負親以謀趙，襄子往見張孟談而告之曰：『昔者知氏之地，趙氏分則多十城，復來，而今諸侯孰謀我，爲之奈何？』張孟談曰：『君其負劍而御臣以之國，舍臣于廟，授吏大夫，臣試計之。』君曰：『諾。』張孟談乃行，其妻之楚，長子之韓，次子之魏，少子之齊。四國疑而謀敗。

晉畢陽之孫豫讓

晉畢陽之孫豫讓，始事范、中行氏而不説，去而就知伯，知伯寵之。及三晉分知氏，趙襄子最怨知伯，而將其頭以爲飲器。豫讓遁逃山中，曰：『嗟乎！士爲知己者死，女爲悦己者容。吾其報知氏之讎矣。』乃變姓名，爲刑人，入宫塗厠，欲以刺襄子。襄子如厠，心動，執問塗者，則豫讓也。刃其扞，曰：『欲爲知伯報讎！』左右欲殺之。趙襄子曰：『彼義士也，吾謹避之耳。且知伯已死，無後，而其臣至爲報讎，此天下之賢人也。』卒釋之。豫讓又漆身爲厲，滅鬚去眉，自刑以變其容，爲乞人而往乞，其妻不識，曰：『狀貌不似吾夫，其音何類吾夫之甚也！』又吞炭爲啞，變其音。其友謂之曰：『子之道甚難而無功，謂子有志則然矣，謂子智則否。以子之才，而善事襄子，襄子必近幸子；子之得近而行所欲，此甚易而功必成。』豫讓乃笑而應之曰：『是爲先知報後知，爲故君賊新君，大亂君臣之義者無此矣。凡吾所謂爲此者，以明君臣之義，非從易也。且夫委質而事人，而求弑之，是懷二心以事君也。吾所爲難，亦將以愧天下後世人臣懷二心者。』

居頃之，襄子當出，豫讓伏所當過橋下。襄子至橋而馬驚，襄子曰：『此必豫讓也。』使人問之，果豫讓。于是趙襄子面數豫讓曰：『子不嘗事范、中行氏乎？知伯滅范、中行氏，而子不爲報讎，反委質事知伯。知伯已死，子獨何爲報讎之深也？』豫讓曰：『臣事范、中行氏，范、中行氏以衆人遇臣，臣故衆人報之；知伯以國士遇臣，臣故國士報之。』襄子乃喟然嘆泣曰：『嗟乎，豫子！豫子之爲知伯，名既成矣，寡人舍子，亦以足矣。子自爲計，寡人不舍子。』使兵環之。豫讓曰：『臣聞明主不掩人之義，忠臣不愛死以成名。君前已寬舍臣，天下莫不稱君之賢。今日之事，臣故伏誅，然願請君之衣而擊之，雖死不恨。非所望也，敢布腹心。』于是襄子義之，乃使使者持衣與豫讓。豫讓拔劍三躍，呼天擊之曰：『而可以報知伯矣。』遂伏劍而死。死之日，趙國之士聞之，皆爲涕泣。

魏文侯借道于趙攻中山

魏文侯借道于趙攻中山。趙侯將不許。趙利曰：『過矣。魏攻中山而不能取，則魏必罷，罷則趙重。魏拔中山，必不能越趙而有中山矣。是用兵者，魏也；而得地者，趙也。君不如許之，許之大勸，彼將知趙利之也，必輟。君不如借之道，而示之不得已。』

秦韓圍梁燕趙救之

秦、韓圍梁，燕、趙救之。謂山陽君曰：『秦戰而勝三國，秦必過周、韓而有梁。三國而勝秦，三國之力，雖不足以攻秦，足以拔鄭。計者不如構三國攻秦。』

腹擊爲室而鉅

腹擊爲室而鉅，荆敢言之主。謂腹子曰：『何故爲室之鉅也？』腹擊曰：『臣羈旅也，爵高而祿輕，宮室小而帑不衆。主雖信臣，百姓皆曰：「國有大事，擊必不爲用。」今擊之鉅宮，將以取信于百姓也。』主君曰：『善。』

蘇秦說李兌

蘇秦說李兌曰：『雒陽乘軒車蘇秦，家貧親老，無罷車駑馬，桑輪蓬篋羸縢，負書擔橐，觸塵埃，蒙霜露，越漳、河，足重繭，日百而舍，造外闕，願見于前，口道天下之事。』李兌曰：『先生以鬼之言見我則可，若以人之事，兌盡知之矣。』蘇秦對曰：『臣固以鬼之言見君，非以人之言也。』李兌見之。蘇秦曰：『今日臣之來也暮，後郭門，藉席無所得，寄宿人田中，傍有大叢。夜半，土梗與木梗鬬曰：「汝不如我，我者乃土也。使我逢疾風淋雨，壞沮，乃復歸土。今汝非木之根，則木之枝耳。汝逢疾風淋雨，漂入漳、河，東流至海，氾濫無所止。」臣竊以爲土梗勝也。今君殺主父而族之，君之立于天下，危于累卵。君聽臣計則生，不聽臣計則死。』李兌曰：『先生就舍，明日復來見兌也。』蘇秦出。

李兌舍人謂李兌曰：『臣竊觀君與蘇公談也，其辯過君，其博過君，君能聽蘇公之計乎？』李兌曰：『不能。』舍人曰：『君即不能，願君堅塞兩耳，無聽其談也。』明日復見，終日談而去。舍人出送蘇君，蘇秦謂舍人曰：『昨日我談粗而君動，今日精而君不動，何也？』舍人曰：『先生之計大而規高，吾君不能用也。乃我請君塞兩耳，無聽談者。雖然，先生明日復來，吾請資先生厚用。』明日來，抵掌而談。李兌送蘇秦明月之珠，和氏之璧，黑貂之裘，黄金百鎰。蘇秦得以爲用，西入于秦。

趙收天下且以伐齊

趙收天下，且以伐齊。蘇秦爲齊上書説趙王曰：『臣聞古之賢君，德行非施于海内也，教順慈愛非布于萬民也，祭祀時享非當于鬼神也。甘露降，風雨時至，農夫登，年穀豐盈，衆人喜之，而賢主惡之。今足下功力，非數痛加于秦國，而怨毒積惡，非曾深凌于韓也。臣竊外聞大臣及下吏之議，皆言主前專據，以秦爲愛趙而憎韓。臣竊以事觀之，秦豈得愛趙而憎韓哉？欲亡韓吞兩周之地，故以韓爲餌，先出聲于天下，欲鄰國聞而觀之也。恐其事不成，故出兵以佯示趙、魏。恐天下之驚覺，故微韓以貳之。恐天下疑己，故出質以爲信。聲德于與國，而實伐空韓。臣竊觀其圖之也，議秦以謀計，必出于是。

『且夫説士之計，皆曰韓亡三川，魏滅晋國，恃韓未窮，而禍及于趙。且物固有勢异而患同者，又有勢同而患异者。昔者，楚人久伐而中山亡。今燕盡韓之河南，距沙丘，而至鉅鹿之界三百里；距于扞關，至于榆中千五百里。秦盡韓、魏之上黨，則地與國都邦屬而壤挈者七百里。秦以三軍强弩坐羊唐之上，即地去邯鄲二十里。且秦以三軍攻王之上黨而危其北，則句注之西，非王之有也。今魯句注禁常山而守，三百里通于燕之唐、曲吾，此代馬胡駒不東，而崐山之玉不出也。此三寶者，又非王之有也。今從于强秦國之伐齊，臣恐其禍出于是矣。昔者，五國之王，嘗合横而謀伐趙，參分趙國壤地，著之盤盂，屬之讎柞。五國之兵有日矣，韓乃西師以禁秦國，使秦發令素服而聽，反温、枳、高平于魏，反三公、什清于趙，此王之明知也。夫韓事趙宜正爲上交；今乃以抵罪取伐，臣恐其後事王者之不敢自必也。今王收天下，必以王爲得。韓危社稷以事王，天下必重王。然則韓義王以天下就之，下至韓慕王以天下收之，是一世之命，制于王已。臣願大王深與左右群臣卒計而重謀，先事成慮而熟圖之也。』

齊攻宋奉陽君不欲

齊攻宋，奉陽君不欲。客請奉陽君曰：『君之春秋高矣，而封地不定，不可不熟圖也。秦人貪，韓、魏危，衛、楚正，中山之地薄，宋罪重，齊怒深，殘伐亂宋，定身封，德强齊，此百代之一時也。』

秦王謂公子他

秦王謂公子他曰：『昔歲殽下之事，韓爲中軍，以與諸侯攻秦。韓與秦接境壤界，其地不能千里，展轉不可約。日者秦、楚戰于藍田，韓出鋭師以佐秦，秦戰不利，因轉與楚，不固信盟，唯便是從。韓之在我，心腹之疾。吾將伐之，何如？』公子他曰：『王出兵韓，韓必懼，懼則可以不戰而深取割。』王曰：『善。』乃起兵，一軍臨滎陽，一軍臨太行。

韓恐，使陽城君入謝于秦，請效上黨之地以爲和。令韓陽告上黨之守靳黈曰：『秦起二軍以臨韓，韓不能有。今王令韓興兵以上黨入和于秦，使陽言之太守，太守其效之。』靳黈曰：『人有言：挈瓶之知，不失守器。王則有令，而臣太守，雖王與子，亦其猜焉。臣請悉發守以應秦，若不能卒，則死之。』韓陽趨以報王，王曰：『吾始已諾于應侯矣，今不與，是欺之也。』乃使馮亭代靳黈。

馮亭守三十日，陰使人請趙王曰：『韓不能守上黨，且以與秦，其民皆不欲爲秦，而願爲趙。今有城市之邑七十，願拜内之于王，唯王才之。』趙王喜，召平原君而告之曰：『韓不能守上黨，且以與秦，其吏民不欲爲秦，而皆願爲趙。今馮亭令使者以與寡人，何如？』趙豹對曰：『臣聞聖人甚禍無故之利。』王曰：『人懷吾義，何謂無故乎？』對曰：『秦蠶食韓氏之地，中絶不令相通，故自以爲坐受上黨也。且夫韓之所以内趙者，欲嫁其禍也。秦被其勞，而趙受其利，雖强大不能得之于小弱，而小弱顧能得之强大乎？今王取之，可謂有故乎？且秦以牛田，水通糧，其死士皆列之于上地，令嚴政行，不可與戰。王自圖之！』王大怒曰：『夫用百萬之衆，攻戰逾年歷歲，未見一城也。今不用兵而得城七十，何故不爲？』趙豹出。

王召趙勝、趙禹而告之曰：『韓不能守上黨，今其守以與寡人，有城市之邑七十。』二人對曰：『用兵逾年，未見一城，今坐而得城，此大利也。』乃使趙勝往受地。

趙勝至曰：『敝邑之王，使使者臣勝，太守有詔，使臣勝謂曰：「請以三萬户之都封太守，千户封縣令，諸吏皆益爵三級，民能相集者，賜家六金。」』馮亭垂涕而勉曰：『是吾處三不義也：爲主守地而不能死，而以與人，不義一也；主内之秦，不順主命，不義二也；賣主之地而食之，不義三也。』辭封而入韓，謂韓王曰：『趙聞韓不能守上黨，今發兵已取之矣。』韓告秦曰：『趙起兵取上黨。』秦王怒，令公孫起、王齮以兵遇趙于長平。

蘇秦爲趙王使于秦

蘇秦爲趙王使于秦，反，三日不得見。謂趙王曰：『秦乃者過柱山，有兩木焉。一蓋呼侣，一蓋哭。問其故，對曰：「吾已大矣，年已長矣，吾苦夫匠人，且以繩墨案規矩刻鏤我。」一蓋曰：「此非吾所苦也，是故吾事也。吾所苦夫鐵鉆然，自入而出夫人者。」今臣使于秦，而三日不見，無有謂臣爲鐵鉆者乎？』

甘茂爲秦約魏以攻韓宜陽

甘茂爲秦約魏以攻韓宜陽，又北之趙，冷向謂强國曰：『不如令趙拘甘茂，勿出，以與齊、韓、秦市。齊王欲求救宜陽，必效縣狐氏。韓欲有宜陽，必以路涉、端氏賂趙。秦王欲得宜陽，不愛名寶，且拘茂也，且以置公孫赫、樗里疾。』

謂皮相國

謂皮相國曰：『以趙之弱而據之建信君，涉孟之讎然者何也？以從爲有功也。齊不從，建信君知從之無功。建信者安能以無功惡秦哉？不能以無功惡秦，則且出兵助秦攻魏，以楚、趙分齊，則是强畢矣。建信、春申從，則無功而惡秦。秦分齊，齊亡魏，則有功而善秦。故兩君者，奚擇有功之無功爲知哉？』

或謂皮相國

或謂皮相國曰：『魏殺呂遼而衛兵，亡其北陽而梁危，河間封不定而齊危，文信不得志，三晉倍之憂也。今魏耻未滅，趙患又起，文信侯之憂大矣。齊不從，三晉之心疑矣。憂大者不計而構，心疑者事秦急。秦、魏之構，不待割而成。秦從楚、魏攻齊，獨吞趙，齊、趙必俱亡矣。』

趙王封孟嘗君以武城

趙王封孟嘗君以武城。孟嘗君擇舍人以爲武城吏，而遣之曰：『鄙語豈不曰，借車者馳之，借衣者被之哉？』皆對曰：『有之。』孟嘗君曰：『文甚不取也。夫所借衣車者，非親友，則兄弟也。夫馳親友之車，被兄弟之衣，文以爲不可。今趙王不知文不肖，而封之以武城，願大夫之往也，毋伐樹木，毋發屋室，訾然使趙王悟而知文也。謹使可全而歸之。』

謂趙王曰三晉合而秦弱

謂趙王曰：『三晉合而秦弱，三晉離而秦强，此天下之所明也。秦之有燕而伐趙，有趙而伐燕；有梁而伐趙，有趙而伐梁；有楚而伐韓，有韓而伐楚；此天下之所明見也。然山東不能易其路，兵弱也。弱而不能相壹，是何楚之知，山東之愚也。是臣所爲山東之憂也。虎將即禽，禽不知虎之即己也，而相鬭兩罷，而歸其死于虎。故使禽知虎之即己，決不相鬭矣。今山東之主不知秦之即己也，而尚相鬭兩敝，而歸其國于秦，知不如禽遠矣。願王熟慮之也。

『今事有可急者，秦之欲伐韓、梁，東窺于周室甚，惟寐亡之。今南攻楚者，惡三晋之大合也。今攻楚休而復之，已五年矣，攘地千餘里。今謂楚王：「苟來舉玉趾而見寡人，必與楚爲兄弟之國，必爲楚攻韓、梁，反楚之故地。」楚王美秦之語，怒韓、梁之不救己，必入于秦。有謀故殺使之趙，以燕餌趙，而離三晋。今王美秦之言，而欲攻燕，攻燕，食未飽而禍已及矣。楚王入秦，秦、楚爲一，東面而攻韓。韓南無楚，北無趙，韓不待伐，割挈馬兔而西走。秦與韓爲上交，秦禍安移于梁矣。以秦之强，有楚、韓之用，梁不待伐矣。割挈馬兔而西走，秦與梁爲上交，秦禍案攘于趙矣。以强秦之有韓、梁、楚，與燕之怒，割必深矣。國之舉此，臣之所爲來。

臣故曰：事有可急爲者。

『及楚王之未入也，三晋相親相堅，出鋭師以戍韓、梁西邊，楚王聞之，必不入秦，秦必怒而循攻楚，是秦禍不離楚也，便于三晋。若楚王入，秦見三晋之大合而堅也，必不出楚王，即多割，是秦禍不離楚也，有利于三晋。願王之熟計之也急！』

趙王因起兵南戍韓、梁之西邊。秦見三晋之堅也，果不出楚王卬，而多求地。

卷十九　趙二

蘇秦從燕之趙始合從

蘇秦從燕之趙，始合從，説趙王曰：『天下之卿相人臣，乃至布衣之士，莫不高賢大王之行義，皆願奉教陳忠于前之日久矣。雖然，奉陽君妒，大王不得任事，是以外賓客游談之士，無敢盡忠于前者。今奉陽君捐館舍，大王乃今然後得與士民相親，臣故敢獻其愚，效愚忠。爲大王計，莫若安民無事，請無庸有爲也。安民之本，在于擇交。擇交而得則民安，擇交不得則民終身不得安。請言外患：齊、秦爲兩敵，而民不得安；倚秦攻齊，而民不得安；倚齊攻秦，而民不得安。故夫謀人之主，伐人之國，常苦出辭斷絶人之交，願大王慎無出于口也。

『請屏左右，曰言所以异，陰陽而已矣。大王誠能聽臣，燕必致氈裘狗馬之地，齊必致海隅魚鹽之地，楚必致橘柚雲夢之地，韓、魏皆可使致封地湯沐之邑，貴戚父兄皆可以受封侯。夫割地效實，五伯之所以覆軍禽將而求也；封侯貴戚，湯、武之所以放殺而争也。今大王垂拱而兩有之，是臣之所以爲大王願也。大王與秦，則秦必弱韓、魏；與齊，則齊必弱楚、魏。魏弱則割河外，韓弱則效宜陽。宜陽效則上郡絶，河外割則道不通。楚弱則無援。此三策者，不可不熟計也。夫秦下軹道則南陽動，劫韓包周則趙自銷鑠，據衛取淇則齊必入朝。秦欲已得行于山東，則必舉甲而向趙。秦甲涉河逾漳，據番吾，則兵必戰于邯鄲之下矣。此臣之所以爲大王患也。

『當今之時，山東之建國，莫如趙强。趙地方二千里，帶甲數十萬，車千乘，騎萬匹，粟支十年；西有常山，南有河、漳，東有清河，北有燕國。燕固弱國，不足畏也。且秦之所畏害于天下者，莫如趙。然而秦不敢舉兵甲而伐趙者，何也？畏韓、魏之議其後也。然則韓、魏，趙之南蔽也。秦之攻韓、魏也，則不然。無有名山大川之限，稍稍蠶食之，傅之國都而止矣。韓、魏不能支秦，必入臣。韓、魏臣于秦，秦無韓、魏之隔，禍中于趙矣。此臣之所以爲大王患也。

『臣聞，堯無三夫之分，舜無咫尺之地，以有天下。禹無百人之聚，以王諸侯。湯、武之卒不過三千人，車不過三百乘，立爲天子。誠得其道也。是故明主外料其敵國之强弱，内度其士卒之衆寡、賢與不肖，不待兩軍相當，而勝敗存亡之機節，固已見于胸中矣，豈掩于衆人之言，而以冥冥決事哉！

『臣竊以天下地圖案之。諸侯之地五倍于秦，料諸侯之卒，十倍于秦。六國并力爲一，西面而攻秦，秦破必矣。今見破于秦，西面而事之，見臣于秦。夫破人之與破于人也，臣人之與臣于人也，豈可同日而言之哉！夫橫人者，皆欲割諸侯之地以與秦成。與秦成，則高臺，美宮室，聽竽瑟之音，察五味之和，前有軒轅，後有長庭，美人巧笑，卒有秦患，而不與其憂。是故橫人日夜務以秦權恐猲諸侯，以求割地。願大王之熟計之也。

『臣聞，明王絶疑去讒，屏流言之迹，塞朋黨之門，故尊主廣地强兵之計，臣得陳忠于前矣。故竊爲大王計，莫如一韓、魏、齊、楚、燕、趙，六國從親，以儐畔秦。令天下之將相，相與會于洹水之上，通質刑白馬以盟之。約曰：秦攻楚，齊、魏各出鋭師以佐之，韓絶食道，趙涉河、漳，燕守常山之北。秦攻韓、魏，則楚絶其後，齊出鋭師以佐之，趙涉河、漳，燕守雲中。秦攻齊，則楚絶其後，韓守成皋，魏塞午道，趙涉河、漳、博關，燕出鋭師以佐之。秦攻燕，則趙守常山，楚軍武關，齊涉渤海，韓、魏出鋭師以佐之。秦攻趙，則韓軍宜陽，楚軍武關，魏軍河外，齊涉渤海，燕出鋭師以佐之。諸侯有先背約者，五國共伐之。六國從親以擯秦，秦必不敢出兵于函谷關以害山東矣！如是則伯業成矣！』

趙王曰：『寡人年少，莅國之日淺，未嘗得聞社稷之長計。今上客有意存天下，安諸侯，寡人敬以國從。』乃封蘇秦爲武安君，飾車百乘，黄金千鎰，白璧百雙，錦綉千純，以約諸侯。

秦攻趙

秦攻趙，蘇子爲謂秦王曰：『臣聞明王之于其民也，博論而技藝之，是故官無乏事而力不困；于前言也，多聽而時用之，是故事無敗業而惡不章。臣願王察臣之所謁，而效之于一時之用也。臣聞懷重寶者，不以夜行；任大功者，不以輕敵。是以賢者任重而行恭，知者功大而辭順。故民不惡其尊，而世不妒其業。臣聞之：百倍之國者，民不樂後也；功業高世者，人主不再行也；力盡之民，仁者不用也；求得而反靜，聖主之制也；功大而息民，用兵之道也。今用兵終身不休，力盡不罷，趙怒必于其己邑，趙僅存哉！然而四輪之國也，今雖得邯鄲，非國之長利也。意者，地廣而不耕，民羸而不休，又嚴之以刑罰，則雖從而不止矣。語曰：「戰勝而國危者，物不斷也。功大而權輕者，地不入也。」故過任之事，父不得于子；無已之求，君不得于臣。故微之爲著者强，察乎息民之爲用者伯，明乎輕之爲重者王。』

秦王曰：『寡人案兵息民，則天下必爲從，將以逆秦。』

蘇子曰：『臣有以知天下之不能爲從以逆秦也。臣以田單、如耳爲大過也。豈獨田單、如耳爲大過哉？天下之主亦盡過矣！夫慮收亡齊、罷楚、敝魏與不可知之趙，欲以窮秦折韓，臣以爲至愚也。夫齊威、宣，世之賢主也，德博而地廣，國富而用民，將武而兵强。宣王用之，後富韓威魏，以南伐楚，西攻秦，爲齊兵困于殽塞之上，十年攘地，秦人遠迹不服，而齊爲虛戾。夫齊兵之所以破，韓、魏之所以僅存者，何也？是則伐楚攻秦，而後受其殃也。今富非有齊威、宣之餘也，精兵非有富韓勁魏之庫也，而將非有田單、司馬之慮也。收破齊、罷楚、弊魏、不可知之趙，欲以窮秦折韓，臣以爲至誤。臣以從一不可成也。客有難者，今臣有患于世。夫刑名之家，皆曰「白馬非馬」也。已如白馬實馬，乃使有白馬之爲也。此臣之所患也。

『昔者，秦人下兵攻懷，服其人，三國從之。趙奢、鮑佞將，楚有四人起而從之。臨懷而不救，秦人去而不從。不識三國之憎秦而愛懷邪？忘其憎懷而愛秦邪？夫攻而不救，去而不從，是以三國之兵困，而趙奢、鮑佞之能也。故裂地以敗于齊。田單將齊之良，以兵橫行于中十四年，終身不敢設兵以攻秦折韓也，而馳于封内，不識從之一成惡存也。』

于是秦王解兵不出于境，諸侯休，天下安，二十九年不相攻。

張儀爲秦連橫説趙王

張儀爲秦連橫，説趙王曰：『弊邑秦王使臣敢獻書于大王御史。大王收率天下以儐秦，秦兵不敢出函谷關十五年矣。大王之威，行于天下山東。弊邑恐懼懾伏，繕甲厲兵，飾車騎，習馳射，力田積粟，守四封之内，愁居懾處，不敢動摇，唯大王有意督過之也。今秦以大王之力，西舉巴蜀，并漢中，東收兩周而西遷九鼎，守白馬之津。秦雖辟遠，然而心忿悄含怒之日久矣。今宣君有微甲鈍兵，軍于澠池，願渡河逾漳，據番吾，迎戰邯鄲之下。願以甲子之日合戰，以正殷紂之事。敬使臣先以聞于左右。

『凡大王之所信以爲從者，恃蘇秦之計。熒惑諸侯，以是爲非，以非爲是，欲反覆齊國而不能，自令車裂于齊之市。夫天下之不可一亦明矣。今楚與秦爲昆弟之國，而韓、魏稱爲東蕃之臣，齊獻魚鹽之地，此斷趙之右臂也。夫斷右臂而求與人鬭，失其黨而孤居，求欲無危，豈可得哉？今秦發三將軍，一軍塞午道，告齊使興師度清河，軍于邯鄲之東；一軍軍于成皋，驅韓、魏而軍于河外；一軍軍于澠池。約曰，四國爲一以攻趙，破趙而四分其地。是故不敢匿意隱情，先以聞于左右。臣切爲大王計，莫如與秦遇于澠池，面相見而身相結也。臣請案兵無攻，願大王之定計。』

趙王曰：『先王之時，奉陽君相，專權擅勢，蔽晦先王，獨制官事。寡人宫居，屬于師傅，不能與國謀。先生棄群臣，寡人年少，奉祠祭之日淺，私心固竊疑焉。以爲一從不事秦，非國之長利也。乃且願變心易慮，剖地謝前過以事秦。方將約車趨行，而適聞使者之明詔。』于是乃以車三百乘入朝澠池，割河間以事秦。

武靈王平晝間居

武靈王平晝間居，肥義侍坐，曰：『王慮世事之變，權甲兵之用，念簡、襄之迹，計胡、狄之利乎？』王曰：『嗣立不忘先德，君之道也；錯質務明主之長，臣之論也。是以賢君靜而有道民便事之教，動有明古先世之功。爲人臣者，窮有弟長辭讓之節，通有補民益主之業。此兩者，君臣之分也。今吾欲繼襄主之業，啓胡、翟之鄉，而卒世不見也。敵弱者，用力少而功多，可以無盡百姓之勞，而享往古之勳。夫有高世之功者，必負遺俗之累；有獨知之慮者，必被庶人之恐。今吾將胡服騎射以教百姓，而世必議寡人矣。』

肥義曰：『臣聞之，疑事無功，疑行無名。今王即定負遺俗之慮，殆毋顧天下之議矣。夫論至德者，不和于俗；成大功者，不謀于衆。昔舜舞有苗，而禹袒入裸國，非以養欲而樂志也，欲以論德而要功也。愚者闇于成事，智者見于未萌，王其遂行之。』王曰：『寡人非疑胡服也，吾恐天下笑之。狂夫之樂，知者哀焉；愚者之笑，賢者戚焉。世有順我者，則胡服之功未可知也。雖驅世以笑我，胡地中山吾必有之。』

王遂胡服。使王孫緤告公子成曰：『寡人胡服，且將以朝，亦欲叔之服之也。家聽于親，國聽于君，古今之公行也；子不反親，臣不逆主，先王之通誼也。今寡人作教易服，而叔不服，吾恐天下議之也。夫制國有常，而利民爲本；從政有經，而令行爲上。故明德在于論賤，行政在于信貴。今胡服之意，非以養欲而樂志也。事有所出，功有所止。事成功立，然後德且見也。今寡人恐叔逆從政之經，以輔公叔之議。且寡人聞之，事利國者行無邪，因貴戚者名不累。故寡人願募公叔之義，以成胡服之功。使緤謁之叔，請服焉。』

公子成再拜曰：『臣固聞王之胡服也，不佞寢疾，不能趨走，是以不先進。王今命之，臣固敢竭其愚忠。臣聞之，中國者，聰明叡知之所居也，萬物財用之所聚也，賢聖之所教也，仁義之所施也，詩書禮樂之所用也，异敏技藝之所試也，遠方之所觀赴也，蠻夷之所義行也。今王釋此，而襲遠方之服，變古之教，易古之道，逆人之心，畔學者，離中國，臣願大王圖之。』

使者報王。王曰：『吾固聞叔之病也。』即之公叔成家，自請之曰：『夫服者，所以便用也；禮者，所以便事也。是以聖人觀其鄉而順宜，因其事而制禮，所以利其民而厚其國也。被髮文身，錯臂左衽，甌越之民也。黑齒雕題，鯷冠秫縫，大吴之國也。禮服不同，其便一也。是以鄉异而用變，事异而禮易。是故聖人苟可以利其民，不一其用；果可以便其事，不同其禮。儒者一師而禮异，中國同俗而教離，又況山谷之便乎？故去就之變，知者不能一；遠近之服，賢聖不能同。窮鄉多异，曲學多辨，不知而不疑，异于己而不非者，公于求善也。今卿之所言者，俗也。吾之所言者，所以制俗也。今吾國東有河、薄洛之水，與齊、中山同之，而無舟檝之用。自常山以至代、上黨，東有燕、東胡之境，西有樓煩、秦、韓之邊，而無騎射之備。故寡人且聚舟檝之用，求水居之民，以守河、薄洛之水；變服騎射，以備其參胡、樓煩、秦、韓之邊。且昔者簡主不塞晋陽，以及上黨，而襄王兼戎取代，以攘諸胡，此愚知之所明也。先時中山負齊之强兵，侵掠吾地，係累吾民，引水圍鄗，非社稷之神靈，即鄗幾不守。先王忿之，其怨未能報也。今騎射之服，近可以備上黨之形，遠可以報中山之怨。而叔也順中國之俗以逆簡、襄之意，惡變服之名，而忘國事之耻，非寡人所望于子！』

公子成再拜稽首曰：『臣愚不達于王之議，敢道世俗之間。今欲繼簡、襄之意，以順先王之志，臣敢不聽令。』再拜。乃賜胡服。

趙文進諫曰：『農夫勞而君子養焉，政之經也。愚者陳意而知者論焉，教之道也。臣無隱忠，君無蔽言，國之禄也。臣雖愚，願竭其忠。』王曰：『慮無惡擾，忠無過罪，子其言乎。』趙文曰：『當世輔俗，古之道也。衣服有常，禮之制也。修法無愆，民之職也。三者，先聖之所以教。今君釋此，而襲遠方之服，變古之教，易古之道，故臣願王之圖之。』王曰：『子言世俗之間。常民溺于習俗，學者沉于所聞。此兩者，所以成官而順政也，非所以觀遠而論始也。且夫三代不同服而王，五伯不如教而政。知者作教，而愚者制焉。賢者議俗，不肖者拘焉。夫制于服之民，不足與論心；拘于俗之衆，不足與致意。故勢與俗化，而禮與變俱，聖人之道也。承教而動，循法無私，民之職也。知學之人，能與聞遷；達于禮之變，能與時化。故爲己者不待人，制今者不法古，子其釋之。』

趙造諫曰：『隱忠不竭，奸之屬也。以私誣國，賤之類也。犯奸者身死，賤國者族宗。反此兩者，先聖之明刑，臣下之大罪也。臣雖愚，願盡其忠，無遁其死。』王曰：『竭意不諱，忠也。上無蔽言，明也。忠不辟危，明不距人。子其言乎。』

趙造曰：『臣聞之，聖人不易民而教，知者不變俗而動。因民而教者，不勞而成功；據俗而動者，慮徑而易見也。今王易初不循俗，胡服不顧世，非所以教民而成禮也。且服奇者志淫，俗辟者亂民。是以莅國者不襲奇辟之服，中國不近蠻夷之行，非所以教民而成禮者也。且循法無過，脩禮無邪，臣願王之圖之。』

王曰：『古今不同俗，何古之法？帝王不相襲，何禮之循？宓戲、神農教而不誅，黄帝、堯、舜誅而不怒。及至三王，觀時而制法，因事而制禮，法度制令，各順其宜；衣服器械，各便其用。故禮世不必一其道，便國不必法古。聖人之興也，不相襲而王。夏、殷之衰也，不易禮而滅。然則反古未可非，而循禮未足多也。且服奇而志淫，是鄒、魯無奇行也；俗辟而民易，是吳、越無俊民也。是以聖人利身之謂服，便事之謂教，進退之謂節，衣服之制，所以齊常民，非所以論賢者也。故聖與俗流，賢與變俱。諺曰：「以書爲御者，不盡于馬之情。以古制今者，不達于事之變。」故循法之功，不足以高世；法古之學，不足以制今。子其勿反也。』

王立周紹爲傅

王立周紹爲傅，曰：『寡人始行縣，過番吾，當子爲子之時，踐石以上者皆道子之孝。故寡人問子以璧，遺子以酒食，而求見子。子謁病而辭。人有言子者曰：「父之孝子，君之忠臣也。」故寡人以子之知慮，爲辯足以道人，危足以持難，忠可以寫意，信可以遠期。詩云：「服難以勇，治亂以知，事之計也。立傅以行，教少以學，義之經也。循計之事，失而累；訪議之行，窮而不憂。」故寡人欲子之胡服以傅王乎。』

周紹曰：『王失論矣，非賤臣所敢任也。』王曰：『選子莫若父，論臣莫若君。君，寡人也。』周紹曰：『立傅之道六。』王曰：『六者何也？』周紹曰：『知慮不躁達于變，身行寬惠達于禮，威嚴不足以易于位，重利不足以變其心，恭于教而不快，和于下而不危。六者，傅之才，而臣無一焉。隱中不竭，臣之罪也。傅命僕官，以煩有司，吏之耻也。王請更論。』

王曰：『知此六者，所以使子。』周紹曰：『乃國未通于王胡服。雖然，臣，王之臣也，而王重命之，臣敢不聽令乎？』再拜，賜胡服。

王曰：『寡人以王子爲子任，欲子之厚愛之，無所見醜。御道之以行義，勿令溺苦于學。事君者，順其意，不逆其志。事先者，明其高，不倍其孤。故有臣可命，其國之祿也。子能行是，以事寡人者畢矣。《書》云：「去邪無疑，任賢勿貳。」寡人與子，不用人矣。』遂賜周紹胡服衣冠，具帶黄金師比，以傅王子也。

趙燕後胡服

趙燕後胡服，王令讓之曰：『事主之行，竭意盡力，微諫而不譁，應對而不怨，不逆上以自伐，不立私以爲名。子道順而不拂，臣行讓而不争。子用私道者家必亂，臣用私義者國必危。反親以爲行，慈父不子；逆主以自成，惠主不臣也。寡人胡服，子獨弗服，逆主罪莫大焉。以從政爲累，以逆主爲高，行私莫大焉。故寡人恐親犯刑戮之罪，以明有司之法。』趙燕再拜稽首曰：『前吏命胡服，施及賤臣，臣以失令過期，更不用侵辱教，王之惠也。臣敬循衣服，以待今日。』

王破原陽

王破原陽，以爲騎邑。牛贊進諫曰：『國有固籍，兵有常經，變籍則亂，失經則弱。今王破原陽，以爲騎邑，是變籍而棄經也。且習其兵者輕其敵，便其用者易其難。今民便其用而王變之，是損君而弱國也。故利不百者不變俗，功不什者不易器。今王破卒散兵，以奉騎射，臣恐其攻獲之利，不如所失之費也。』

王曰：『古今异利，遠近易用。陰陽不同道，四時不一宜。故賢人觀時，而不觀于時；制兵，而不制于兵。子知官府之籍，不知器械之利；知兵甲之用，不知陰陽之宜。故兵不當于用，何兵之不可易？教不便于事，何俗之不可變？昔者先君襄主與代交地，城境封之，名曰無窮之門，所以昭後而期遠也。今重甲循兵，不可以逾險，仁義道德，不可以來朝。吾聞信不棄功，知不遺時，今子以官府之籍，亂寡人之事，非子所知。』

牛贊再拜稽首曰：『臣敢不聽令乎？』至遂胡服，率騎入胡，出于遺遺之門，逾九限之固，絕五俓之險，至榆中，辟地千里。

卷二十　趙三

趙惠文王三十年

趙惠文王三十年，相都平君田單問趙奢曰：『吾非不説將軍之兵法也，所以不服者，獨將軍之用衆。用衆者，使民不得耕作，糧食輓賃不可給也。此坐而自破之道也，非單之所爲也。單聞之，帝王之兵，所用者不過三萬，而天下服矣。今將軍必負十萬、二十萬之衆乃用之，此單之所不服也。』

馬服曰：『君非徒不達于兵也，又不明其時勢。夫吴干之劍，肉試則斷牛馬，金試則截盤匜；薄之柱上而擊之，則折爲三，質之石上而擊之，則碎爲百。今以三萬之衆而應强國之兵，是薄柱擊石之類也。且夫吴干之劍材，難夫毋脊之厚，而鋒不入，無脾之薄，而刃不斷。兼有是兩者，無釣罕鐔蒙須之便，操其刃而刺，則未入而手斷。君無十餘、二十萬之衆，而爲此釣罕鐔蒙須之便，而徒以三萬行于天下，君焉能乎？且古者，四海之内，分爲萬國。城雖大，無過三百丈者；人雖衆，無過三千家者。而以集兵三萬，距此奚難哉！今取古之爲萬國者，分以爲戰國七，能具數十萬之兵，曠日持久，數歲，即君之齊已。齊以二十萬之衆攻荆，五年乃罷。趙以二十萬之衆攻中山，五年乃歸。今者，齊、韓相方，而國圍攻焉，豈有敢曰，我其以三萬救是者乎哉？今千丈之城，萬家之邑相望也，而索以三萬之衆，圍千丈之城，不存其一角，而野戰不足用也，君將以此何之？』都平君喟然太息曰：『單不至也！』

趙使机郝之秦

趙使机郝之秦，請相魏冉。宋突謂机郝曰：『秦不聽，樓緩必怨公。公不若陰辭樓子曰：「請無急秦王。」秦王見趙之相魏冉之不急也，且不聽公言也，是事而不成，魏冉固德公矣。』

齊破燕趙欲存之

齊破燕，趙欲存之。樂毅謂趙王曰：『今無約而攻齊，齊必讎趙。不如請以河東易燕地于齊。趙有河北，齊有河東，燕、趙必不争矣。是二國親也。以河東之地强齊，以燕以趙輔之，天下憎之，必皆事王以伐齊。是因天下以破齊也。』王曰：『善。』乃以河東易齊，楚、魏憎之，令淖滑、惠施之趙，請伐齊而存燕。

秦攻趙藺離石祁拔

秦攻趙，藺、離石、祁拔。趙以公子郚爲質于秦，而請内焦、黎、牛狐之城，以易藺、離石、祁于趙。趙背秦，不予焦、黎、牛狐。秦王怒，令公子繒請地。趙王乃令鄭朱對曰：『夫藺、離石、祁之地，曠遠于趙，而近于大國。有先王之明與先臣之力。故能有之。今寡人不逮，其社稷之不能恤，安能收恤藺、離石、祁乎？寡人有不令之臣，實爲此事也，非寡人之所敢知。』卒倍秦。

秦王大怒，令衛胡易伐趙，攻閼與。趙奢將救之。魏令公子咎以鋭師居安邑，以挾秦。秦敗于閼與，反攻魏幾，廉頗救幾，大敗秦師。

富丁欲以趙合齊魏

富丁欲以趙合齊、魏，樓緩欲以趙合秦、楚。富丁恐主父之聽樓緩而合秦、楚也。司馬淺爲富丁謂主父曰：『不如以順齊。今我不順齊伐秦，秦、楚必合而攻韓、魏。韓、魏告急于齊，齊不欲伐秦，必以趙爲辭，則伐秦者趙也，韓、魏必怨趙。齊之兵不西，韓必聽秦違齊。違齊而親，兵必歸于趙矣。今我順而齊不西，韓、魏必絕齊，絕齊則皆事我。且我順齊，齊無而西。日者，樓緩坐魏三月，不能散齊、魏之交。今我順而齊、魏果西，是罷齊敝秦也，趙必爲天下重國。』主父曰：『我與三國攻秦，是俱敝也。』曰：『不然。我約三國而告之秦，以未構中山也。三國欲伐秦之果也，必聽我，欲和我。中山聽之，是我以王因饒中山而取地也。中山不聽，三國必絕之，是中山孤也。三國不能和我，雖少出兵可也。我分兵而孤樂中山，中山必亡。我已亡中山，而以餘兵與三國攻秦，是我一舉而兩取地于秦、中山也。』

魏因富丁且合于秦

魏因富丁且合于秦，趙恐，請效地于魏而聽薛公。教子欬謂李兑曰：「趙畏横之合也，故欲效地于魏而聽薛公。公不如令主父以地資周最，而請相之于魏。周最以天下辱秦者也，今相魏，魏、秦必虚矣。齊、魏雖勁，無秦不能傷趙。魏王聽，是輕齊也。秦、魏雖勁，無齊不能得趙。此利于趙而便于周最也。」

魏使人因平原君請從于趙

魏使人因平原君請從于趙。三言之，趙王不聽。出遇虞卿曰：「爲入必語從。」虞卿入，王曰：「今者平原君爲魏請從，寡人不聽。其于子何如？」虞卿曰：「魏過矣。」王曰：「然，故寡人不聽。」虞卿曰：「王亦過矣。」王曰：「何也？」曰：「凡强弱之舉事，强受其利，弱受其害。今魏求從，而王不聽，是魏求害，而王辭利也。臣故曰，魏過，王亦過矣。」

平原君請馮忌

平原君請馮忌曰：『吾欲北伐上黨，出兵攻燕，何如？』馮忌對曰：『不可。夫以秦將武安君公孫起乘七勝之威，而與馬服之子戰于長平之下，大敗趙師，因以其餘兵，圍邯鄲之城。趙以亡敗之餘衆，收破軍之敝守，而秦罷于邯鄲之下，趙守而不可拔者，以攻難而守者易也。今趙非有七克之威也，而燕非有長平之禍也。今七敗之禍未復，而欲以罷趙攻强燕，是使弱趙爲强秦之所以攻，而使强燕爲弱趙之所以守。而强秦以休兵承趙之敝，此乃强吴之所以亡，而弱越之所以霸。故臣未見燕之可攻也。』

平原君謂平陽君

平原君謂平陽君曰：『公子牟游于秦，且東，而辭應侯。應侯曰：「公子將行矣，獨無以教之乎？」曰：「且微君之命命之也，臣固且有效于君。夫貴不與富期，而富至；富不與粱肉期，而粱肉至；粱肉不與驕奢期，而驕奢至；驕奢不與死亡期，而死亡至。累世以前，坐此者多矣。」應侯曰：「公子之所以教之者厚矣。」僕得聞此，不忘于心。願君之亦勿忘也。』平陽君曰：『敬諾。』

秦攻趙于長平

秦攻趙于長平，大破之，引兵而歸。因使人索六城于趙而講。趙計未定。樓緩新從秦來，趙王與樓緩計之曰：『與秦城何如？不與何如？』樓緩辭讓曰：『此非人臣之所能知也。』王曰：『雖然，試言公之私。』樓緩曰：『王亦聞夫公甫文伯母乎？公甫文伯官于魯，病死。婦人爲之自殺于房中者二八。其母聞之，不肯哭也。相室曰：「焉有子死而不哭者乎？」其母曰：「孔子，賢人也，逐于魯，是人不隨。今死，而婦人爲死者十六人。若是者，其于長者薄，而于婦人厚？」故從母言之，之爲賢母也；從婦言之，必不免爲妒婦也。故其言一也，言者异，則人心變矣。今臣新從秦來，而言勿與，則非計也；言與之，則恐王以臣之爲秦也。故不敢對。使臣得爲王計之，不如予之。』王曰：『諾。』

虞卿聞之，入見王，王以樓緩言告之。虞卿曰：『此飾説也。』秦即解邯鄲之圍，而趙王入朝，使趙郝約事于秦，割六縣而講。王曰：『何謂也？』虞卿曰：『秦之攻趙也，倦而歸乎？王以其力尚能進，愛王而不攻乎？』王曰：『秦之攻我也，不遺餘力矣，必以倦而歸也。』虞卿曰：『秦以其力攻其所不能取，倦而歸。王又以其力之所不能攻以資之，是助秦自攻也。來年秦復攻王，王無以救矣。』

王又以虞卿之言告樓緩。樓緩曰：『虞卿能盡知秦力之所至乎？誠知秦力之不至，此彈丸之地，猶不予也，令秦來年復攻王，得無割其内而媾乎？』王曰：『誠聽子割矣，子能必來年秦之不復攻我乎？』樓緩對曰：『此非臣之所敢任也。昔者三晉之交于秦，相善也。今秦釋韓、魏而獨攻王，王之所以事秦必不如韓、魏也。今臣爲足下解負親之攻，啓關通敝，齊交韓、魏。至來年而王獨不取于秦，王之所以事秦者，必在韓、魏之後也。此非臣之所敢任也。』

王以樓緩之言告。虞卿曰：『樓緩言不媾，來年秦復攻王，得無更割其内而媾。今媾，樓緩又不能必秦之不復攻也，雖割何益？來年復攻，又割其力之所不能取而媾也，此自盡之術也。不如無媾。秦雖善攻，不能取六城；趙雖不能守，而不至失六城。秦倦而歸，兵必罷。我以五城收天下以攻罷秦，是我失之于天下，而取償于秦也。吾國尚利，孰與坐而割地，自弱以强秦？今樓緩曰：「秦善韓、魏而攻趙者，必王之事秦不如韓、魏也。」是使王歲以六城事秦也，即坐而地盡矣。來年秦復求割地，王將予之乎？不與，則是棄前貴而挑秦禍也；與之，則無地而給之。語曰：「强者善攻，而弱者不能自守。」今坐而聽秦，秦兵不敝而多得地，是强秦而弱趙也。以益愈强之秦，而割愈弱之趙，其計固不止矣。且秦虎狼之國也，無禮義之心。其求無已，而王之地有盡。以有盡之地，給無已之求，其勢必無趙矣。故曰：此飾説也。王必勿與。』王曰：『諾。』

樓緩聞之，入見于王，王又以虞卿言告之。樓緩曰：『不然，虞卿得其一，未知其二也。夫秦、趙構難，而天下皆説，何也？曰「我將因强而乘弱」。今趙兵困于秦，天下之賀戰者，則必盡在于秦矣。故不若亟割地求和，以疑天下，慰秦心。不然，天下將因秦之怒，秦趙之敝而瓜分之。趙且亡，何秦之圖？王以此斷之，勿復計也。』

虞卿聞之，又入見王曰：『危矣，樓子之爲秦也！夫趙兵困于秦，又割地爲和，是愈疑天下，而何慰秦心哉？是不亦大示天下弱乎？且臣曰勿予者，非固勿予而已也。秦索六城于王，王以五城賂齊。齊，秦之深讎也，得王五城，并力而西擊秦也，齊之聽王，不待辭之畢也。是王失于秦而取償于秦，一舉結三國之親，而與秦易道也。』趙王曰：『善。』因發虞卿東見齊王，與之謀秦。

虞卿未反，秦之使者已在趙矣。樓緩聞之，逃去。

秦攻趙平原君使人請救于魏

秦攻趙，平原君使人請救于魏。信陵君發兵至邯鄲城下，秦兵罷。虞卿爲平原君請益地，謂趙王曰：『夫不鬭一卒，不頓一戟，而解二國患者，平原君之力也。用人之力，而忘人之功，不可。』趙王曰：『善。』將益之地。公孫龍聞之，見平原君曰：『君無覆軍殺將之功，而封以東武城。趙國豪傑之士，多在君之右，而君爲相國者以親故。夫君封以東武城不讓無功，佩趙國相印不辭無能，一解國患，欲求益地，是親戚受封，而國人計功也。爲君計者，不如勿受便。』平原君曰：『謹受令。』乃不受封。

秦趙戰于長平

秦、趙戰于長平，趙不勝，亡一都尉。趙王召樓昌與虞卿曰：『軍戰不勝，尉復死，寡人使卷甲而趍之，何如？』樓昌曰：『無益也，不如發重使而爲媾。』虞卿曰：『夫言媾者，以爲不媾者軍必破，而制媾者在秦。且王之論秦也，欲破王之軍乎？其不邪？』王曰：『秦不遺餘力矣，必且破趙軍。』虞卿曰：『王聊聽臣，發使出重寶以附楚、魏。楚、魏欲得王之重寶，必入吾使。趙使入楚、魏，秦必疑天下合從也，且必恐。如此，則媾乃可爲也。』

趙王不聽，與平陽君爲媾，發鄭朱入秦，秦内之。趙王召虞卿曰：『寡人使平陽君媾秦，秦已内鄭朱矣，子以爲奚如？』虞卿曰：『王必不得媾，軍必破矣，天下之賀戰勝者皆在秦矣。鄭朱，趙之貴人也，而入于秦，秦王與應侯必顯重以示天下。楚、魏以趙爲媾，必不救王。秦知天下不救王，則媾不可得成也。』趙卒不得媾，軍果大敗。王入秦，秦留趙王而后許之媾。

秦圍趙之邯鄲

秦圍趙之邯鄲。魏安釐王使將軍晋鄙救趙。畏秦，止于蕩陰，不進。魏王使客將軍新垣衍間入邯鄲，因平原君謂趙王曰：『秦所以急圍趙者，前與齊湣王争强爲帝，已而復歸帝，以齊故。今齊湣王已益弱。方今唯秦雄天下，此非必貪邯鄲，其意欲求爲帝。趙誠發使尊秦昭王爲帝，秦必喜，罷兵去。』平原君猶豫未有所決。

此時魯仲連適游趙，會秦圍趙。聞魏將欲令趙尊秦爲帝，乃見平原君曰：『事將奈何矣？』平原君曰：『勝也何敢言事？百萬之衆折于外，今又内圍邯鄲而不能去。魏王使將軍辛垣衍令趙帝秦。今其人在是，勝也何敢言事？』魯連曰：『始吾以君爲天下之賢公子也，吾乃今然后知君非天下之賢公子也。梁客辛垣衍安在？吾請爲君責而歸之。』平原君曰：『勝請召而見之于先生。』平原君遂見辛垣衍曰：『東國有魯連先生，其人在此，勝請爲紹介而見之于將軍。』辛垣衍曰：『吾聞魯連先生，齊國之高士也。衍，人臣也，使事有職。吾不願見魯連先生也。』平原君曰：『勝已泄之矣。』辛垣衍許諾。

魯連見辛垣衍而無言。辛垣衍曰：『吾視居北圍城之中者，皆有求于平原君者也。今吾視先生之玉貌，非有求于平原君者，曷爲久居此圍城之中而不去也？』魯連曰：『世以鮑焦無從容而死者，皆非也。今衆人不知，則爲一身。彼秦者，棄禮義而上首功之國也。權使其士，虜使其民。彼則肆然而爲帝，過而遂正于天下，則連有赴東海而死矣。吾不忍爲之民也！所爲見將軍者，欲以助趙也。』辛垣衍曰：『先生助之奈何？』魯連曰：『吾將使梁及燕助之。齊、楚則固助之矣。』辛垣衍曰：『燕則吾請以從矣。若乃梁，則吾乃梁人也，先生惡能使梁助之耶？』魯連曰：『梁未睹秦稱帝之害故也，使梁睹秦稱帝之害，則必助趙矣。』辛垣衍曰：『秦稱帝之害將奈何？』魯仲連曰：『昔齊威王嘗爲仁義矣，率天下諸侯而朝周。周貧且微，諸侯莫朝，而齊獨朝之。居歲餘，周烈王崩，諸侯皆弔，齊後往。周怒，赴于齊曰：「天崩地坼，天子下席，東藩之臣田嬰齊後至，則斮之。」威王勃然怒曰：「叱嗟，而母婢也。」卒爲天下笑。故生則朝周，死則叱之，誠不忍其求也。彼天子固然，其無足怪。』辛垣衍曰：『先生獨未見夫僕乎？十人而從一人者，寧力不勝，智不若耶？畏之也。』魯仲連曰：『然梁之比于秦若僕耶？』辛垣衍曰：『然。』魯仲連曰：『然吾將使秦王烹醢梁王。』辛垣衍怏然不悦曰：『噫，亦太甚矣，先生之言也！先生又惡能使秦王烹醢梁王？』

魯仲連曰：『固也，待吾言之。昔者，鬼侯之鄂侯、文王，紂之三公也。鬼侯有子而好，故入之于紂，紂以爲惡，醢鬼侯。鄂侯爭之急，辨之疾，故脯鄂侯。文王聞之，喟然而嘆，故拘之于牖里之車，百日而欲舍之死。曷爲與人俱稱帝王，卒就脯醢之地也？齊閔王將之魯，夷維子執策而從，謂魯人曰：「子將何以待吾君？」魯人曰：「吾將以十太牢待子之君。」維子曰：「子安取禮而來待吾君？彼吾君者，天子也。天子巡狩，諸侯辟舍，納于筦鍵，攝衽抱几，視膳于堂下，天子已食，退而聽朝也。」魯人投其籥，不果納。不得入于魯，將之薛，假塗于鄒。當是時，鄒君死，閔王欲入弔。夷維子謂鄒之孤曰：「天子弔，主人必將倍殯柩，設北面于南方，然后天子南面弔也。」鄒之群臣曰：「必若此，吾將伏劍而死。」故不敢入于鄒。鄒、魯之臣，生則不得事養，死則不得飯含。然且欲行天子之禮于鄒、魯之臣，不果納。今秦萬乘之國，梁亦萬乘之國。俱據萬乘之國，交有稱王之名，睹其一戰而勝，欲從而帝之，是使三晋之大臣不如鄒、魯之僕妾也。且秦無已而帝，則且變易諸侯之大臣。彼將奪其所謂不肖，而予其所謂賢；奪其所憎，而與其所愛。彼又將使其子女讒妾爲諸侯妃姬，處梁之宫，梁王安得晏然而已乎？而將軍又何以得故寵乎？』

于是，辛垣衍起，再拜謝曰：『始以先生爲庸人，吾乃今日而知先生爲天下之士也。吾請去，不敢復言帝秦。』秦將聞之，爲却軍五十里。

適會魏公子無忌奪晋鄙軍以救趙擊秦，秦軍引而去。于是平原君欲封魯仲連。魯仲連辭讓者三，終不肯受。平原君乃置酒，酒酣，起前以千金爲魯連壽。魯連笑曰：『所貴于天下之士者，爲人排患、釋難、解紛亂而無所取也。即有所取者，是商賈之人也，仲連不忍爲也。』遂辭平原君而去，終身不復見。

説張相國

説張相國曰：『君安能少趙人，而令趙人多君？君安能憎趙人，而令趙人愛君乎？夫膠漆，至黏也，而不能合遠；鴻毛，至輕也，而不能自舉。夫飄于清風，則横行四海。故事有簡而功成者，因也。今趙萬乘之强國也，前漳、滏，右常山，左河間，北有代，帶甲百萬，嘗抑强齊，四十餘年而秦不能得所欲。由是觀之，趙之于天下也不輕。今君易萬乘之强趙，而慕思不可得之小梁，臣竊爲君不取也。』君曰：『善。』自是之後，衆人廣坐之中，未嘗不言趙人之長者也，未嘗不言趙俗之善者也。

鄭同北見趙王

鄭同北見趙王。趙王曰：『子南方之傳士也，何以教之？』鄭同曰：『臣南方草鄙之人也，何足問？雖然，王致之于前，安敢不對乎？臣少之時，親嘗教以兵。』趙王曰：『寡人不好兵。』鄭同因撫手仰天而笑之曰：『兵固天下之狙喜也，臣故意大王不好也。臣亦嘗以兵説魏昭王，昭王亦曰：「寡人不喜。」臣曰：「王之行能如許由乎？許由無天下之累，故不受也。今王既受先王之傳，欲宗廟之安，壤地不削，社稷之血食乎？」王曰：「然。」今有人操隨侯之珠，持丘之環，萬金之財，時宿于野，内無孟賁之威，荆慶之斷，外無弓弩之御，不出宿夕，人必危之矣。今有强貪之國，臨王之境，索王之地，告以理則不可，說以義則不聽。王非戰國守圉之具，其將何以當之？王若無兵，鄰國得志矣。』趙王曰：『寡人請奉教。』

建信君貴于趙

建信君貴于趙。公子魏牟過趙，趙王迎之，顧反至坐，前有尺帛，且令工以爲冠。工見客來也，因辟。趙王曰：『公子乃驅後車，幸以臨寡人，願聞所以爲天下。』魏牟曰：『王能重王之國若此尺帛，則王之國大治矣。』趙王不說，形于顔色，曰：『先生不知寡人不肖，使奉社稷，豈敢輕國若此？』魏牟曰：『王無怒，請爲王說之。』曰：『王有此尺帛，何不令前郎中以爲冠？』王曰：『郎中不知爲冠。』魏牟曰：『爲冠而敗之，奚虧于王之國？而王必待工而后乃使之。今爲天下之工，或非也，社稷爲虛戾，先王不血食，而王不以予工，乃與幼艾。且王之先帝，駕犀首而驂馬服，以與秦角逐。秦當時適其鋒。今王憧憧，乃輦建信以與强秦角逐，臣恐秦折王之椅也。』

衛靈公近雍疸彌子瑕

衛靈公近雍疸、彌子瑕。二人者，專君之勢以蔽左右。復塗偵謂君曰：『昔日臣夢見君。』君曰：『子何夢？』曰：『夢見竈君。』君忿然作色曰：『吾聞夢見人君者，夢見日。今子曰夢見竈君而言君也，有説則可，無説則死。』對曰：『日，并燭天下者也，一物不能蔽也。若竈則不然，前之人煬，則後之人無從見也。今臣疑人之有煬于君者也，是以夢見竈君。』君曰：『善。』于是，因廢雍疸、彌子瑕，而立司空狗。

或謂建信君之所以事王者

或謂建信：『君之所以事王者，色也。葺之所以事王者，知也。色老而衰，知老而多。以日多之知，而逐衰惡之色，君必困矣。』建信君曰：『奈何？』曰：『并驥而走者，五里而罷；乘驥而御之，不倦而取道多。君令葺乘獨斷之車，御獨斷之勢，以居邯鄲；令之内治國事，外刺諸侯，則葺之事有不言者矣。君因言王而重責之，葺之軸今折矣。』建信君再拜受命，入言于王，厚任葺以事能，重責之。未期年而葺亡走矣。

苦成常謂建信君

苦成常謂建信君曰：『天下合從，而獨以趙惡秦，何也？魏殺吕遺，而天下交之。今收河間，于是與殺吕遺何以异？君唯釋虚僞疾，文信猶且知之也。從而有功乎，何患不得收河間？從而無功乎，收河間何益也？』

希寫見建信君

希寫見建信君。建信君曰：『文信侯之于僕也，甚無禮。秦使人來仕，僕官之丞相，爵五大夫。文信侯之于僕也，甚矣其無禮也。』希寫曰：『臣以爲今世用事者，不如商賈。』建信君悖然曰：『足下卑用事者而高商賈乎？』曰：『不然。夫良商不與人争買賣之賈，而謹司時。時賤而買，雖貴已賤矣；時貴而賣，雖賤已貴矣。昔者，文王之拘于牖里，而武王羈于玉門，卒斷紂之頭而縣于太白者，是武王之功也。今君不能與文信侯相伉以權，而責文信侯少禮，臣竊爲君不取也。』

魏魀謂建信君

魏魀謂建信君曰：『人有置係蹄者而得虎。虎怒，决蹯而去。虎之情，非不愛其蹯也。然而不以環寸之蹯，害七尺之軀者，權也。今有國，非直七尺軀也。而君之身于王，非環寸之蹯也。願公之熟圖之也。』

秦攻趙鼓鐸之音聞于北堂

秦攻趙，鼓鐸之音聞于北堂。希卑曰：『夫秦之攻趙，不宜急如此。此召兵也。

必有大臣欲衡者耳。王欲知其人，旦日贊群臣而訪之，先言横者，則其人也。』建信君果先言横。

齊人李伯見孝成王

齊人李伯見孝成王。成王説之，以爲代郡守。而居無幾何，人告之反。孝成王方饋，不墮食。無幾何，告者復至，孝成王不應。已，乃使使者言：『齊舉兵擊燕，恐其以擊燕爲名，而以兵襲趙，故發兵自備。今燕、齊已合，臣請要其敝，而地可多割。』自是之後，爲孝成王從事于外者，無自疑于中者。

卷二十一　趙四

爲齊獻書趙王

爲齊獻書趙王，使臣與復丑曰：『臣一見，而能令王坐而天下致名寶。而臣竊怪王之不試見臣，而窮臣也。群臣必多以臣爲不能者，故王重見臣也。以臣爲不能者非他，欲用王之兵，成其私者也。非然，則交有所偏者也；非然，則知不足者也；非然，則欲以天下之重恐王，而取行于王者也。臣以齊循事王，王能亡燕，能亡韓、魏，能攻秦，能孤秦。臣以爲齊致尊名于王，天下孰敢不致尊名于王？臣以齊致地于王，天下孰敢不致地于王？臣以齊爲王求名于燕及韓、魏，孰敢辭之？臣之能也，其前可見已。齊先重王，故天下盡重王；無齊，天下必盡輕王也。秦之强，以無齊之故重王，燕、魏自以無齊故重王。今王無齊獨安得無重天下？故勸王無齊者，非知不足也，則不忠者也。非然，則欲用王之兵成其私者也；非然，則欲輕王以天下之重，取行于王者也；非然，則位尊而能卑者也。願王之熟慮無齊之利害也。』

齊欲攻宋

齊欲攻宋，秦令起賈禁之。齊乃救趙以伐宋。秦王怒，屬怨于趙。李兑約五國以伐秦，無功，留天下之兵于成皐，而陰構于秦。又欲與秦攻魏，以解其怨而取封焉。

魏王不説。之齊，謂齊王曰：『臣爲足下謂魏王曰：「三晋皆有秦患。今之攻秦也，爲趙也。五國伐趙，趙必亡矣。秦逐李兑，李兑必死。今之伐秦也，以救李子之死也。今趙留天下之甲于成皐，而陰鬻之于秦，已講，則令秦攻魏以成其私封，王之事趙也何得矣？且王嘗濟于漳，而身朝于邯鄲，抱陰、成，負蒿、葛、薜，以爲趙蔽，而趙無爲王行也。今又以何陽、姑密封其子，而乃令秦攻王，以便取陰。人比然而後如賢不，如王若用所以事趙之半收齊，天下有敢謀王者乎？王之事齊也，無入朝之辱，無割地之費。齊爲王之故，虛國于燕、趙之前。用兵于二千里之外，故攻城野戰，未嘗不爲王先被矢石也。得二都，割河東，盡效之于王。自是之後，秦攻魏，齊甲未嘗不歲至于王之境也。請問王之所以報齊者可乎？韓呡處于趙，去齊三千里，王以此疑齊，曰有秦陰。今王又挾故薛公以爲相，善韓徐以爲上交，尊虞商以爲大客，王固可以反疑齊乎？」于魏王聽此言也甚詘，其欲事王也甚循。其怨于趙。臣願王之曰聞魏而無庸見惡也，臣請爲王推其怨于趙，願王之陰重趙，而無使秦之見王之重趙也。秦見之且亦重趙。齊、秦交重趙，臣必見燕與韓、魏亦且重趙也，皆且無敢與趙治。五國事趙，趙從親以合于秦，必爲王高矣。臣故欲王之偏劫天下，而皆私甘之也。王使臣以韓、魏與燕劫趙，使丹也甘之；以趙劫韓、魏，使臣也甘之；以三晉劫秦，使順也甘之；以天下劫楚，使呡也甘之。則天下皆逼秦以事王，而不敢相私也。交定，然後王擇焉。』

齊將攻宋而秦楚禁之

齊將攻宋，而秦、楚禁之。齊因欲與趙，趙不聽。齊乃令公孫衍說李兑以攻宋而定封焉。李兑乃謂齊王曰：『臣之所以堅三晋以攻秦者，非以爲齊得利秦之毁也，欲以使攻宋也。而宋置太子以爲王，下親其上而守堅，臣是以欲足下之速歸休士民也。今太子走，諸善太子者，皆有死心。若復攻之，其國必有亂，而太子在外，此亦舉宋之時也。

『臣爲足下使公孫衍説奉陽君曰：「君之身老矣，封不可不早定也。爲君慮封，莫若于宋，他國莫可。夫秦人貪，韓、魏危，燕、楚辟，中山之地薄，莫如于陰。失今之時，不可復得已。宋之罪重，齊之怒深，殘亂宋，得大齊，定身封，此百代之一時也。」以奉陽君甚食之，唯得大封，齊無大异。臣願足下之大發攻宋之舉，而無庸致兵，姑待已耕，以觀奉陽君之應足下也。縣陰以甘之，循有燕以臨之，而臣待忠之封，事必大成。臣又願足下有地效于襄安君以資臣也。足下果殘宋，此兩地之時也，足下何愛焉？若足下不得志于宋，與國何敢望也。足下以此資臣也，臣循燕觀趙，則足下擊潰而决天下矣。』

五國伐秦無功

五國伐秦無功，罷于成皋。趙欲搆于秦，楚與魏、韓將應之，秦弗欲。蘇代謂齊王曰：『臣以爲足下見奉陽君矣。臣謂奉陽君曰：「天下散而事秦，秦必據宋。魏冉必妒君之有陰也。秦王貪，魏冉妒，則陰不可得已矣。君無搆，齊必攻宋。齊攻宋，則楚必攻宋，魏必攻宋，燕、趙助之。五國據宋，不至一二月，陰必得矣。得陰而搆，秦雖有變，則君無患矣。若不得已而必搆，則願五國復堅約。願得趙，足下雄飛，與韓氏大吏東免，齊王必無召呡也。使臣守約，若與有倍約者，以四國攻之。無倍約者，而秦侵約，五國復堅而賓之。今韓、魏與齊相疑也，若復不堅約而講，臣恐與國之大亂也。齊、秦非復合也，必有踦重者矣。後合與踦重者，皆非趙之利也。且天下散而事秦，是秦制天下也。秦制天下，將何以天下爲？臣願君之蚤計也。

『天下争秦有六舉，皆不利趙矣。天下争秦，秦王受負海内之國，合負親之交，以據中國，而求利于三晋，是秦之一舉也。秦行是計，不利于趙，而君終不得陰，一矣。天下争秦，秦王内韓珉于齊，内成陽君于韓，相魏懷于魏，復合衍交兩王，王賁、韓他之曹，皆起而行事，是秦之一舉也。秦行是計也，不利于趙，而君又不得陰，二矣。天下争秦，秦王受齊受趙，三彊三親，以據魏而求安邑，是秦之一舉也。秦行是計，齊、趙應之，魏不待伐，抱安邑而信秦，秦得安邑之饒，魏爲上交，韓必入朝秦，過趙已安邑矣，是秦之一舉也。秦行是計，不利于趙，而君必不得陰，三矣。天下争秦，秦堅燕、趙之交，以伐齊收楚，與韓呡而攻魏，是秦之一舉也。秦行是計，而燕、趙應之。燕、趙伐齊，兵始用，秦因收楚而攻魏，不至一二月，魏必破矣。秦舉安邑而塞女戟，韓之太原絶，下軹道、南陽、高，伐魏，絶韓，包二周，即趙自消爍矣。國燥于秦，兵分于齊，非趙之利也。而君終身不得陰，四矣。天下争秦，秦堅三晋之交攻齊，國破曹屈，而兵東分于齊，秦按兵攻魏，取安邑，是秦之一舉也。秦行是計也，君桉救魏，是以攻齊之已弊，救與秦争戰也；君不救也，韓、魏焉免西合？國在謀之中，而君有終身不得陰，五矣。天下争秦，秦按爲義，存亡繼絶，固危扶弱，定無罪之君，必起中山與勝焉。秦起中山與勝，而趙、宋同命，何暇言陰？六矣。故曰君必無講，則陰必得矣。

奉陽君曰：「善。」乃絶和于秦，而收齊、魏以成取陰。』

樓緩將使伏事辭行

樓緩將使，伏事，辭行，謂趙王曰：『臣雖盡力竭知，死不復見于王矣。』王曰：『是何言也？固且爲書而厚寄卿。』樓子曰：『王不聞公子牟夷之于宋乎？非肉不食。文張善宋，惡公子牟夷，寅然。今臣之于王非宋之于公子牟夷也，而惡臣者過文張。故臣死不復見于王矣。』王曰：『子勉行矣，寡人與子有誓言矣。』樓子遂行。後以中牟反，入梁。候者來言，而王弗聽，曰：『吾已與樓子有言矣。』

虞卿請趙王

虞卿請趙王曰：『人之情，寧朝人乎？寧朝于人也？』趙王曰：『人亦寧朝人耳，何故寧朝于人？』虞卿曰：『夫魏爲從主，而違者范座也。今王能以百里之地，若萬户之都，請殺范座于魏。范座死，則從事可移于趙。』趙王曰：『善。』乃使人以百里之地，請殺范座于魏。魏王許諾，使司徒執范座，而未殺也。

范座獻書魏王曰：『臣聞趙王以百里之地，請殺座之身。夫殺無罪范座，座薄故也；而得百里之地，大利也。臣竊爲大王美之。雖然，而有一焉，百里之地不可得，而死者不可復生也，則主必爲天下笑矣！臣竊以爲與其以死人市，不若以生人市使也。』

又遺其後相信陵君書曰：『夫趙、魏，敵戰之國也。趙王以咫尺之書來，而魏王輕爲之殺無罪之座，座雖不肖，故魏之免相望也。嘗以魏之故，得罪于趙。夫國内無用臣，外雖得地，勢不能守。然今能守魏者，莫如君矣。王聽趙殺座之後，强秦襲趙之欲，倍趙之割，則君將何以止之？此君之累也。』信陵君曰：『善。』遽言之王而出之。

燕封宋人榮蚠爲高陽君

燕封宋人榮蚠爲高陽君，使將而攻趙。趙王因割濟東三城令盧、高唐、平原陵地城邑市五十七，命以與齊，而以求安平君而將之。馬服君謂平原君曰：『國奚無人甚哉！君致安平君而將之，乃割濟東三令城市邑五十七以與齊，此夫子與敵國戰，覆軍殺將之所取、割地于敵國者也。今君以此與齊，而求安平君而將之，國奚無人甚也！且君奚不將奢也？奢嘗抵罪居燕，燕以奢爲上谷守，燕之通谷要塞，奢習知之。百日之内，天下之兵未聚，奢已舉燕矣。然則君奚求安平君而爲將乎？』平原君曰：『將軍釋之矣，僕已言之僕主矣。僕主幸以聽僕也。將軍無言已。』馬服君曰：『君過矣！君之所以求安平君者，以齊之于燕也，茹肝涉血之仇耶。其于奢不然。使安平君愚，固不能當榮盆；使安平君知，又不肯與燕人戰。此兩言者，安平君必處一焉。雖然，兩者有一也。使安平君知，則奚以趙之强爲？趙强則齊不復霸矣。今得强趙之兵，以杜燕將，曠日持久數歲，令士大夫餘子之力，盡于溝壘，車甲羽毛裂敝，府庫倉廩虛，兩國交以習之，乃引其兵而歸。夫盡兩國之兵，無明此者矣。』夏，軍也縣釜而炊。得三城也，城大無能過百雉者。果如馬服之言也。

三國攻秦趙攻中山

三國攻秦，趙攻中山，取扶柳，五年以擅呼沲。齊人戎郭、宋突謂仇郝曰：『不如盡歸中山之新地。中山案此言于齊曰，四國將假道于衛，以過章子之路。齊聞此，必效鼓。』

趙使趙莊合從

趙使趙莊合從，欲伐齊。齊請效地，趙因賤趙莊。齊明爲謂趙王曰：『齊畏從人之合也，故效地。今聞趙莊賤，張懃貴，齊必不效地矣。』趙王曰：『善。』乃召趙莊而貴之。

翟章從梁來

翟章從梁來，甚善趙王。趙王三延之以相，翟章辭不受。田駟謂柱國韓向曰：『臣請爲卿刺之。客若死，則王必怒而誅建信君。建信君死，則卿必爲相矣。建信君不死，以爲交，終身不敝，卿因以德建信君矣。』

馮忌爲廬陵君謂趙王

馮忌爲廬陵君謂趙王曰：『王之逐廬陵君，爲燕也。』王曰：『吾所以重者，無燕、秦也。』對曰：『秦三以虞卿爲言，而王不逐也。今燕一以廬陵君爲言，而王逐之。是王輕强秦而重弱燕也。』王曰：『吾非爲燕也，吾固將逐之。』『然則王逐廬陵君，又不爲燕也。行逐愛弟，又兼無燕、秦，臣竊爲大王不取也。』

馮忌請見趙王

馮忌請見趙王，行人見之。馮忌接手免首，欲言而不敢。王問其故，對曰：『客有見人于服子者，已而請其罪。服子曰：「公之客獨有三罪：望我而笑，是狎也；談語而不稱師，是倍也；交淺而言深，是亂也。」客曰：「不然。夫望人而笑，是和也；言而不稱師，是庸説也；交淺而言深，是忠也。昔者堯見舜于草茅之中，席隴畝而廕庇桑，陰移而授天下傳。伊尹負鼎俎而干湯，姓名未著而受三公。使夫交淺者不可以深談，則天下不傳，而三公不得也。」』趙王曰：『甚善。』馮忌曰：『今外臣交淺而欲深談可乎？』王曰：『請奉教。』于是馮忌乃談。

客見趙王

客見趙王曰：『臣聞王之使人買馬也，有之乎？』王曰：『有之。』『何故至今不遣？』王曰：『未得相馬之工也。』對曰：『王何不遣建信君乎？』王曰：『建信君有國事，又不知相馬。』曰：『王何不遣紀姬乎？』王曰：『紀姬婦人也，不知相馬。』對曰：『買馬而善，何補于國？』王曰：『無補于國。』『買馬而惡，何危于國？』王曰：『無危于國。』對曰：『然則買馬善而若惡，皆無危補于國。然而王之買馬也，必將待工。今治天下，舉錯非也，國家爲虚戾，而社稷不血食，然而王不待工，而與建信君，何也？』趙王未之應也。客曰：『燕郭之法，有所謂桑雍者，王知之乎？』王曰：『未之聞也。』『所謂桑雍者，便辟左右之近者，及夫人優愛孺子也。此皆能乘王之醉昏，而求所欲于王者也。是能得之乎内，則大臣爲之枉法于外矣。故日月暉于外，其賊在于内，謹備其所憎，而禍在于所愛。』

秦攻魏取寧邑

秦攻魏，取寧邑，諸侯皆賀。趙王使往賀，三反不得通。趙王憂之，謂左右曰：『以秦之强，得寧邑，以制齊、趙。諸侯皆賀，吾往賀而獨不得通，此必加兵我，爲之奈何？』左右曰：『使者三往不得通者，必所使者非其人也。曰諒毅者，辨士也，大王可試使之。』

諒毅親受命而往。至秦，獻書秦王曰：『大王廣地寧邑，諸侯皆賀，敝邑寡君亦竊嘉之，不敢寧居，使下臣奉其幣物三至王廷，而使不得通。使若無罪，願大王無絶其歡；若使有罪，願得請之。』秦王使使者報曰：『吾所使趙國者，小大皆聽吾言，則受書幣。若不從吾言，則使者歸矣。』諒毅對曰：『下臣之來，固願承大國之意也，豈敢有難？大王若有以令之，請奉而西行之，無所敢疑。』

于是秦王乃見使者，曰：『趙豹、平原君，數欺弄寡人。趙能殺此二人，則可。若不能殺，請今率諸侯受命邯鄲城下。』諒毅曰：『趙豹、平原君，親寡君之母弟也，猶大王之有葉陽、涇陽君也。大王以孝治聞于天下，衣服使之便于體，膳啗使之嗛于口，未嘗不分于葉陽、涇陽君。葉陽君、涇陽君之車馬衣服，無非大王之服御者。臣聞之：「有覆巢毀卵，而鳳皇不翔；刳胎焚夭，而騏驎不至。」今使臣受大王之令以還報，敝邑之君，畏懼不敢不行，無乃傷葉陽君、涇陽君之心乎？』

秦王曰：『諾。勿使從政。』諒毅曰：『敝邑之君，有母弟不能教誨，以惡大國，請黜之，勿使與政事，以稱大國。』秦王乃喜，受其弊而厚遇之。

趙使姚賈約韓魏

趙使姚賈約韓、魏，韓、魏以友之。舉茅爲姚賈謂趙王曰：『賈也，王之忠臣也。韓、魏欲得之，故友之，將使王逐之，而己因受之。今王逐之，是韓、魏之欲得，而王之忠臣有罪也。故王不如勿逐，以明王之賢，而折韓、魏招之。』

魏敗楚于陘山

魏敗楚于陘山，禽唐明。楚王懼，令昭應奉太子以委和于薛公。主父欲敗之，乃結秦連楚、宋之交，令仇郝相宋，樓緩相秦。楚王禽趙、宋，魏之和卒敗。

秦召春平侯

秦召春平侯，因留之。世鈞爲之謂文信侯曰：「春平侯者，趙王之所甚愛也，而郎中甚妒之，故相與謀曰：『春平侯入秦，秦必留之。』故謀而入之秦。今君留之，是空絶趙，而郎中之計中也。故君不如遣春平侯而留平都侯。春平侯者言行于趙王，必厚割趙以事君，而贖平都侯。」文信侯曰：「善。」因與接意而遣之。

趙太后新用事

趙太后新用事，秦急攻之。趙氏求救于齊。齊曰：「必以長安君爲質，兵乃出。」太后不肯，大臣强諫。太后明謂左右：「有復言令長安君爲質者，老婦必唾其面。」

左師觸讋願見太后。太后盛氣而揖之。入而徐趨，至而自謝，曰：『老臣病足，曾不能疾走，不得見久矣。竊自恕，而恐太后玉體之有所郄也，故願望見太后。』太后曰：『老婦恃輦而行。』曰：『日食飲得無衰乎？』曰：『恃鬻耳。』曰：『老臣今者殊不欲食，乃自强步，日三四里，少益耆食，和于身也。』太后曰：『老婦不能。』太后之色少解。

左師公曰：『老臣賤息舒祺，最少，不肖。而臣衰，竊愛憐之。願令得補黑衣之數，以衛王宫，没死以聞。』太后曰：『敬諾。年幾何矣？』對曰：『十五歲矣。雖少，願及未填溝壑而托之。』太后曰：『丈夫亦愛憐其少子乎？』對曰：『甚于婦人。』太后笑曰：『婦人异甚。』對曰：『老臣竊以爲媪之愛燕后賢于長安君。』曰：『君過矣，不若長安君之甚。』左師公曰：『父母之愛子，則爲之計深遠。媪之送燕后也，持其踵爲之泣，念悲其遠也，亦哀之矣。已行，非弗思也，祭祀必祝之，祝曰：「必勿使反。」豈非計久長，有子孫相繼爲王也哉？』太后曰：『然。』左師公曰：『今三世以前，至于趙之爲趙，趙主之子孫侯者，其繼有在者乎？』曰：『無有。』曰：

『微獨趙，諸侯有在者乎？』曰：『老婦不聞也。』『此其近者禍及身，遠者及其子孫。豈人主之子孫則必不善哉？位尊而無功，奉厚而無勞，而挾重器多也。今媪尊長安君之位，而封之以膏腴之地，多予之重器，而不及今令有功于國。一旦山陵崩，長安君何以自托于趙？老臣以媪爲長安君計短也，故以爲其愛不若燕后。』太后曰：『諾。恣君之所使之。』于是爲長安君約車百乘，質于齊，齊兵乃出。

子義聞之曰：『人主之子也，骨肉之親也，猶不能恃無功之尊，無勞之奉，而守金玉之重也，而况人臣乎？』

秦使王翦攻趙

秦使王翦攻趙，趙使李牧、司馬尚御之。李牧數破走秦軍，殺秦將桓齮。王翦惡之，乃多與趙王寵臣郭開等金，使爲反間，曰：『李牧、司馬尚欲與秦反趙，以多取封于秦。』趙王疑之，使趙葱及顔最代將，斬李牧，廢司馬尚。後三月，王翦因急擊，大破趙，殺趙軍，虜趙王遷及其將顔㝡，遂滅趙。

卷二十二　魏一

知伯索地于魏桓子

知伯索地于魏桓子，魏桓子弗予。任章曰：『何故弗予？』桓子曰：『無故索地，故弗予。』任章曰：『無故索地，鄰國必恐；重欲無厭，天下必懼。君予之地，知伯必憍。憍而輕敵，鄰國懼而相親。以相親之兵，待輕敵之國，知氏之命不長矣！《周書》曰：「將欲敗之，必姑輔之；將欲取之，必姑與之。」君不如與之，以驕知伯。君何釋以天下圖知氏，而獨以吾國爲知氏質乎？』君曰：『善。』乃與之萬家之邑一。知伯大説。因索蔡、皐梁于趙，趙弗與，因圍晋陽。韓、魏反于外，趙氏應之于内，知氏遂亡。

韓趙相難

韓、趙相難。韓索兵于魏曰：『願得借師以伐趙。』魏文侯曰：『寡人與趙兄弟，不敢從。』趙又索兵以攻韓，文侯曰：『寡人與韓兄弟，不敢從。』二國不得兵，怒而反。已乃知文侯以講于己也，皆朝魏。

樂羊爲魏將而攻中山

樂羊爲魏將而攻中山。其子在中山，中山之君烹其子而遺之羹，樂羊坐于幕下而啜之，盡一杯。文侯謂覩師贊曰：『樂羊以我之故，食其子之肉。』贊對曰：『其子之肉尚食之，其誰不食！』樂羊既罷中山，文侯賞其功而疑其心。

西門豹爲鄴令

西門豹爲鄴令，而辭乎魏文侯。文侯曰：『子往矣，必就子之功，而成子之名。』西門豹曰：『敢問就功成名，亦有術乎？』文侯曰：『有之。夫鄉邑老者而先受坐之士，子入而問其賢良之士而師事之，求其好掩人之美而揚人之醜者而參驗之。夫物多相類而非也，幽莠之幼也似禾，驪牛之黄也似虎，白骨疑象，武夫類玉，此皆似之而非者也。』

文侯與虞人期獵

文侯與虞人期獵。是日，飲酒樂，天雨。文侯將出，左右曰：『今日飲酒樂，天又雨，公將焉之？』文侯曰：『吾與虞人期獵，雖樂，豈可不一會期哉！』乃往，身自罷之。魏于是乎始强。

魏文侯與田子方飲酒而稱樂

魏文侯與田子方飲酒而稱樂。文侯曰：『鍾聲不比乎，左高。』田子方笑。文侯曰：『奚笑？』子方曰：『臣聞之，君明則樂官，不明則樂音。今君審于聲，臣恐君之聾于官也。』文侯曰：『善，敬聞命。』

魏武侯與諸大夫浮于西河

魏武侯與諸大夫浮于西河，稱曰：『河山之險，豈不亦信固哉！』王鍾侍王，曰：『此晉國之所以强也。若善脩之，則霸王之業具矣。』吳起對曰：『吾君之言，危國之道也；而子又附之，是危也。』武侯忿然曰：『子之言有説乎？』

吳起對曰：『河山之險，信不足保也；是伯王之業，不從此也。昔者，三苗之居，左彭蠡之波，右有洞庭之水，文山在其南，而衡山在其北。恃此險也，爲政不善，而禹放逐之。夫夏桀之國，左天門之陰，而右天谿之陽，廬、睪在其北，伊、洛出其南。有此險也，然爲政不善，而湯伐之。殷紂之國，左孟門而右漳、釜，前帶河，後被山。有此險也，然爲政不善，而武王伐之。且君親從臣而勝降城，城非不高也，人民非不衆也，然而可得并者，政惡故也。從是觀之，地形險阻，奚足以霸王矣！』

武侯曰：『善。吾乃今日聞聖人之言也！西河之政，專委之子矣。』

魏公叔痤爲魏將

魏公叔痤爲魏將，而與韓、趙戰澮北，禽樂祚。魏王說，迎郊，以賞田百萬禄之。公叔痤反走，再拜辭曰：『夫使士卒不崩，直而不倚，撓揀而不辟者，此吴起餘教也，臣不能爲也。前脉形地之險阻，決利害之備，使三軍之士不迷惑者，巴寧、爨襄之力也。縣賞罰于前，使民昭然信之于後者，王之明法也。見敵之可也鼓之，不敢怠倦者，臣也。王特爲臣之右手不倦賞臣，何也？若以臣之有功，臣何力之有乎？』王曰：『善。』于是索吴起之後，賜之田二十萬。巴寧、爨襄田各十萬。

王曰：『公叔豈非長者哉！既爲寡人勝强敵矣，又不遺賢者之後，不揜能士之迹，公叔何可無益乎？』故又與田四十萬，加之百萬之上，使百四十萬。故《老子》曰：『聖人無積，盡以爲人，己愈有；既以與人，己愈多。』公叔當之矣。

魏公叔痤病

魏公叔痤病，惠王往問之。曰：『公叔病，即不可諱，將奈社稷何？』公叔痤對曰：『痤有御庶子公孫鞅，願王以國事聽之也。爲弗能聽，勿使出竟。』王弗應，出而謂左右曰：『豈不悲哉！以公叔之賢，而謂寡人必以國事聽鞅，不亦悖乎！』

公叔痤死，公孫鞅聞之，已葬，西之秦，孝公受而用之。秦果日以强，魏日以削。此非公叔之悖也，惠王之悖也。悖者之患，固以不悖者爲悖。

蘇子爲趙合從説魏王

蘇子爲趙合從，説魏王曰：『大王之地，南有鴻溝、陳、汝南，有許、鄢、昆陽、邵陵，舞陽、新郪；東有淮、潁、沂、黄、煑棗、海鹽、無踈；西有長城之界；北有河外、卷、衍、燕、酸棗，地方千里。地名雖小，然而廬田廡舍，曾無所芻牧牛馬之地。人民之衆，車馬之多，日夜行不休已，無以异于三軍之衆。臣竊料之，大王之國，不下于楚。然横人謀王，外交强虎狼之秦，以侵天下，卒有國患，不被其禍。夫挾强秦之勢，以内劫其主，罪無過此者。且魏，天下之强國也；大王，天下之賢主也。今乃有意西面而事秦，稱東藩，築帝宫，受冠帶，祠春秋，臣竊爲大王愧之。

『臣聞越王勾踐以散卒三千，禽夫差于干遂；武王卒三千人，革車三百乘，斬紂于牧之野。豈其士卒衆哉？誠能振其威也。今竊聞大王之卒，武力二十餘萬，蒼頭二千萬，奮擊二十萬，厮徒十萬，車六百乘，騎五千匹。此其過越王勾踐、武王遠矣！今乃劫于辟臣之説，而欲臣事秦。夫事秦必割地效質，故兵未用而國已虧矣。凡群臣之言事秦者，皆奸臣，非忠臣也。夫爲人臣，割其主之地以求外交，偷取一旦之功而不顧其後，破公家而成私門，外挾强秦之勢以内劫其主以求割地，願大王之熟察之也。

『《周書》曰：「綿綿不絶，縵縵奈何；毫毛不拔，將成斧柯。」前慮不定，後有大患，將奈之何？大王誠能聽臣。六國從親，專心并力，則必無强秦之患。故敝邑趙王使使臣獻愚計，奉明約，在大王詔之。』魏王曰：『寡人不肖，未嘗得聞明教。今主君以趙王之詔詔之，敬以國從。』

張儀爲秦連橫說魏王

張儀爲秦連橫，説魏王曰：『魏地方不至千里，卒不過三十萬人。地四平，諸侯四通，條達輻湊，無有名山大川之阻。從鄭至梁，不過百里；從陳至梁，二百餘里。馬馳人趨，不待倦而至梁。南與楚境，西與韓境，北與趙境，東與齊境，卒戍四方，守亭障者參列。粟糧漕庾，不下十萬。魏之地勢，故戰場也。魏南與楚而不與齊，則齊攻其東；東與齊而不與趙，則趙攻其北；不合于韓，則韓攻其西；不親于楚，則楚攻其南。此所謂四分五裂之道也。

『且夫諸侯之爲從者，以安社稷、尊主、强兵、顯名也。合從者，一天下、約爲兄弟、刑白馬以盟于洹水之上以相堅也。夫親昆弟，同父母，尚有争錢財。而欲恃詐僞反覆蘇秦之餘謀，其不可以成亦明矣。

『大王不事秦，秦下兵攻河外，拔卷、衍、燕、酸棗，劫衛取晋陽，則趙不南；趙不南，則魏不北；魏不北，則從道絶；從道絶，則大王之國欲求無危不可得也。秦挾韓而攻魏，韓劫于秦，不敢不聽。秦、韓爲一國，魏之亡可立而須也，此臣之所以爲大王患也。爲大王計，莫如事秦，事秦則楚、韓必不敢動；無楚、韓之患，則大王高枕而卧，國必無憂矣。

『且夫秦之所欲弱莫如楚，而能弱楚者莫若魏。楚雖有富大之名，其實空虛；其卒雖衆，多言而輕走，易北，不敢堅戰。魏之兵南面而伐，勝楚必矣。夫虧楚而益魏，攻楚而適秦，内嫁禍安國，此善事也。大王不聽臣，秦甲出而東，雖欲事秦而不可得也。

『且夫從人多奮辭而寡可信，説一諸侯之王，出而乘其車；約一國而反，成而封侯之基。是故天下之游士，莫不日夜搤腕瞋目切齒以言從之便，以説人主。人主覽其辭，牽其説，惡得無眩哉？臣聞積羽沉舟，群輕折軸，衆口鑠金，故願大王之熟計之也。』

魏王曰：『寡人蠢愚，前計失之。請稱東藩，築帝宫，受冠帶，祠春秋，效河外。』

齊魏約而伐楚

齊、魏約而伐楚，魏以董慶爲質于齊。楚攻齊，大敗之，而魏弗救。田嬰怒，將殺董慶。盱夷爲董慶謂田嬰曰：『楚攻齊，大敗之，而不敢深入者，以魏爲將內之于齊而擊其後。今殺董慶，是示楚無魏也。魏怒合于楚，齊必危矣。不如貴董慶以善魏，而疑之于楚也。』

蘇秦拘于魏

蘇秦拘于魏，欲走而之韓，魏氏閉關而不通。齊使蘇厲爲之謂魏王曰：『齊請以宋地封涇陽君，而秦不受也。夫秦非不利有齊而得宋地也，然其所以不受者，不信齊王與蘇秦也。今秦見齊、魏之不合也如此其甚也，則齊必不欺秦，而秦信齊矣。齊、秦合而涇陽君有宋地，則非魏之利也。故王不如復東蘇秦，秦必疑齊而不聽也。夫齊、秦不合，天下無憂，伐齊成，則地廣矣。』

陳軫爲秦使于齊

陳軫爲秦使于齊，過魏，求見犀首。犀首謝陳軫。陳軫曰：『軫之所以來者，事也。公不見軫，軫且行，不得待异日矣。』犀首乃見之。陳軫曰：『公惡事乎？何爲飲食而無事？無事必來。』犀首曰：『衍不肖，不能得事焉，何敢惡事？』陳軫曰：『請移天下之事于公。』犀首曰：『奈何？』陳軫曰：『魏王使李從以車百乘使于楚，公可以居其中而疑之。公謂魏王曰：「臣與燕、趙故矣，數令人召臣也，曰無事必來。今臣無事，請謁而往。無久，旬、五之期。」王必無辭以止公。公得行，因自言于廷曰：「臣急使燕、趙，急約車爲行具。」』犀首曰：『諾。』謁魏王，王許之，即明言使燕、趙。

諸侯客聞之，皆使人告其王曰：『李從以車百乘使楚，犀首又以車三十乘使燕、趙。』齊王聞之，恐後天下得魏，以事屬犀首，犀首受齊事。魏王止其行使。燕、趙聞之，亦以事屬犀首。楚王聞之，曰：『李從約寡人，今燕、齊、趙皆以事因犀首，犀首必欲寡人，寡人欲之。』乃倍李從，而以事因犀首。魏王曰：『所以不使犀首者，以爲不可。今四國屬以事，寡人亦以事因焉。』犀首遂主天下之事，復相魏。

張儀惡陳軫于魏王

張儀惡陳軫于魏王曰：『軫善事楚，爲求壤地也，甚力之。』左華謂陳軫曰：『儀善于魏王，魏王甚愛之。公雖百説之，猶不聽也。公不如儀之言爲資，而反于楚王。』陳軫曰：『善。』因使人先言于楚王。

張儀欲窮陳軫

張儀欲窮陳軫，令魏王召而相之，來將悟之。將行，其子陳應止其公之行，曰：『物之湛者，不可不察也。鄭彊出秦曰，應爲知。夫魏欲絶楚、齊，必重迎公。郢中不善公者，欲公之去也，必勸王多公之車。公至宋，道稱疾而毋行，使人謂齊王曰：「魏之所以迎我者，欲以絶齊、楚也。」』

齊王曰：『子果無之魏而見寡人也，請封子。』因以魯侯之車迎之。

張儀走之魏

張儀走之魏，魏將迎之。張丑諫于王，欲勿内，不得于王。張丑退，復諫于王曰：『王亦聞老妾事其主婦者乎？子長色衰，重家而已。今臣之事王，若老妾之事其主婦者。』魏王因不納張儀。

張儀欲以魏合于秦韓

張儀欲以魏合于秦、韓而攻齊、楚。惠施欲以魏合于齊、楚以案兵。人多爲張子于王所。惠子謂王曰：『小事也，謂可者謂不可者正半，況大事乎？以魏合于秦、韓而攻齊、楚，大事也，而王之群臣皆以爲可。不知是其可也，如是其明耶？而群臣之知術也，如是其同耶？是其可也，未如是其明也，而群臣之知術也，又非皆同也，是有其半塞也。所謂劫主者，失其半者也。』

張子儀以秦相魏

張子儀以秦相魏，齊、楚怒而欲攻魏。雍沮謂張子曰：『魏之所以相公者，以公相則國家安，而百姓無患。今公相而魏受兵，是魏計過也。齊、楚攻魏，公必危矣。』張子曰：『然則奈何？』雍沮曰：『請令齊、楚解攻。』雍沮謂齊、楚之君曰：『王亦聞張儀之約秦王乎？曰：「王若相儀于魏，齊、楚惡儀，必攻魏。魏戰而勝，是齊、楚之兵折，而儀固得魏矣；若不勝魏，魏必事秦以持其國，必割地以賂王。若欲復攻，其敝不足以應秦。」此儀之所以與秦王陰相結也。今儀相魏而攻之，是使儀之計當于秦也，非所以窮儀之道也。』齊、楚之王曰：『善。』乃遽解攻于魏。

張儀欲并相秦魏

張儀欲并相秦、魏，故謂魏王曰：『儀請以秦攻三川，王以其間約南陽，韓氏亡。』史厭謂趙獻曰：『公何不以楚佐儀求相之于魏，韓恐亡，必南走楚。儀兼相秦、魏，則公亦必并相楚、韓也。』

魏王將相張儀

魏王將相張儀，犀首弗利，故令人謂韓公叔曰：『張儀以合秦、魏矣。其言曰：「魏攻南陽，秦攻三川，韓氏必亡。」且魏王所以貴張子者，欲得地，則韓之南陽舉矣。子盍少委焉，以爲衍功，則秦、魏之交可廢矣。如此，則魏必圖秦而棄儀，收韓而相衍。』公叔以爲信，因而委之，犀首以爲功，果相魏。

楚許魏六城

楚許魏六城，與之伐齊而存燕。張儀欲敗之，謂魏王曰：『齊畏三國之合也，必反燕地以下楚，楚、趙必聽之，而不與魏六城。是王失謀于楚、趙，而樹怨而于齊、秦也。齊遂伐趙，取乘丘，收侵地，虛、頓丘危。楚破南陽九夷，内沛，許、鄢陵危。王之所得者，新觀也。而道塗宋、衛爲制，事敗爲趙驅，事成功縣宋、衛。』魏王弗聽也。

張儀告公仲

張儀告公仲，令以饑故，賞韓王以近河外。魏王懼，問張子。張子曰：『秦欲救齊，韓欲攻南陽，秦、韓合而欲攻南陽，無异也。且以遇卜王，王不遇秦，韓之卜也決矣。』魏王遂尚遇秦，信韓、廣魏、救趙，尺楚人，遽于萆下。伐齊之事遂敗。

徐州之役

徐州之役，犀首謂梁王曰：『何不陽與齊而陰結于楚？二國恃王，齊、楚必戰。齊戰勝楚，而與乘之，必取方城之外；楚戰勝齊敗，而與乘之，是太子之讎報矣。』

秦敗東周

秦敗東周，與魏戰于伊闕，殺犀武。魏令公孫衍乘勝而留于境，請卑辭割地，以講于秦。爲竇屢謂魏王曰：『臣不知衍之所以聽于秦之少多，然而臣能半衍之割，而令秦講于王。』王曰：『奈何？』對曰：『王不若與竇屢關内侯，而令趙。王重其行而厚奉之。因揚言曰：「聞周、魏令竇屢以割魏于奉陽君，而聽秦矣。」夫周君、竇屢、奉陽君之與穰侯，貿首之仇也。今行和者，竇屢也；制割者，奉陽君也。太后恐其不因穰侯也，而欲敗之，必以少割請合于王，而和于東周與魏也。』

齊王將見燕趙楚之相于衛

齊王將見燕、趙、楚之相于衛，約外魏。魏王懼，恐其謀伐魏也，告公孫衍。公孫衍曰：『王與臣百金，臣請敗之。』王爲約車，載百金。犀首期齊王至之曰，先以車五十乘至衛間齊，行以百金，以請先見齊王，乃得見。因久坐安，從容談三國之相怨。

謂齊王曰：『王與三國約外魏，魏使公孫衍來，今久與之談，是王謀三國也。』齊王曰：『魏王聞寡人來，使公孫子勞寡人，寡人無與之語也。』三國之不相信齊王之遇，遇事遂敗。

魏令公孫衍請和于秦

魏令公孫衍請和于秦，綦母恢教之語曰：『無多割。曰：「和成，固有秦重和，以與王遇；和不成，則後必莫能以魏合于秦者矣。」』

公孫衍爲魏將

公孫衍爲魏將，與其相田繻不善。季子爲衍謂梁王曰：『王獨不見夫服牛驂驥乎？不可以行百步。今王以衍爲可使將，故用之也；而聽相之計，是服牛驂驥也。牛馬俱死，而不能成其功，王之國必傷矣！願王察之。』

卷二十三　魏二

犀首田盼欲得齊魏之兵以伐趙

犀首、田盼欲得齊、魏之兵以伐趙，梁君與田侯不欲。犀首曰：『請國出五萬人，不過五月而趙破。』田盼曰：『夫輕用其兵者，其國易危；易用其計者，其身易窮。公今言破趙大易，恐有後咎。』犀首曰：『公之不慧也。夫二君者，國已不欲矣。今公又言有難以懼之，是趙不伐，而二士之謀困也。且公直言易，而事已去矣。夫難構而兵結，田侯、梁君見其危，又安敢釋卒不我予乎？』田盼曰：『善。』遂勸兩君聽犀首。犀首、田盼遂得齊、魏之兵。兵未出境，梁君、田侯恐其至而戰敗也，悉起兵從之，大敗趙氏。

犀首見梁君

犀首見梁君曰：『臣盡力竭知，欲以爲王廣土取尊名，田需從中敗君，王又聽之，是臣終無成功也。需亡，臣將侍；需侍，臣請亡。』王曰：『需，寡人之股掌之臣也。爲子之不便也，殺之亡之，毋謂天下何，内之無若群臣何也！今吾爲子外之，令毋敢入子之事。入子之事者，吾爲子殺之亡之，胡如？』犀首許諾。于是東見田嬰，與之約結；召文子而相之魏，身相于韓。

蘇代爲田需説魏王

蘇代爲田需説魏王曰：『臣請問文之爲魏，孰與其爲齊也？』王曰：『不如其爲齊也。』『衍之爲魏，孰與其爲韓也？』王曰：『不如其爲韓也。』而蘇代曰：『衍將右韓而左魏，文將右齊而左魏。二人者，將用王之國，舉事欲世，中道而不可，王且無所聞之矣。王之國雖滲樂而從之可也。王不如舍需于側，以稽二人者之所爲。二人者曰：「需非吾人也，吾舉事而不利于魏，需必挫我于王。」二人者必不敢有外心矣。二人者之所爲之，利于魏與不利于魏，王厝需于側以稽之，臣以爲身利而便于事。』王曰：『善。』果厝需于側。

史舉非犀首于王

史舉非犀首于王。犀首欲窮之，謂張儀曰：『請令王讓先生以國，王爲堯、舜矣；而先生弗受，亦許由也。衍請因令王致萬户邑于先生。』張儀説，因令史舉數見犀首，王聞之而弗任也，史舉不辭而去。

楚王攻梁南

楚王攻梁南，韓氏因圍蔷。成恢爲犀首謂韓王曰：『疾攻蔷，楚師必進矣。魏不能支，交臂而聽楚，韓氏必危，故王不如釋蔷。魏無韓患，必與楚戰，戰而不勝，大梁不能守，而又况存蔷乎？若戰而勝，兵罷敝，大王之攻蔷易矣。』

魏惠王死

魏惠王死，葬有日矣。天大雨雪，至于牛目，壞城郭，且爲棧道而葬。群臣多諫太子者，曰：『雪甚如此而喪行，民必甚病之。官費又恐不給，請弛期更日。』

太子曰：『爲人子，而以民勞與官費用之故，而不行先王之喪，不義也。子勿復言。』

群臣皆不敢言，而以告犀首。犀首曰：『吾未有以言之也，是其唯惠公乎！請告惠公。』

惠公曰：『諾。』駕而見太子曰：『葬有日矣。』太子曰：『然。』惠公曰：『昔王季歷葬于楚山之尾，欒水齧其墓，見棺之前和。文王曰：「嘻！先君必欲一見群臣百姓也夫，故使欒水見之。」于是出而爲之張于朝，百姓皆見之，三日而後更葬。此文王之義也。今葬有日矣，而雪甚，及牛目，難以行，太子爲及日之故，得毋嫌于欲亟葬乎？願太子更日。先王必欲少留而扶社稷、安黔首也，故使雪甚。因弛期而更爲日，此文王之義也。若此而弗爲，意者羞法文王乎？』太子曰：『甚善。敬弛期，更擇日。』

惠子非徒行其說也，又令魏太子未葬其先王而因又說文王之義。說文王之義以示天下，豈小功也哉！

五國伐秦

五國伐秦，無功而還。其後，齊欲伐宋，而秦禁之。齊令宋郭之秦，請合而以伐宋。秦王許之。魏王畏齊、秦之合也，欲講于秦。

謂魏王曰：『秦王謂宋郭曰：「分宋之城，服宋之强者，六國也。乘宋之敝，而與王争得者，楚、魏也。請爲王毋禁楚之伐魏也，而王獨舉宋。王之伐宋也，請剛柔而皆用之。如宋者，欺之不爲逆者，殺之不爲讎者也。王無與之講以取地，既已得地矣，又以力攻之，期于啗宋而已矣。」

『臣聞此言，而竊爲王悲，秦必且用此于王矣。又必且曰王以求地，既已得地，又且以力攻王。又必謂王曰使王輕齊，齊、魏之交已醜，又且收齊以更索于王。秦嘗用此于楚矣，又嘗用此于韓矣，願王之深計之也。秦善魏不可知也已。故爲王計，太上伐秦，其次賓秦，其次堅約而詳講，與國無相離也。秦、齊合，國不可爲也已。王其聽臣也，必無與講。

『秦權重魏，魏再明孰，是故又爲足下傷秦者，不敢顯也。天下可令伐秦，則陰勸而弗敢圖也。見天下之傷秦也，則先鬻與國而以自解也。天下可令賓秦，則爲劫于與國而不得已者。天下不可，則先去而以秦爲上交以自重也。如是人者，鬻王以爲資者也，而焉能免國于患？免國于患者，必窮三節，而行其上。上不可，則行其中；中不可，則行其下；下不可，則明不與秦。而生以殘秦，使秦皆無百怨百利，唯己之曾安。令足下鬻之以合于秦，是免國于患者之計也。臣何足以當之？雖然，願足下之論臣之計也。

『燕，齊讎國也；秦，兄弟之交也。合讎國以伐婚姻，臣爲之苦矣。黄帝戰于涿鹿之野，而西戎之兵不至；禹攻三苗，而東夷之民不起。以燕伐秦，黄帝之所難也，而臣以致燕甲而起齊兵矣。

『臣又偏事三晋之吏，奉陽君、孟嘗君、韓呡、周最、周、韓餘爲徒從而下之，恐其伐秦之疑也。又身自醜于秦，扮之請焚天下之秦符者，臣也；次傳焚符之約者，臣也；欲使五國約閉秦關者，臣也。奉陽君、韓餘爲既和矣，蘇脩、朱嬰既皆陰在邯鄲，臣又説齊王而往敗之。天下共講，因使蘇脩游天下之語，而以齊爲上交，兵請伐魏，臣又争之以死。而果西因蘇脩重報。臣非不知秦勸之重也，然而所以爲之者，爲足下也。』

魏文子田需周宵相善

魏文子、田需、周宵相善，欲罪犀首。犀首患之，謂魏王曰：『今所患者，齊也。嬰子言行于齊王，王欲得齊，則胡不召文子而相之？彼必務以齊事王。』王曰：『善。』因召文子而相之。犀首以倍田需、周宵。

魏王令惠施之楚

魏王令惠施之楚，令犀首之齊。鈞二子者，乘數鈞，將測交也。楚王聞之，施因令人先之楚，言曰：『魏王令犀首之齊，惠施之楚，鈞二子者，將測交也。』楚王聞之，因郊迎惠施。

魏惠王起境内衆

魏惠王起境内衆，將太子申而攻齊。客謂公子理之傳曰：『何不令公子泣王太后，止太子之行？事成則樹德，不成則爲王矣。太子年少，不習于兵。田盼宿將也，而孫子善用兵，戰必不勝，不勝必禽。公子争之于王，王聽公子，公子不封；不聽公子，太子必敗；敗，公子必立；立，必爲王也。』

齊魏戰于馬陵

齊、魏戰于馬陵，齊大勝魏，殺太子申，覆十萬之軍。魏王召惠施而告之曰：『夫齊，寡人之讎也，怨之至死不忘。國雖小，吾常欲悉起兵而攻之，何如？』對曰：『不可。臣聞之，王者得度，而霸者知計。今王所以告臣者，疏于度而遠于計。王固先屬怨于趙，而後與齊戰。今戰不勝，國無守戰之備，王又欲悉起而攻齊，此非臣之所謂也。王若欲報齊乎，則不如因變服折節而朝齊，楚王必怒矣。王游人而合其鬭，則楚必伐齊。以休楚而伐罷齊，則必爲楚禽矣。是王以楚毁齊也。』魏王曰：『善。』

乃使人報于齊，願臣畜而朝。

田嬰許諾。張丑曰：『不可。戰不勝魏，而得朝禮，與魏和而下楚，此可以大勝也。今戰勝魏，覆十萬之軍，而禽太子申；臣萬乘之魏，而卑秦、楚，此其暴于戾定矣。且楚王之爲人也，好用兵而甚務名，終爲齊患者，必楚也。』田嬰不聽，遂内魏王，而與之并朝齊侯再三。

趙氏醜之。楚王怒，自將而伐齊，趙應之，大敗齊于徐州。

惠施爲韓魏交

惠施爲韓、魏交，令太子鳴爲質于齊。王欲見之，朱倉謂王曰：『何不稱病？臣請説嬰子曰：「魏王之年長矣，今有疾，公不如歸太子以德之。不然，公子高在楚，楚將内而立之，是齊抱空質行不義也。」』

田需貴于魏王

田需貴于魏王，惠子曰：『子必善左右。今夫楊，横樹之則生，倒樹之則生，折而樹之又生。然使十人樹楊，一人拔之，則無生楊矣。故以十人之衆，樹易生之物，然而不勝一人者，何也？樹之難而去之易也。今子雖自樹于王，而欲去子者衆，則子必危矣。』

田需死

田需死。昭魚謂蘇代曰：『田需死，吾恐張儀、薛公、犀首之有一人相魏者。』代曰：『然則相者以誰而君便之也？』昭魚曰：『吾欲太子之自相也。』代曰：『請爲君北見梁王，必相之矣。』昭魚曰：『奈何？』代曰：『君其爲梁王，代請説君。』昭魚曰：『奈何？』對曰：『代也從楚來，昭魚甚憂。代曰：「君何憂？」曰：「田需死，吾恐張儀、薛公、犀首有一人相魏者。」代曰：「勿憂也。梁王，長主也，必不相張儀。張儀相魏，必右秦而左魏。薛公相魏，必右齊而左魏。犀首相魏，必右韓而左魏。梁王，長主也，必不使相也。」代曰：「莫如太子之自相。是三人皆以太子爲非固相也，皆將務以其國事魏，而欲丞相之璽。以魏之强，而持三萬乘之國輔之，魏必安矣。故曰，不如太子之自相也。」』遂北見梁王，以此語告之，太子果自相。

秦召魏相信安君

秦召魏相信安君，信安君不欲往。蘇代爲説秦王曰：『臣聞之，忠不必當，當必不忠。今臣願大王陳臣之愚意，恐其不忠于下吏，自使有要領之罪。願大王察之。今大王令人執事于魏，以完其交，臣恐魏交之益疑也。將以塞趙也，臣又恐趙之益勁也。夫魏王之愛習魏信也，甚矣。其智能而任用之也，厚矣；其畏惡嚴尊秦也，明矣。今王之使人入魏而不用，則王之使人入魏無益也。若用，魏必舍所愛習而用所畏惡，此魏王之所以不安也。夫舍萬乘之事而退，此魏信之所難行也。夫令人之君處所不安，令人之相行所不能，以此爲親，則難久矣。臣故恐魏交之益疑也。且魏信舍事，則趙之謀者必曰：「舍于秦，秦必令其所愛信者用趙。」是趙存而我亡也，趙安而我危也。則上有野戰之氣，下有堅守之心，臣故恐趙之益勁也。

『大王欲完魏之交，而使趙小心乎？不如用魏信而尊之以名。魏信事王，國安而名尊；離王，國危而權輕。然則魏信之事主也，上所以爲其主者忠矣，下所以自爲者厚矣，彼其事王必完矣。趙之用事者必曰：「魏氏之名族不高于我，土地之實不厚于我。魏信以韓、魏事秦，秦甚善之，國得安焉，身取尊焉。今我講難于秦兵爲招質，國處削危之形，非得計也。結怨于外，主患于中，身處死亡之地，非完事也。」彼將傷其前事，而悔其過行，冀其利，必多割地以深下王。則是大王垂拱之割地以爲利重，堯、舜之所求而不能得也。臣願大王察之。』

秦楚攻魏圍皮氏

秦、楚攻魏，圍皮氏。爲魏謂楚王曰：『秦、楚勝魏，魏王之恐也見亡矣，必舍于秦，王何不倍秦而與魏王？魏王喜，必内太子。秦恐失楚，必效城地于王，王雖復與之攻魏可也。』楚王曰：『善。』乃倍秦而與魏。魏内太子于楚。

秦恐，許楚城地，欲與之復攻魏。樗里疾怒，欲與魏攻楚，恐魏之以太子在楚不肯也，爲疾謂楚王曰：『外臣疾使臣謁之，曰：「敝邑之王欲效城地，而爲魏太子之尚在楚也，是以未敢。王出魏質，臣請效之，而復固秦、楚之交，以疾攻魏。」』楚王曰：『諾。』乃出魏太子。秦因合魏以攻楚。

龐葱與太子質于邯鄲

龐葱與太子質于邯鄲，謂魏王曰：『今一人言市有虎，王信之乎？』王曰：『否。』『二人言市有虎，王信之乎？』王曰：『寡人疑之矣。』『三人言市有虎，王信之乎？』王曰：『寡人信之矣。』龐葱曰：『夫市之無虎明矣，然而三人言而成虎。今邯鄲去大梁也遠于市，而議臣者過于三人矣。願王察之矣。』王曰：『寡人自爲知。』于是辭行，而讒言先至。後太子罷質，果不得見。

梁王魏嬰觴諸侯于范臺

梁王魏嬰觴諸侯于范臺。酒酣，請魯君舉觴。魯君興，避席擇言曰：『昔者，帝女令儀狄作酒而美，進之禹，禹飲而甘之，遂疏儀狄，絶旨酒，曰：「後世必有以酒亡其國者。」齊桓公夜半不嗛，易牙乃煎敖燔炙，和調五味而進之，桓公食之而飽，至旦不覺，曰：「後世必有以味亡其國者。」晉文公得南之威，三日不聽朝，遂推南之威而遠之，曰：「後世必有以色亡其國者。」楚王登強臺而望崩山，左江而右湖，以臨彷徨，其樂忘死，遂盟強臺而弗登，曰：「後世必有以高臺陂池亡其國者。」今主君之尊，儀狄之酒也；主君之味，易牙之調也；左白台而右閭須，南威之美也；前夾林而後蘭臺，強臺之樂也。有一于此，足以亡其國。今主君兼此四者，可無戒與！』梁王稱善相屬。

卷二十四　魏三

秦趙約而伐魏

秦、趙約而伐魏，魏王患之。芒卯曰：『王勿憂也。臣請發張倚使謂趙王曰，夫鄴，寡人固刑弗有也。今大王收秦而攻魏，寡人請以鄴事大王。』趙王喜，召相國而命之曰：『魏王請以鄴事寡人，使寡人絶秦。』相國曰：『收秦攻魏，利不過鄴。今不用兵而得鄴，請許魏。』

張倚因謂趙王曰：『敝邑之吏效城者，已在鄴矣。大王且何以報魏？』趙王因令閉關絶秦。秦、趙大惡。

芒卯應趙使曰：『敝邑所以事大王者，爲完鄴也。今郊鄴者，使者之罪也，卯不知也。』趙王恐魏承秦之怒，遽割五城以合于魏而支秦。

芒卯謂秦王

芒卯謂秦王曰：『王之士未有爲之中者也。臣聞明王不胥中而行。王之所欲于魏者，長羊、王屋、洛林之地也。王能使臣爲魏之司徒，則臣能使魏獻之。』秦王曰：『善。』因任之以爲魏之司徒。

謂魏王曰：『王所患者上地也。秦之所欲于魏者，長羊、王屋、洛林之地也。王獻之秦，則上地無憂患。因請以下兵東擊齊，攘地必遠矣。』魏王曰：『善。』因獻之秦。

地入數月，而秦兵不下。魏王謂芒卯曰：『地已入數月，而秦兵不下，何也？』芒卯曰：『臣有死罪。雖然，臣死，則契折于秦，王無以責秦。王因赦其罪，臣爲王責約于秦。』

乃之秦，謂秦王曰：『魏之所以獻長羊、王屋、洛林之地者，有意欲以下大王之兵東擊齊也。今地已入，而秦兵不可下，臣則死人也。雖然，後山東之士，無以利事王者矣。』秦王懼然曰：『國有事，未澹下兵也，今以兵從。』後十日，秦兵下。

芒卯并將秦、魏之兵，以東擊齊，啓地二十二縣。

秦敗魏于華走芒卯而圍大梁

秦敗魏于華，走芒卯而圍大梁。須賈爲魏謂穰侯曰：『臣聞魏氏大臣父兄皆謂魏王曰：「初時惠王伐趙，戰勝乎三梁，十萬之軍拔邯鄲，趙氏不割，而邯鄲復歸。齊人攻燕，殺子之，破故國，燕不割，而燕國復歸。燕、趙之所以國全兵勁，而地不并乎諸侯者，以其能忍難而重出地也。宋、中山數伐數割，而隨以亡。臣以爲燕、趙可法，而宋、中山可無爲也。夫秦貪戾之國而無親，蠶食魏，盡晋國，戰勝睪子，割八縣，地未畢入而兵復出矣。夫秦何厭之有哉！今又走芒卯，入北地，此非但攻梁也，且劫王以多割也，王必勿聽也。今王循楚、趙而講，楚、趙怒而與王争事秦，秦必受之。秦挾楚、趙之兵以復攻，則國救亡不可得也已。願王之必無講也。王若欲講，必少割而有質，不然必欺。」是臣之所聞于魏也，願君之以是慮事也。

『《周書》曰：「維命不于常。」此言幸之不可數也。夫戰勝睪子，而割八縣，此非兵力之精，非計之工也，天幸爲多矣。今又走芒卯，入北地，以攻大梁，是以天幸自爲常也。知者不然。

『臣聞魏氏悉其百縣勝兵，以止戍大梁，臣以爲不下三十萬。以三十萬之衆，守十仞之城，臣以爲雖湯、武復生，弗易攻也。夫輕信楚、趙之兵，陵十仞之城，戴三十萬之衆，而志必舉之，臣以爲自天下之始分以至于今，未嘗有之也。攻而不能拔，秦兵必罷，陰必亡，則前功必棄矣。今魏方疑，可以少割收也。願之及楚、趙之兵未任于大梁也，亟以少割收。魏方疑，而得以少割爲和，必欲之，則君得所欲矣。楚、趙怒于魏之先己講也，必争事秦。從是以散，而君後擇焉。且君之嘗割晉國取地也，何必以兵哉？夫兵不用，而魏效絳、安邑，又爲陰啓兩機，盡故宋，衛效尤憚。秦兵已令，而君制之，何求而不得？何爲而不成？臣願君之熟計而無行危也。』

穰侯曰：『善。』乃罷梁圍。

秦敗魏于華魏王且入朝于秦

秦敗魏于華，魏王且入朝于秦。周訢謂王曰：『宋人有學者，三年反而名其母。其母曰：「子學三年，反而名我者，何也？」其子曰：「吾所賢者，無過堯、舜，堯舜名。吾所大者，無大天地，天地名。今母賢不過堯、舜，母大不過天地，是以名母也。」其母曰：「子之于學者，將盡行之乎？願子之有以易名母也。子之于學也，將有所不行乎？願子之且以名母爲後也。」今王之事秦，尚有可以易入朝者乎？願王之有以易之，而以入朝爲後。』魏王曰：『子患寡人入而不出邪？許綰爲我祝曰：「入而不出，請殉寡人以頭。」』周訢對曰：『如臣之賤也，今人有謂臣曰，入不測之淵而必出，不出，請以一鼠首爲女殉者，臣必不爲也。今秦不可知之國也，猶不測之淵也；而許綰之首，猶鼠首也。內王于不可知之秦，而殉王以鼠首，臣竊爲王不取也。且無梁孰與無河內急？』王曰：『梁急。』『無梁孰與無身急？』王曰：『身急。』曰：『以三者，身，上也；河內，其下也。秦未索其下，而王效其上，可乎？』

王尚未聽也。支期曰：『王視楚王。楚王入秦，王以三乘先之；楚王不入，楚、魏爲一，尚足以捍秦。』王乃止。王謂支期曰：『吾始已諾于應侯矣，今不行者欺之矣。』支期曰：『王勿憂也。臣使長信侯請無内王，王待臣也。』

支期説于長信侯曰：『王命召相國。』長信侯曰：『王何以臣爲？』支期曰：『臣不知也，王急召君。』長信侯曰：『吾内王于秦者，寧以爲秦邪？吾以爲魏也。』支期曰：『君無爲魏計，君其自爲計。且安死乎？安生乎？安窮乎？安貴乎？君其先自爲計，後爲魏計。』長信侯曰：『樓公將入矣，臣今從。』支期曰：『王急召君，君不行，血濺君襟矣！』

長信侯行，支期隨其後。且見王，支期先入謂王曰：『僞病者乎而見之，臣已恐之矣。』長信侯入見王，王曰：『病甚奈何！吾始已諾于應侯矣，意雖道死，行乎？』長信侯曰：『王毋行矣！臣能得之于應侯，願王無憂。』

華軍之戰

華軍之戰，魏不勝秦。明年，將使段干崇割地而講。

孫臣謂魏王曰：『魏不以敗之上割，可謂善用不勝矣；而秦不以勝之上割，可謂不能用勝矣。今處期年乃欲割，是群臣之私而王不知也。且夫欲璽者，段干子也，王因使之割地；欲地者，秦也，而王因使之受璽。夫欲璽者制地，而欲地者制璽，其勢必無魏矣。且夫奸臣固皆欲以地事秦。以地事秦，譬猶抱薪而救火也。薪不盡，則火不止。今王之地有盡，而秦之求無窮，是薪火之説也。』

魏王曰：『善。雖然，吾已許秦矣，不可以革也。』對曰：『王獨不見夫博者之用梟邪？欲食則食，欲握則握。今君劫于群臣而許秦，因曰不可革，何用智之不若梟也？』魏王曰：『善。』乃案其行。

齊欲伐魏

齊欲伐魏，魏使人謂淳于髡曰：『齊欲伐魏，能解魏患，唯先生也。敝邑有寶璧二雙，文馬二駟，請致之先生。』淳于髡曰：『諾。』入説齊王曰：『楚，齊之仇敵也；魏，齊之與國也。夫伐與國，使仇敵制其餘敝，名醜而實危，爲王弗取也。』

齊王曰：『善。』乃不伐魏。

客謂齊王曰：『淳于髡言不伐魏者，受魏之璧、馬也。』王以謂淳于髡曰：『聞先生受魏之璧、馬，有諸？』曰：『有之。』『然則先生之爲寡人計之何如？』淳于髡曰：『伐魏之事不便，魏雖刺髡，于王何益？若誠不便，魏雖封髡，于王何損？且夫王無伐與國之誹，魏無見亡之危，百姓無被兵之患，髡有璧、馬之寶，于王何傷乎？』

秦將伐魏

秦將伐魏。魏王聞之，夜見孟嘗君，告之曰：『秦且攻魏，子爲寡人謀，奈何？』孟嘗君曰：『有諸侯之救，則國可存也。』王曰：『寡人願子之行也。』重爲之約車百乘。

孟嘗君之趙，謂趙王曰：『文願借兵以救魏。』趙王曰：『寡人不能。』孟嘗君曰：『夫敢借兵者，以忠王也。』王曰：『可得聞乎？』孟嘗君曰：『夫趙之兵，非能强于魏之兵；魏之兵，非能弱于趙也。然而趙之地不歲危，而民不歲死；而魏之地歲危，而民歲死者，何也？以其西爲趙蔽也。今趙不救魏，魏歃盟于秦，是趙與强秦爲界也，地亦且歲危，民亦且歲死矣。此文之所以忠于大王也。』趙王許諾，爲起兵十萬，車三百乘。

又北見燕王曰：『先日公子常約兩王之交矣。今秦且攻魏，願大王之救之。』燕王曰：『吾歲不熟二年矣，今又行數千里而以助魏，且奈何？』田文曰：『夫行數千里而救人者，此國之利也。今魏王出國門而望見軍，雖欲行數千里而助人，可得乎？』燕王尚未許也。田文曰：『臣效便計于王，王不用臣之忠計，文請行矣。恐天下之將有大變也。』王曰：『大變可得聞乎？』曰：『秦攻魏未能克之也，而臺已燔，游已奪矣。而燕不救魏，魏王折節割地，以國之半與秦，秦必去矣。秦已去魏，魏王悉韓、魏之兵，又西借秦兵，以因趙之衆，以四國攻燕，王且何利？利行數千里而助人乎？利出燕南門而望見軍乎？則道里近而輸又易矣，王何利？』燕王曰：『子行矣，寡人聽子。』乃爲之起兵八萬，車二百乘，以從田文。

魏王大説，曰：『君得燕、趙之兵甚衆且亟矣。』秦王大恐，割地請講于魏。

因歸燕、趙之兵，而封田文。

魏將與秦攻韓

魏將與秦攻韓，朱己謂魏王曰：『秦與戎、翟同俗，有虎狼之心，貪戾好利而無信，不識禮義德行。苟有利焉，不顧親戚兄弟，若禽獸耳。此天下之所同知也，非所施厚積德也。故太后母也，而以憂死；穰侯舅也，功莫大焉，而竟逐之；兩弟無罪，而再奪之國。此于其親戚兄弟若此，而又況于仇讎之敵國也。

『今大王與秦伐韓而益近秦，臣甚或之，而王弗識也，則不明矣。群臣知之，而莫以此諫，則不忠矣。今夫韓氏以一女子承一弱主，內有大亂，外安能支强秦、魏之兵，王以爲不破乎？韓亡，秦盡有鄭地，與大梁鄰，王以爲安乎？王欲得故地，而今負强秦之禍也，王以爲利乎？

『秦非無事之國也，韓亡之後，必且便事；便事，必就易與利；就易與利，必不伐楚與趙矣。是何也？夫越山逾河，絶韓之上黨而攻强趙，則是復閼與之事也，秦必不爲也。若道河内，倍鄴、朝歌，絶漳、滏之水，而以與趙兵決勝于邯鄲之郊，是受智伯之禍也。秦又不敢。伐楚，道涉而谷行三十里，而攻危隘之塞，所行者甚遠，而所攻者甚難，秦又弗爲也。若道河外，背大梁，而右上蔡、召陵，以與楚兵決于陳郊，秦又不敢也。故曰，秦必不伐楚與趙矣，又不攻衛與齊矣。韓亡之後，兵出之日，非魏無攻矣。

『秦故有懷地刑丘、之城、垝津，而以之臨河内，河内之共、汲莫不危矣。秦有鄭地，得垣雍，決熒澤，而水大梁，大梁必亡矣。王之使者大過矣，乃惡安陵氏于秦，秦之欲許之久矣。然而秦之葉陽、昆陽與舞陽、高陵鄰，聽使者之惡也，隨安陵氏而欲亡之。秦繞舞陽之北，以東臨許，則南國必危矣。南國雖無危，則魏國豈得安哉?且夫憎韓不受安陵氏可也，夫不患秦之不愛南國非也。

『异日者，秦乃在河西，晉國之去梁也，千里有餘，河山以蘭之，有周、韓而間之。從林軍以至于今，秦十攻魏，五入國中，邊城盡拔。文臺墮，垂都焚，林木伐，麋鹿盡，而國繼以圍。又長驅梁北，東至陶、衛之郊，北至乎闞，所亡乎秦者，山北、河外、河内，大縣數百，名都數十。秦乃在河西，晋國之去大梁也尚千里，而禍若是矣。又況于使秦無韓而有鄭地，無河山以蘭之，無周、韓以間之，去大梁百里，禍必百此矣。异日者，從之不成矣，楚、魏疑而韓不可得而約也。今韓受兵三年矣，秦撓之以講，韓知亡，猶弗聽，投質于趙，而請爲天下雁行頓刃。以臣之觀之，則楚、趙必與之攻矣。此何也？則皆知秦之無窮也，非盡亡天下之兵，而臣海内之民，必不休矣。是故臣願以從事乎王，王速受楚、趙之約，而挾韓、魏之質，以存韓爲務，因求故地于韓，韓必效之。如此則士民不勞而故地得，其功多于與秦共伐韓，然而無與强秦鄰之禍。

『夫存韓安魏而利天下，此亦王之大時已。通韓之上黨于共、莫，使道已通，因而關之，出入者賦之，是魏重質韓以其上黨也。共有其賦，足以富國，韓必德魏、愛魏、重魏、畏魏，韓必不敢反魏。韓是魏之縣也。魏得韓以爲縣，則衛、大梁、河外必安矣。今不存韓，則二周必危，安陵必易。楚、趙楚大破，衛、齊甚畏，天下之西鄉而馳秦，入朝爲臣之日不久。』

葉陽君約魏

葉陽君約魏，魏王將封其子，謂魏王曰：『王嘗身濟漳，朝邯鄲，抱葛、薜、陰、成以爲趙養邑，而趙無爲王有也。王能又封其子問陽姑衣乎？臣爲王不取也。』魏王乃止。

秦使趙攻魏

秦使趙攻魏，魏謂趙王曰：『攻魏者，亡趙之始也。昔者，晋人欲亡虞而伐虢，伐虢者，亡虞之始也。故荀息以馬與璧假道于虞，宫之奇諫而不聽，卒假晋道。晋人伐虢，反而取虞。故《春秋》書之，以罪虞公。今國莫强于趙，而并齊、秦，王賢而有聲者相之，所以爲腹心之疾者，趙也。魏者，趙之虢也；趙者，魏之虞也。聽秦而攻魏者，虞之爲也。願王之熟計之也。』

魏太子在楚

魏太子在楚。謂樓子于鄢陵曰：『公必且待齊、楚之合也，以救皮氏。今齊、楚之理，必不合矣。彼翟子之所惡于國者，無公矣。其人皆欲合齊、秦外楚以輕公，公必謂齊王曰：「魏之受兵，非秦實首伐之也，楚惡魏之事王也，故勸秦攻魏。」齊王故欲伐楚，而又怒其不己善也，必令魏以地聽秦而爲和。以張子之强，有秦、韓之重，齊王惡之，而魏王不敢據也。今以齊、秦之重，外楚以輕公，臣爲公患之。鈞之出地，以爲和于秦也，豈若由楚乎？秦疾攻楚，楚還兵，魏王必懼，公因寄汾北以予秦而爲和，合親以孤齊，秦、楚重公，公必爲相矣。臣意秦王與樗里疾之欲之也，臣請爲公說之。』

乃請樗里子曰：『攻皮氏，此王之首事也，而不能拔，天下且以此輕秦。且有皮氏，于以攻韓、魏，利也。』樗里子曰：『吾已合魏矣，無所用之。』對曰：『臣願以鄙心意公，公無以爲罪。有皮氏，國之大利也，而以與魏，公終自以爲不能守也，故以與魏。今公之力有餘守之，何故而弗有也？』樗里子曰：『奈何？』曰：『魏王之所恃者，齊、楚也；所用者，樓廪、翟强也。今齊王謂魏王曰：「欲講攻于齊王兵之辭也，是弗救矣。」楚王怒于魏之不用樓子，而使翟强爲和也，怨顔已絶之矣。魏王之懼也見亡，翟强欲合齊、秦外楚，以輕樓廪；樓廪欲合秦、楚外齊，以輕翟强。公不如按魏之和，使人謂樓子曰：「子能以汾北與我乎？請合于楚外齊，以重公也，此吾事也。」樓子與楚王必疾矣。又謂翟子：「子能以汾北與我乎？必爲合于齊外于楚，以重公也。」翟强與齊王必疾矣。是公外得齊、楚以爲用，内得樓廪、翟强以爲佐，何故不能有地于河東乎？』

卷二十五　魏四

獻書秦王

闕文獻書秦王曰：『昔竊聞大王之謀出事于梁，謀恐不出于計矣，願大王之熟計之也。梁者，山東之要也。有虵于此，擊其尾，其首救；擊其首，其尾救；擊其中身，首尾皆救。今梁王，天下之中身也。秦攻梁者，是示天下要斷山東之脊也，是山東首尾皆救中身之時也。山東見亡必恐，恐必大合，山東尚强，臣見秦之必大憂可立而待也。臣竊爲大王計，不如南出。事于南方，其兵弱，天下必能救，地可廣大，國可富，兵可强，主可尊。王不聞湯之伐桀乎？試之弱密須氏以爲武教，得密須氏而湯之服桀矣。今秦國與山東爲讎，不先以弱爲武教，兵必大挫，國必大憂。』秦果南攻藍田、鄢、郢。

八年謂魏王

八年，闕文謂魏王曰：『昔曹恃齊而輕晋，齊伐釐、莒而晋人亡曹。繒恃齊以悍越，齊和子亂而越人亡繒。鄭恃魏以輕韓，伐榆關而韓氏亡鄭。原恃秦、翟以輕晋，秦、翟年穀大凶而晋人亡原。中山恃齊、魏以輕趙，齊、魏伐楚而趙亡中山。此五國所以亡者，皆其所恃也。非獨此五國爲然而已也，天下之亡國皆然矣。夫國之所以不可恃者多，其變不可勝數也。或以政教不脩，上下不輯，而不可恃者；或有諸侯鄰國之虞，而不可恃者；或以年穀不登，稸積竭盡，而不可恃者；或化于利，比于患。臣以此知國之不可必恃也。今王恃楚之强，而信春申君之言，以是質秦，而久不可知。即春申君有變，是王獨受秦患也。即王有萬乘之國，而以一人之心爲命也。臣以此爲不完，願王之熟計之也。』

魏王問張旄

魏王問張旄曰：『吾欲與秦攻韓，何如？』張旄對曰：『韓且坐而胥亡乎？且割而從天下乎？』王曰：『韓且割而從天下。』張旄曰：『韓怨魏乎？怨秦乎？』王曰：『怨魏。』張旄曰：『韓强秦乎？强魏乎？』王曰：『强秦。』張旄曰：『韓且割而從其所强，與所不怨乎？且割而從其所不强，與其所怨乎？』王曰：『韓將割而從其所强，與其所不怨。』張旄曰：『攻韓之事，王自知矣。』

客謂司馬食其

客謂司馬食其曰：『慮久以天下爲可一者，是不知天下者也。欲獨以魏支秦者，是又不知魏者也。謂茲公不知此兩者，又不知茲公者也。然而茲公爲從，其説何也？從則茲公重，不從則茲公輕，茲公之處重也，不實爲期。子何不疾及三國方堅也，自賣于秦，秦必受子。不然，横者將圖子以合于秦，是取子之資，而以資子之讎也。』

魏秦伐楚

魏、秦伐楚，魏王不欲。樓緩謂魏王曰：『王不與秦攻楚，楚且與秦攻王。王不如令秦、楚戰，王交制之也。』

穰侯攻大梁

穰侯攻大梁，乘北郢，魏王且從。謂穰侯曰：『君攻楚得宛、穰以廣陶，攻齊得剛、博以廣陶，得許、鄢陵以廣陶，秦王不問者，何也？以大梁之未亡也。今日大梁亡，許、鄢陵必議，議則君必窮。爲君計者，勿攻便。』

白珪謂新城君

白珪謂新城君曰：『夜行者能無爲奸，不能禁狗使無吠己也。故臣能無議君于王，不能禁人議臣于君也。』

秦攻韓之管

秦攻韓之管，魏王發兵救之。昭忌曰：『夫秦强國也，而韓、魏壤梁，不出攻則已，若出攻，非于韓也必魏也。今幸而于韓，此魏之福也。王若救之，夫解攻者，必韓之管也；致攻者，必魏之梁也。』魏王不聽，曰：『若不因救韓，韓怨魏，西合于黔，秦、韓爲一，則魏危。』遂救之。

秦果釋管而攻魏。魏王大恐，謂昭忌曰：『不用子之計而禍至，爲之奈何？』昭忌乃爲之見秦王曰：『臣聞明主之聽也，不以挾私爲政，是參行也。願大王無攻魏，聽臣也。』秦王曰：『何也？』昭忌曰：『山東之從，時合時離，何也哉？』秦王曰：『不識也。』曰：『天下之合也，以王之不必也；其離也，以王之必也。今攻韓之管，國危矣，未卒而移兵于梁，合天下之從，無精于此者矣。以爲秦之求索，必不可支也。故爲王計者，不如齊趙。秦已制趙，則燕不敢不事秦，荆、齊不能獨從。天下争敵于秦，則弱矣。』秦王乃止。

秦趙構難而戰

秦、趙構難而戰。謂魏王曰：『不如齊、趙而構之秦。王不構趙，趙不以毀構矣；而構之秦，趙必復鬬，必重魏；是并制秦、趙之事也。王欲焉而收齊、趙攻荆，欲焉而收荆、趙攻齊，欲王之東長之待之也。』

長平之役

長平之役，平都君説魏王曰：『王胡不爲從？』魏王曰：『秦許吾以垣雍。』平都君曰：『臣以垣雍爲空割也。』魏王曰：『何謂也？』平都君曰：『秦、趙久相持于長平之下而無决。天下合于秦，則無趙；合于趙，則無秦。秦恐王之變也，故以垣雍餌王也。秦戰勝趙，王敢責垣雍之割乎？』王曰：「不敢。」秦戰不勝趙，王能令韓出垣雍之割乎？』王曰：「不能。」臣故曰，垣雍空割也。』魏王曰：『善。』

樓梧約秦魏

樓梧約秦、魏，將令秦王遇于境。謂魏王曰：『遇而無相，秦必置相。不聽之，則交惡于秦；聽之，則後王之臣，將皆務事諸侯之能令于王之上者。且遇于秦而相秦者，是無齊也，秦必輕王之强矣。有齊者，不若相之，齊必喜，是以有雍者與秦遇，秦必重王矣。』

芮宋欲絶秦趙之交

芮宋欲絶秦、趙之交，故令魏氏收秦太后之養地秦王于秦。芮宋謂秦王曰：『魏委國于王，而王不受，故委國于趙也。李郝謂臣曰：「子言無秦，而養秦太后以地，是欺我也，故敝邑收之。」』秦王怒，遂絶趙也。

爲魏謂楚王

爲魏謂楚王曰：『索攻魏于秦，秦必不聽王矣，是智困于秦，而交疏于魏也。楚、魏有怨，則秦重矣。故王不如順天下，遂伐齊，與魏便地，兵不傷，交不變，所欲必得矣。』

管鼻之令翟强與秦事

管鼻之令翟强與秦事，謂魏王曰：『鼻之與强，猶晋人之與楚人也。晋人見楚人之急，帶劍而緩之；楚人惡其緩而急之。令鼻之入秦之傳舍，舍不足以舍之。强之入，無蔽于秦者。强，王貴臣也，而秦若此其甚，安可？』

成陽君欲以韓魏聽秦

成陽君欲以韓、魏聽秦，魏王弗利。白圭謂魏王曰：『王不如陰侯人説成陽君曰：「君入秦，秦必留君，而以多割于韓矣。韓不聽，秦必留君，而伐韓矣。故君不如安行求質于秦。」成陽君必不入秦，秦、韓不敢合，則王重矣。』

秦拔寧邑

秦拔寧邑，魏王令之謂秦王曰：『王歸寧邑，吾請先天下構。』魏魏王曰：『王無聽。魏王見天下之不足恃也，故欲先構。夫亡寧者，宜割二寧以求構；夫得寧者，安能歸寧乎？』

秦罷邯鄲

秦罷邯鄲，攻魏，區寧邑。吴慶恐魏王之構于秦也，謂魏王曰：『秦之攻王也，王知其故乎？天下皆曰王近也。王不近秦，秦之所去。皆曰王弱也。王不弱二周，秦人去邯鄲，過二周而攻王者，以王爲易制也。王亦知弱之召攻乎？』

魏王欲攻邯鄲

魏王欲攻邯鄲，季梁聞之，中道而反，衣焦不申，頭塵不去，往見王曰：『今者臣來，見人于大行，方北面而持其駕，告臣曰：「我欲之楚。」臣曰：「君之楚，將奚爲北面？」曰：「吾馬良。」臣曰：「馬雖良，此非楚之路也。」曰：「吾用多。」臣曰：「用雖多，此非楚之路也。」曰：「吾御者善。」「此數者愈善，而離楚愈遠耳。」今王動欲成霸王，舉欲信于天下。恃王國之大，兵之精鋭，而攻邯鄲，以廣地尊名，王之動愈數，而離王愈遠耳。猶至楚而北行也。』

周肖謂宮他

周肖謂宮他曰：『子爲肖謂齊王曰，肖願爲外臣。令齊資我于魏。』宮他曰：『不可，是示齊輕也。夫齊不以無魏者以害有魏者，故公不如示有魏。公曰：「王之所求于魏者，臣請以魏聽。」齊必資公矣，是公有齊，以齊有魏也。』

周最善齊

周最善齊，翟强善楚。二子者，欲傷張儀于魏。張子聞之，因使其人爲見者嗇夫聞見者，因無敢傷張子。

周最入齊

周最入齊，秦王怒，令姚賈讓魏王。魏王爲之謂秦王曰：『魏之所以爲王通天下者，以周最也。今周最遁寡人入齊，齊無通于天下矣。敝邑之事王，亦無齊累矣。大國欲急兵，則趣趙而已。』

秦魏爲與國

秦、魏爲與國。齊、楚約而欲攻魏，魏使人求救于秦，冠蓋相望，秦救不出。

魏人有唐且者，年九十餘，謂魏王曰：『老臣請出西説秦，令兵先臣出可乎？』魏王曰：『敬諾。』遂約車而遣之。唐且見秦王，秦王曰：『丈人芒然乃遠至此，甚苦矣。魏來求救數矣，寡人知魏之急矣。』唐且對曰：『大王已知魏之急而救不至者，是大王籌策之臣無任矣。且夫魏一萬乘之國，稱東藩，受冠帶，祠春秋者，以爲秦之强足以爲與也。今齊、楚之兵已在魏郊矣，大王之救不至，魏急則且割地而約齊、楚，王雖欲救之，豈有及哉？是亡一萬乘之魏，而强二敵之齊、楚也。竊以爲大王籌策之臣無任矣。』

信陵君殺晋鄙

信陵君殺晋鄙，救邯鄲，破秦人，存趙國，趙王自郊迎。唐且謂信陵君曰：『臣聞之曰，事有不可知者，有不可不知者；有不可忘者，有不可不忘者。』信陵君曰：

『何謂也？』對曰：『人之憎我也，不可不知也；吾憎人也，不可得而知也。人之有德于我也，不可忘也；吾有德于人也，不可不忘也。今君殺晉鄙，救邯鄲，破秦人，存趙國，此大德也。今趙王自郊迎，卒然見趙王，臣願君之忘之也。』信陵君曰：『無忌謹受教。』

魏攻管而不下

魏攻管而不下。安陵人縮高，其子爲管守。信陵君使人謂安陵君曰：『君其遣縮高，吾將仕之以五大夫，使爲持節尉。』安陵君曰：『安陵，小國也，不能必使其民。使者自往，請使道使者至縞高之所，復信陵君之命。』縮高曰：『君之幸高也，將使高攻管也。夫以父攻子守，人大笑也。是臣而下，是倍主也。父教子倍，亦非君之所喜也。敢再拜辭。』

使者以報信陵君，信陵君大怒，遣大使之安陵曰：『安陵之地，亦猶魏也。今吾攻管而不下，則秦兵及我，社稷必危矣。願君之生束縮高而致之。若君弗致也，無忌將發十萬之師，以造安陵之城。』安陵君曰：『吾先君成侯，受詔襄王以守此地也，手受大府之憲。憲之上篇曰：「子弑父，臣弑君，有常不赦。國雖大赦，降城亡子不得與焉。」今縮高謹解大位，以全父子之義，而君曰「必生致之」，是使我負襄王詔而廢大府之憲也，雖死終不敢行。』

縮高聞之曰：『信陵君爲人，悍而自用也。此辭反，必爲國禍。吾已全己，無爲人臣之義矣，豈可使吾君有魏患也。』乃之使者之舍，刎頸而死。

信陵君聞縮高死，素服縞素辟舍，使使者謝安陵君曰：『無忌，小人也，困于思慮，失言于君，敢再拜釋罪。』

魏王與龍陽君共船而釣

魏王與龍陽君共船而釣，龍陽君得十餘魚而涕下。王曰：『有所不安乎？如是，何不相告也？』對曰：『臣無敢不安也。』王曰：『然則何爲涕出？』曰：『臣爲王之所得魚也。』王曰：『何謂也？』對曰：『臣之始得魚也，臣甚喜，後得又益大，今臣直欲棄臣前之所得矣。今以臣凶惡，而得爲王拂枕席。今臣爵至人君，走人于庭，辟人于途。四海之内，美人亦甚多矣，聞臣之得幸于王也，必褰裳而趨王。臣亦猶曩臣之前所得魚也，臣亦將棄矣，臣安能無涕出乎？』魏王曰：『誤！有是心也，何不相告也？』于是布令于四境之内曰：『有敢言美人者族。』

由是觀之，近習之人，其摯諂也固矣，其自纂繁也完矣。今由千里之外，欲進美人，所效者庸必得幸乎？假之得幸，庸必爲我用乎？而近習之人相與怨，我見有禍，未見有福；見有怨，未見有德，非用知之術也。

秦攻魏急

秦攻魏急。或謂魏王曰：『棄之不如用之之易也，死之不如棄之之易也。能棄之弗能用之，能死之弗能棄之，此人之大過也。今王亡地數百里，亡城數十，而國患不解，是王棄之，非用之也。今秦之强也，天下無敵，而魏之弱也甚，而王以是質秦，王又能死而弗能棄之，此重過也。今王能用臣之計，虧地不足以傷國，卑體不足以苦身，解患而怨報。

『秦自四境之内，執法以下至于長輓者，故畢曰：「與嫪氏乎？與呂氏乎？」雖至于門閭之下，廊廟之上，猶之如是也。今王割地以賂秦，以爲嫪毐功；卑體以尊秦，以因嫪毐。王以國贊嫪毐，以嫪毐勝矣。王以國贊嫪氏，太后之德王也，深于骨髓，王之交最爲天下上矣。秦、魏百相交也，百相欺也。今由嫪氏善秦而交爲天下上，天下孰不棄呂氏而從嫪氏？天下必合呂氏而從嫪氏，則王之怨報矣。』

秦王使人謂安陵君

秦王使人謂安陵君曰：『寡人欲以五百里之地易安陵，安陵君其許寡人？』安陵君曰：『大王加惠，以大易小，甚善。雖然，受地于先王，願終守之，弗敢易。』秦王不說。安陵君因使唐且使于秦。秦王謂唐且曰：『寡人以五百里之地易安陵，安陵君不聽寡人，何也？且秦滅韓亡魏，而君以五十里之地存者，以君爲長者，故不錯意也。今吾以十倍之地，請廣于君，而君逆寡人者，輕寡人與？』唐且對曰：『否，非若是也。安陵君受地于先王而守之，雖千里不敢易也，豈直五百里哉？』秦王怫然怒，謂唐且曰：『公亦嘗聞天子之怒乎？』唐且對曰：『臣未嘗聞也。』秦王曰：『天子之怒，伏尸百萬，流血千里。』唐且曰：『大王嘗聞布衣之怒乎？』秦王曰：『布衣之怒，亦免冠徒跣，以頭搶地爾。』唐且曰：『此庸夫之怒也，非士之怒也。夫專諸之刺王僚也，彗星襲月；聶政之刺韓傀也，白虹貫日；要離之刺慶忌也，倉鷹擊于殿上。此三子者，皆布衣之士也，懷怒未發，休祲降于天，與臣而將四矣。若士必怒，伏尸二人，流血五步，天下縞素，今日是也。』挺劍而起。秦王色撓，長跪而謝之曰：『先生坐，何至于此，寡人諭矣。夫韓、魏滅亡，而安陵以五十里之地存者，徒以有先生也。』

卷二十六　韓一

三晉已破智氏

三晉已破智氏，將分其地。段規謂韓王曰：『分地必取成皋。』韓王曰：『成皋，石溜之地也，寡人無所用之。』段規曰：『不然，臣聞一里之厚，而動千里之權者，地利也。萬人之衆，而破三軍者，不意也。王用臣言，則韓必取鄭矣。』王曰：『善。』果取成皋。至韓之取鄭也，果從成皋始。

大成午從趙來

大成午從趙來，謂申不害于韓曰：『子以韓重我于趙，請以趙重子于韓，是子有兩韓，而我有兩趙也。』

魏之圍邯鄲

魏之圍邯鄲也，申不害始合于韓王，然未知王之所欲也，恐言而未必中于王也。王問申子曰：『吾誰與而可？』對曰：『此安危之要，國家之大事也。臣請深惟而苦思之。』乃微謂趙卓、韓鼂曰：『子皆國之辯士也，夫爲人臣者，言可必用，盡忠而已矣。』二人各進議于王以事。申子微視王之所説以言于王，王大説之。

申子請仕其從兄官

申子請仕其從兄官，昭侯不許也。申子有怨色。昭侯曰：『非所謂學于子者也。聽子之謁，而廢子之道乎？又亡其行子之術，而廢子之謁乎？子嘗教寡人循功勞，視次第。今有所求，此我將奚聽乎？』申子乃辟舍請罪，曰：『君真其人也！』

蘇秦爲楚合從説韓王

蘇秦爲楚合從説韓王曰：『韓北有鞏、洛、成皋之固，西有宜陽、常阪之塞，東有宛、穰、洧水，南有陘山，地方千里，帶甲數十萬。天下之强弓勁弩，皆自韓出。谿子、少府時力、距來，皆射六百步之外。韓卒超足而射，百發不暇止，遠者達胸，近者掩心。韓卒之劍戟，皆出于冥山、棠谿、墨陽、合伯膊。鄧師、宛馮、龍淵、大阿，皆陸斷馬牛，水擊鵠雁，當敵即斬堅。甲、盾、鞮、鍪、鐵幕，革抉、㕮芮，無不畢具。以韓卒之勇，被堅甲，蹠勁弩，帶利劍，一人當百，不足言也。夫以韓之勁，與大王之賢，乃欲西面事秦，稱東藩，築帝宮，受冠帶，祠春秋，交臂而服焉。夫羞社稷而爲天下笑，無過此者矣。是故願大王之熟計之也。大王事秦，秦必求宜陽、成皋。今茲效之，明年又益求割地。與之，即無地以給之；不與，則棄前功而後更受其禍。且夫大王之地有盡，而秦之求無已。夫以有盡之地，而逆無已之求，此所謂市怨而買禍者也，不戰而地已削矣。臣聞鄙語曰：「寧爲鷄口，無爲牛後。」今大王西面交臂而臣事秦，何以异于牛後乎？夫以大王之賢，挾强韓之兵，而有牛後之名，臣竊爲大王羞之。』

韓王忿然作色，攘臂按劍，仰天太息曰：『寡人雖死，必不能事秦。今主君以楚王之教詔之，敬奉社稷以從。』

張儀爲秦連横説韓王

張儀爲秦連横説韓王曰：『韓地險惡，山居，五穀所生，非麥而豆；民之所食，大抵豆飯藿羹；一歲不收，民不厭糟糠；地方不滿九百里，無二歲之所食。料大王之卒，悉之不過三十萬，而厮徒負養在其中矣，爲除守徼亭鄣塞，見卒不過二十萬而已矣。秦帶甲百餘萬，車千乘，騎萬匹，虎摯之士，跿跔科頭，貫頤奮戟者，至不可勝計也。秦馬之良，戎兵之衆，探前趹後，蹄間三尋者，不可稱數也。山東之卒，被甲冒胄以會戰，秦人捐甲徒裎以趨敵，左挈人頭，右挾生虜。夫秦卒之與山東之卒也，猶孟賁之與怯夫也；以重力相壓，猶烏獲之與嬰兒也。夫戰孟賁、烏獲之士，以攻不服之弱國，無以异于墮千鈞之重，集于鳥卵之上，必無幸矣。諸侯不料兵之弱，食之寡，而聽從人之甘言好辭，比周以相飾也，皆言曰：「聽吾計則可以强霸天下。」夫不顧社稷之長利，而聽須臾之説，詿誤人主者，無過于此者矣。大王不事秦，秦下甲據宜陽，斷絶韓之上地；東取成皋、宜陽，則鴻臺之宫，桑林之菀，非王之有已。夫塞成皋，絶上地，則王之國分矣。先事秦則安矣，不事秦則危矣。夫造禍而求福，計淺而怨深，逆秦而順楚，雖欲無亡，不可得也。故爲大王計，莫如事秦，秦之所欲，莫如弱楚。而能弱楚者莫如韓。非以韓能强于楚也，其地勢然也。今王西面而事秦以攻楚，爲敝邑，秦王必喜。夫攻楚而私其地，轉禍而説秦，計無便于此者也。是故秦王使使臣獻書大王御史，須以決事。

韓王曰：『客幸而教之，請比郡縣，築帝宫，祠春秋，稱東藩，效宜陽。』

宣王謂摎留

宣王謂摎留曰：『吾欲兩用公仲、公叔，其可乎？』對曰：『不可。晋用六卿而國分，簡公用田成、監止而簡公弑，魏兩用犀首、張儀而西河之外亡。今王兩用之，其多力者内樹其黨，其寡力者籍外權。群臣或内樹其黨以擅其主，或外爲交以裂其地，則王之國必危矣。』

張儀謂齊王

張儀謂齊王曰：『王不如資韓朋，與之逐張儀于魏。魏因相犀首，因以齊、魏廢韓朋，而相公叔以伐秦。公仲聞之，必不入于齊。據公于魏，是公無患。』

楚昭獻相韓

楚昭獻相韓。秦且攻韓，韓廢昭獻。昭獻令人謂公叔曰：『不如貴昭獻以固楚，秦必曰楚、韓合矣。』

秦攻陘

秦攻陘，韓使人馳南陽之地。秦已馳，又攻陘，韓因割南陽之地。秦受地，又攻陘。陳軫謂秦王曰：『國形不便故馳，交不親故割。今割矣而交不親，馳矣而兵不止，臣恐山東之無以馳割事王者矣。且王求百金于三川而不可得，求千金于韓，一旦而具。今王攻韓，是絶上交而固私府也，竊爲王弗取也。』

五國約而攻秦

五國約而攻秦，楚王爲從長，不能傷秦，兵罷而留于成皋。魏順謂市丘君曰：『五國罷，必攻市丘，以償兵費。君資臣，臣請爲君止天下之攻市丘。』市丘君曰：『善。』因遣之。

魏順南見楚王曰：『王約五國而西伐秦，不能傷秦，天下且以是輕王而重秦，故王胡不卜交乎？』楚王曰：『奈何？』魏順曰：『天下罷，必攻市丘以償兵費。王令之勿攻市丘。五國重王，且聽王之言而不攻市丘；不重王，且反王之言而攻市丘。然則王之輕重必明矣。』

鄭彊載八百金入秦

鄭彊載八百金入秦，請以伐韓。泠向謂鄭彊曰：『公以八百金請伐人之與國，秦必不聽公。公不如令秦王疑公叔。』鄭彊曰：『何如？』曰：『公叔之攻楚也，以幾瑟之存焉，故言先楚也。今已令楚王奉幾瑟以車百乘居陽翟，令昭獻轉而與之處，甸有餘，彼已覺。而幾瑟，公叔之讎也；而昭獻，公叔之人也。秦王聞之，必疑公叔爲楚也。』

鄭彊之走張儀于秦

鄭彊之走張儀于秦，曰儀之使者，必之楚矣。故謂大宰曰：『公留儀之使者，彊請西圖儀于秦。』故因而請秦王曰：『張儀使人致上庸之地，故使使臣再拜謁秦王。』秦王怒，張儀走。

宜陽之役

宜陽之役，楊達謂公孫顯曰：『請爲公以五萬攻西周，得之，是以九鼎印甘茂也。不然，秦攻西周，天下惡之，其救韓必疾，則茂事敗矣。』

秦圍宜陽

秦圍宜陽，游騰謂公仲曰：『公何不與趙藺、離石、祁，以質許地，則樓緩必敗矣。收韓、趙之兵以臨魏，樓鼻必敗矣。韓爲一，魏必倍秦，甘茂必敗矣。以成陽資翟强于齊，楚必敗之。須秦必敗，秦失魏，宜陽必不拔矣。』

公仲以宜陽之故仇甘茂

公仲以宜陽之故，仇甘茂。其後，秦歸武遂于韓，已而，秦王固疑甘茂之以武遂解于公仲也。杜赫爲公仲謂秦王曰：『明也願因茂以事王。』秦王大怒于甘茂，故樗里疾大説杜聊。

秦韓戰于濁澤

秦、韓戰于濁澤，韓氏急。公仲明謂韓王曰：『與國不可恃。今秦之心欲伐楚，王不如因張儀爲和于秦，賂之以一名都，與之伐楚。此以一易二之計也。』韓王曰：

『善。』乃儆公仲之行，將西講于秦

楚王聞之大恐，召陳軫而告之。陳軫曰：『秦之欲伐我久矣，今又得韓之名都一而具甲，秦、韓并兵南鄉，此秦所以廟祠而求也。今已得之矣，楚國必伐矣。王聽臣，爲之儆四境之内選師，言救韓，令戰車滿道路；發信臣，多其車，重其幣，使信王之救己也。縱韓爲不能聽我，韓必德王也，必不爲雁行以來。是秦、韓不和，兵雖至，楚國不大病矣。爲能聽我絶和于秦，秦必大怒，以厚怨于韓。韓得楚救，必輕秦。輕秦，其應秦必不敬。是我困秦、韓之兵，而免楚國之患也。』

楚王大説，乃儆四境之内選師，言救韓，發信臣，多其車，重其幣。謂韓王曰：『弊邑雖小，已悉起之矣。願大國遂肆意于秦，弊邑將以楚殉韓。』

韓王大説，乃止公仲。公仲曰：『不可，夫以實告我者，秦也；以虚名救我者，楚也。恃楚之虚名，輕絶强秦之敵，必爲天下笑矣。且楚、韓非兄弟之國也，又非素約而謀伐秦矣。秦欲伐楚，楚因以起師言救韓，此必陳軫之謀也。且王以使人報于秦矣，今弗行，是欺秦也。夫輕强秦之禍，而信楚之謀臣，王必悔之矣。』韓王弗聽，遂絶和于秦。秦果大怒，興師與韓氏戰于岸門，楚救不至，韓氏大敗。

韓氏之兵非削弱也，民非蒙愚也，兵爲秦禽，智爲楚笑，過聽于陳軫，失計于韓明也。

顔率見公仲

顔率見公仲，公仲不見。顔率謂公仲之謁者曰：『公仲必以率爲陽也，故不見率也。公仲好内，率曰好士；仲嗇于財，率曰散施；公仲無行，率曰好義。自今以來，率且正言之而已矣。』公仲之謁者以告公仲，公仲遽起而見之。

韓公仲謂向壽

韓公仲謂向壽曰：『禽困覆車。公破韓，辱公仲，公仲收國復事秦，自以爲必可以封。今公與楚解，中封小令尹以桂陽。秦、楚合，復攻韓，韓必亡。公仲躬率其私徒以鬬于秦，願公之熟計之也。』向壽曰：『吾合秦、楚，非以當韓也，子爲我謁之。』

公仲曰：『秦、韓之交可合也。』對曰：『願有復于公。諺曰：「貴其所以貴者貴。」今王之愛習公也，不如公孫郝；其知能公也，不如甘茂。今二人者，皆不得親于事矣，而公獨與王主斷于國者，彼有以失之也。公孫郝黨于韓，而甘茂黨于魏，故王不信也。今秦、楚争强，而公黨于楚，是與公孫郝、甘茂同道也。公何以异之？人皆言楚之多變也，而公必之，是自爲貴也。公不如與王謀其變也，善韓以備之，若此，則無禍矣。韓氏先以國從公孫郝，而後委國于甘茂，是韓，公之讎也。今公言善韓以備楚，是外舉不辟讎也。

向壽曰：『吾甚欲韓合。』對曰：『甘茂許公仲以武遂，反宜陽之民，今公徒令收之，甚難。』向子曰：『然則奈何？武遂終不可得已。』對曰：『公何不以秦爲韓求潁川于楚，此乃韓之寄地也。公求而得之，是令行于楚而以其地德韓也。公求而弗得，是韓、楚之怨不解，而交走秦也。秦、楚争强，而公過楚以攻韓，此利于秦。』

向子曰『奈何？』對曰：『此善事也。甘茂欲以魏取齊，公孫郝欲以韓取齊，今公取宜陽以爲功，收楚、韓以安之，而誅齊、魏之罪，是以公孫郝、甘茂之無事也。』

或謂公仲曰聽者聽國

或謂公仲曰：『聽者聽國，非必聽實也。故先王聽諺言于市，願公之聽臣言也。公求中立于秦，而弗能得也，善公孫郝以難甘茂，勸齊兵以勸止魏，楚、趙皆公之讎也。臣恐國之以此爲患也，願公之復求中立于秦也。』

公仲曰：『奈何？』對曰：『秦王以公孫郝爲黨于公而弗之聽，甘茂不善于公而弗爲公言，公何不因行願以與秦王語？行願之爲秦王臣也公，臣請爲公謂秦王曰：「齊、魏合與離，于秦孰利？齊、魏別與合，于秦孰强？」秦王必曰：「齊、魏離，則秦重；合，則秦輕。齊、魏別，則秦强；合，則秦弱。」臣即曰：「今王聽公孫郝以韓、秦之兵應齊而攻魏，魏不敢戰，歸地而合于齊，是秦輕也，臣以公孫郝爲不忠。今王聽甘茂，以韓、秦之兵據魏而攻齊，齊不敢戰，不求割地而合于魏，是秦輕也，臣以甘茂爲不忠。故王不如令韓中立以攻齊，齊王言救魏以勁之，齊、魏不能相聽，久離兵史。王欲，則信公孫郝于齊，爲韓取南陽，易穀川以歸，此惠王之願也。王欲，則信甘茂于魏，以韓、秦之兵據魏以郄齊，此武王之願也。臣以爲令韓以中立以勁齊，最秦之大急也。公孫郝黨于齊而不肯言，甘茂薄而不敢謁也，此二人，王之大患也。願王之熟計之也。」

韓公仲相

韓公仲相。齊、楚之交善秦。秦、魏遇，且以善齊而絕齊乎楚。王使景鯉之秦，鯉與于秦、魏之遇。楚王怒景鯉，恐齊以楚遇爲有陰于秦、魏也，且罪景鯉。

爲謂楚王曰：『臣賀鯉之與于遇也。秦、魏之遇也，將以合齊、秦而絕齊于楚也。今鯉與于遇，齊無以信魏之合己于秦而攻于楚也，齊又畏楚之有陰于秦、魏也，必重楚。故鯉之與于遇，王之大資也。今鯉不與于遇，魏之絕齊于楚明矣。齊、楚信之，必輕王，故王不如無罪景鯉，以視齊于有秦、魏，齊必重楚，而且疑秦、魏于齊。』王曰：『諾。』因不罪而益其列。

王曰向也子曰天下無道

王曰：『向也子曰「天下無道」，今也子曰「乃且攻燕」者，何也？』對曰：『今謂馬多力則有矣，若曰勝千鈞則不然者，何也？夫千鈞，非馬之任也。今謂楚强大則有矣，若夫越趙、魏而鬬兵于燕，則豈楚之任也哉？且非楚之任，而楚爲之，是弊楚也。强楚、弊楚，其于王孰便也？』

或謂魏王王儆四彊之内

或謂魏王：『王儆四彊之内，其從于王者，十日之内，備不具者死。王因取其游之舟上擊之。臣爲王之楚，王胥臣反，乃行。』春申君聞之，謂使者曰：『子爲我反，無見王矣。十日之内，數萬之衆，今涉魏境。』秦使聞之，以告秦王。秦王謂魏王曰：『大國有意，必來以是而足矣。』

觀鞅謂春申

觀鞅謂春申曰：『人皆以楚爲强，而君用之弱，其于鞅也不然。先君者，二十餘年未嘗見攻。今秦欲逾兵于澠隘之塞，不使；假道兩周倍韓以攻楚，不可。今則不然，魏旦暮亡矣，不能愛其許、鄢陵與梧，割以予秦，去百六十里。臣之所見者，秦、楚鬭之日也已。』

公仲數不信于諸侯

公仲數不信于諸侯，諸侯錮之。南委國于楚，楚王弗聽。蘇代爲楚王曰：『不若聽而備于其反也。明之反也，常仗趙而畔楚，仗齊而畔秦。今四國錮之，而無所入矣，亦甚患之。此方其爲尾生之時也。』

卷二十七　韓二

楚圍雍氏五月

楚圍雍氏五月。韓令使者求救于秦，冠蓋相望也，秦師不下殽。韓又令尚靳使秦，謂秦王曰：『韓之于秦也，居爲隱蔽，出爲雁行。今韓已病矣，秦師不下殽。臣聞之，脣揭者其齒寒，願大王之熟計之。』宣太后曰：『使者來者衆矣，獨尚子之言是。』召尚子入。宣太后謂尚子曰：『妾事先王也，先王以其髀加妾之身，妾困不疲也；盡置其身妾之上，而妾弗重也，何也？以其少有利焉。今佐韓，兵不衆，糧不多，則不足以救韓。夫救韓之危，日費千金，獨不可使妾少有利焉。』

尚靳歸書報韓王，韓王遣張翠。張翠稱病，日行一縣。張翠至，甘茂曰：『韓急矣，先生病而來。』張翠曰：『韓未急也，且急矣。』甘茂曰：『秦重國知王也，韓之急緩莫不知。今先生言不急，可乎？』張翠曰：『韓急則折而入于楚矣，臣安敢來？』甘茂曰：『先生毋復言也。』

甘茂入言秦王曰：『公仲柄得秦師，故敢捍楚。今雍氏圍，而秦師不下殽，是無韓也。公仲且抑首而不朝，公叔且以國南合于楚。楚、韓爲一，魏氏不敢不聽，是楚以三國謀秦也。如此則伐秦之形成矣。不識坐而待伐，孰與伐人之利？』秦王曰：『善。』果下師于殽以救韓。

楚圍雍氏韓令冷向借救于秦

楚圍雍氏，韓令冷向借救于秦，秦爲發使公孫昧入韓。公仲曰：『子以秦爲將救韓乎？其不乎？』對曰：『秦王之言曰，請道于南鄭、藍田以入攻楚，出兵于三川以待公，殆不合，軍于南鄭矣。』公仲曰：『奈何？』對曰：『秦王必祖張儀之故謀。楚威王攻梁，張儀謂秦王曰：「與楚攻梁，魏折而入于楚。韓固其與國也，是秦孤也。故不如出兵以劲魏。」于是攻皮氏。魏氏劲，威王怒，楚與魏大戰，秦取西河之外以歸。今也其將揚言救韓，而陰善楚，公恃秦而劲，必輕與楚戰。楚陰得秦之不用也，必易與公相支也。公戰勝楚，遂與公乘楚，易三川而歸。公戰不勝楚，塞三川而守之，公不能救也。臣甚惡其事。司馬康三反之郢矣，甘茂與昭獻遇于境，其言曰收璽。其實猶有約也。』公仲恐曰：『然則奈何？』對曰：『公必先韓而後秦，先身而後張儀。以公不如亟以國合于齊、楚，秦必委國于公以解伐。是公之所以外者儀而已，其實猶之不失秦也。』

公仲爲韓魏易地

公仲爲韓、魏易地，公叔爭之而不聽，且亡。史惕謂公叔曰：『公亡，則易必可成矣。公無辭以後反，且示天下輕公，公不若順之。夫韓地易于上，則害于趙；魏地易于下，則害于楚。公不如告楚、趙。楚、趙惡之。趙聞之，起兵臨羊腸，楚聞之，發兵臨方城，而易必敗矣。』

錡宣之教韓王取秦

錡宣之教韓王取秦，曰：『爲公叔具車百乘，言之楚，易三川。因令公仲謂秦王曰：「三川之言曰，秦王必取我。韓王之心，不可解矣。王何不試以襄子爲質于韓，令韓王知王之不取三川也。」因以出襄子而德太子。

襄陵之役

襄陵之役，畢長謂公叔曰：『請毋用兵，而楚、魏皆德公之國矣。夫楚欲置公子高，必以兵臨魏。公何不令人說昭子曰：「戰未必勝，請爲子起兵以之魏。」子有辭以毋戰，于是以太子扁、昭揚、梁王皆德公矣。』

公叔使馮君于秦

公叔使馮君于秦，恐留，教陽向說秦王曰：『留馮君以善韓臣，非上知也。主君不如善馮君，而資之以秦。馮君廣王而不聽公叔，以與太子爭，則王澤布，而害于韓矣。』

謂公叔曰公欲得武遂于秦

謂公叔曰：『公欲得武遂于秦，而不患楚之能揚河外也。公不如令人恐楚王，而令人爲公求武遂于秦。謂楚王曰：「發重使爲韓求武遂于秦。秦王聽，是令得行于萬乘之主也。韓得武遂以恨秦，毋秦患而得楚。韓，楚之縣而已。秦不聽，是秦、韓之怨深，而交楚也。」』

謂公叔曰乘舟

謂公叔曰：『乘舟，舟漏而弗塞，則舟沉矣。塞漏舟，而輕陽侯之波，則舟覆矣。今公自以辯于薛公而輕秦，是塞漏舟而輕陽侯之波也，願公之察也。』

齊令周最使鄭

齊令周最使鄭，立韓擾而廢公叔。周最患之，曰：『公叔之與周君交也，令我使鄭，立韓擾而廢公叔。語曰：「怒于室者色于市。」今公叔怨齊，無奈何也，必周君而深怨我矣。』史舍曰：『公行矣，請令公叔必重公。』

周最行至鄭，公叔大怒。史舍入見曰：『周最固不欲來使，臣竊强之。周最不欲來，以爲公也；臣之强之也，亦以爲公也。』公叔曰：『請聞其說。』對曰：『齊大夫諸子有犬，犬猛不可叱，叱之必噬人。客有請叱之者，疾視而徐叱之，犬不動；復叱之，犬遂無噬人之心。今周最固得事足下，而以不得已之故來使，彼將禮陳其辭而緩其言，鄭王必以齊王爲不急，必不許也。今周最不來，他人必來。來使者無交于公，而欲德于韓擾，其使之必疾，言之必急，則鄭王必許之矣。』公叔曰：『善。』遂重周最。王果不許韓擾。

韓公叔與幾瑟爭國鄭强爲楚王使于韓

韓公叔與幾瑟爭國。鄭强爲楚王使于韓，矯以新城、陽人合世子，以與公叔爭國。楚怒，將罪之。鄭强曰：『臣之矯與之，以爲國也。臣曰，世子得新城、陽人，以與公叔爭國，而得全，魏必急韓氏；韓氏急，必縣命于楚，又何新城、陽人敢索？

若戰而不勝，走而不死，今且以至，又安敢言地？』楚王曰：『善。』乃弗罪。

韓公叔與幾瑟爭國中庶子強謂太子

韓公叔與幾瑟爭國。中庶子強謂太子曰：『不若及齊師未入，急擊公叔。』太子曰：『不可。戰之于國中必分。』對曰：『事不成，身必危，尚何足以圖國之全爲？』太子弗聽，齊師果入，太子出走。

齊明謂公叔

齊明謂公叔曰：『齊逐幾瑟，楚善之。今楚欲善齊甚，公何不令齊王謂楚王：「王爲我逐幾瑟以窮之。」楚聽，是齊、楚合，而幾瑟走也；楚王不聽，是有陰于韓也。』

公叔將殺幾瑟

公叔將殺幾瑟也。謂公叔曰：『太子之重公也，畏幾瑟也。今幾瑟死，太子無患，必輕公。韓大夫見王老，冀太子之用事也，固欲事之。太子外無幾瑟之患，而内收諸大夫以自輔也，公必輕矣。不如無殺幾瑟，以恐太子，太子必終身重公矣。』

公叔且殺幾瑟

公叔且殺幾瑟也，宋赫爲謂公叔曰：『幾瑟之能爲亂也，内得父兄，而外得秦、楚也。今公殺之，太子無患，必輕公。韓大夫知王之老而太子定，必陰事之。秦、楚若無韓，必陰事伯嬰。伯嬰亦幾瑟也。公不如勿殺。伯嬰恐，必保于公。韓大夫不能必其不入也，必不敢輔伯嬰以爲亂。秦、楚挾幾瑟以塞伯嬰，伯嬰外無秦、楚之權，内無父兄之衆，必不能爲亂矣。此便于公。』

謂新城君曰

謂新城君曰：『公叔、伯嬰恐秦、楚之内幾瑟也，公何不爲韓求質子于楚？楚王聽而入質子于韓，則公叔、伯嬰必知秦、楚之不以幾瑟爲事也，必以韓合于秦、楚矣。

秦、楚挾韓以窘魏，魏氏不敢東，是齊孤也。公又令秦求質子于楚，楚不聽，則怨結于韓。韓挾齊、魏以眄楚，楚王必重公矣。公挾秦、楚之重，以積德于韓，則公叔、伯嬰必以國事公矣。』

胡衍之出幾瑟于楚

胡衍之出幾瑟于楚也，教公仲謂魏王曰：『太子在楚，韓不敢離楚也。公何不試奉公子咎，而爲之請太子。因令人謂楚王曰：「韓立公子咎而棄幾瑟，是王抱虛質也。王不如亟歸幾瑟。幾瑟入，必以韓權報讎于魏，而德王矣。」』

幾瑟亡之楚

幾瑟亡之楚，楚將收秦而復之。謂芈戎曰：『廢公叔而相幾瑟者楚也。今幾瑟亡之楚，楚又收秦而復之，幾瑟入鄭之日，韓，楚之縣邑。公不如令秦王賀伯嬰之立也。韓絶于楚，其事秦必疾，秦挾韓親魏，齊、楚後至者先亡。此王業也。』

冷向謂韓咎

冷向謂韓咎曰：『幾瑟亡在楚，楚王欲復之甚，令楚兵十餘萬在方城之外。臣請令楚築萬家之都于雍氏之旁，韓必起兵以禁之，公必將矣。公因以楚、韓之兵奉幾瑟而内之鄭，幾瑟得入而德公，必以韓、楚奉公矣。』

楚令景鯉入韓

楚令景鯉入韓，韓且内伯嬰于秦，景鯉患之。冷向謂伯嬰曰：『太子入秦，秦必留太子而合楚，以復幾瑟也，是太子反棄之。』

韓咎立爲君而未定

韓咎立爲君而未定也，其弟在周，周欲以車百乘重而送之，恐韓咎入韓之不立也。綦母恢曰：『不如以百金從之，韓咎立，因也以爲戒；不立，則曰來効賊也。』

史疾爲韓使楚

史疾爲韓使楚，楚王問曰：『客何方所循？』曰：『治列子圉寇之言。』曰：『何貴？』曰：『貴正。』王曰：『正亦可爲國乎？』曰：『可。』王曰：『楚國多盜，正可以圉盜乎？』曰：『可。』曰：『以正圉盜，奈何？』頃間有鵲止于屋上者，曰：『請問楚人謂此鳥何？』王曰：『謂之鵲。』曰：『謂之烏，可乎？』曰：『不可。』曰：『今王之國有柱國、令尹、司馬、典令，其任官置吏，必曰廉潔勝任。今盜賊公行，而弗能禁也，此烏不爲烏，鵲不爲鵲也。』

韓傀相韓

韓傀相韓，嚴遂重于君，二人相害也。嚴遂政議直指，舉韓傀之過。韓傀以之叱之于朝。嚴遂拔劍趨之，以救解。于是嚴遂懼誅，亡去，游求人可以報韓傀者。

至齊，齊人或言：『軹深井里聶政，勇敢士也，避仇隱于屠者之間。』嚴遂陰交于聶政，以意厚之。聶政問曰：『子欲安用我乎？』嚴遂曰：『吾得爲役之日淺，事今薄，奚敢有請？』于是嚴遂乃具酒，觴聶政母前。仲子奉黄金百鎰，前爲聶政母壽。聶政驚，愈怪其厚，固謝嚴仲子。仲子固進，而聶政謝曰：『臣有老母，家貧，客游以爲狗屠，可旦夕得甘脆以養親。親供養備，義不敢當仲子之賜。』嚴仲子辟人，因爲聶政語曰：『臣有仇，而行游諸侯衆矣，然至齊，聞足下義甚高。故直進百金者，特以爲夫人粗糲之費，以交足下之歡，豈敢以有求邪？』聶政曰：『臣所以降志辱身，居市井者，徒幸而養老母。老母在，政身未敢以許人也。』嚴仲子固讓，聶政竟不肯受。然仲子卒備賓主之禮而去。

久之，聶政母死，既葬，除服。聶政曰：『嗟乎！政乃市井之人，鼓刀以屠，而嚴仲子乃諸侯之卿相也，不遠千里，枉車騎而交臣，臣之所以待之至淺鮮矣，未有大功可以稱者，而嚴仲子舉百金爲親壽，我雖不受，然是深知政也。夫賢者以感忿睚眦之意，而親信窮僻之人，而政獨安可嘿然而止乎？且前日要政，政徒以老母。老母今以天年終，政將爲知己者用。』

遂西至濮陽，見嚴仲子曰：『前所以不許仲子者，徒以親在。今親不幸，仲子所欲報仇者爲誰？』嚴仲子具告曰：『臣之仇韓相傀。傀又韓君之季父也，宗族盛，兵衛設，臣使人刺之，終莫能就。今足下幸而不棄，請益具車騎壯士，以爲羽翼。』政曰：『韓與衛，中間不遠，今殺人之相，相又國君之親，此其勢不可以多人。多人不能無生得失，生得失則語泄，語泄則韓舉國而與仲子爲讎也，豈不殆哉！』遂謝車騎人徒，辭，獨行仗劍至韓。

韓適有東孟之會，韓王及相皆在焉，持兵戟而衛者甚衆。聶政直入，上階刺韓傀。韓傀走而抱哀侯，聶政刺之，兼中哀侯，左右大亂。聶政大呼，所殺者數十人。因自皮面抉眼，自屠出腸，遂以死。韓取聶政尸于市，縣購之千金。久之莫知誰子。

政姊聞之，曰：『弟至賢，不可愛妾之軀，滅吾弟之名，非弟意也。』乃之韓。視之曰：『勇哉！氣矜之隆。是其軼賁、育而高成荆矣。今死而無名，父母既殁矣，兄弟無有，此爲我故也。夫愛身不揚弟之名，吾不忍也。』乃抱尸而哭之曰：『此吾弟軹深井里聶政也。』亦自殺于尸下。

晉、楚、齊、衛聞之曰：『非獨政之能，乃其姊者，亦列女也。』聶政之所以名施于後世者，其姊不避菹醢之誅，以揚其名也。

卷二十八　韓三

或謂韓公仲

或謂韓公仲曰：『夫攣子之相似者，唯其母知之而已；利害之相似者，唯智者知之而已。今公國，其利害之相似，正如攣子之相似也。得以其道爲之，則主尊而身安；不得其道，則主卑而身危。今秦、魏之和成，而非公適束之，則韓必謀矣。若韓隨魏以善秦，是爲魏從也，則韓輕矣，主卑矣。秦已善韓，必將欲置其所愛信者，令用事于韓以完之，是公危矣。今公與安成君爲秦、魏之和，成固爲福，不成亦爲福。秦、魏之和成，而公適束之，是韓爲秦、魏之門户也，是韓重而主尊矣。安成君東重于魏，而西貴于秦，操右契而爲公責德于秦、魏之主，裂地而爲諸侯，公之事也。若夫安韓、魏而終身相，公之下服，此主尊而身安矣。秦、魏不終相聽者也。齊怒于不得魏，必欲善韓以塞魏；魏不聽秦，必務善韓以備秦，是公擇布而割也。秦、魏和，則兩國德公；不和，則兩國争事公。所謂成爲福，不成亦爲福者也。願公之無疑也。』

或謂公仲

或謂公仲曰：『今有一舉而可以忠于主，便于國，利于身，願公之行之也。今天下散而事秦，則韓最輕矣；天下合而離秦，則韓最弱矣；合離之相續，則韓最先危矣。此君國長民之大患也。今公以韓先合于秦，天下隨之，是韓以天下事秦，秦之德韓也厚矣。韓與天下朝秦，而獨厚取德焉，公行之計，是其于主也至忠矣。天下不合秦，秦令而不聽，秦必起兵以誅不服。秦久與天下結怨構難，而兵不決，韓息士民以待其亹，公行之計，是其于國也，大便也。昔者，周佼以西周善于秦，而封于梗陽；周啓以東周善于秦，而封于平原。今公以韓善秦，韓之重于兩周也無計，而秦之爭機也，萬于周之時。今公以韓爲天下先合于秦，秦必以公爲諸侯，以明示天下，公行之計，是其于身大利也。願公之加務也。』

韓人攻宋

韓人攻宋，秦王大怒曰：『吾愛宋，與新城、陽晋同也。韓珉與我交，而攻我甚所愛，何也？』蘇秦爲韓説秦王曰：『韓珉之攻宋，所以爲王也。以韓之强，輔之以宋，楚、魏必恐。恐，必西面事秦。王不折一兵，不殺一人，無事而割安邑，此韓珉之所以禱于秦也。』秦王曰：『吾固患韓之難知，一從一横，此其説何也？』對曰：『天下固令韓可知也。韓故已攻宋矣，其西面事秦，以萬乘、自輔；不西事秦，則宋地不安矣。中國白頭游敖之士，皆積智欲離秦、韓之交。伏軾結靷西馳者，未有一人言善韓者也；伏軾結靷東馳者，未有一人言善秦者也。皆不欲韓、秦之合者何也？則晋、楚智而韓、秦愚也。晋、楚合，必伺韓、秦；韓、秦合，必圖晋、楚。請以决事。』秦王曰：『善。』

或謂韓王

或謂韓王曰：『秦王欲出事于梁，而欲攻絳、安邑，韓計將安出矣？秦之欲伐韓，以東窺周室，甚唯寐忘之。今韓不察，因欲與秦，必爲山東大禍矣。秦之欲攻梁也，欲得梁以臨韓，恐梁之不聽也，故欲病之以固交也。王不察，因欲中立，梁必怒于韓之不與己，必折爲秦用，韓必舉矣。願王熟慮之也。不如急發重使之趙、梁，約復爲兄弟，使山東皆以鋭師戍韓、梁之西邊，非爲此也，山東無以救亡，此萬世之計也。秦之欲并天下而王之也，不與古同。事之雖如子之事父，猶將亡之也。行雖如伯夷，欲將亡之也。行雖如桀、紂，猶將亡之也。雖善事之無益也。不可以爲存，適足以自令亟亡也。然則山東非能從親，合而相堅如一者，必皆亡矣。』

謂鄭王

謂鄭王曰：『昭釐侯，一世之明君也；申不害，一世之賢士也。韓與魏敵侔之國也，申不害與昭釐侯執珪而見梁君，非好卑而惡尊也，非慮過而議失也。申不害之計事，曰：「我執珪于魏，魏君必得志于韓，必外靡于天下矣，是魏弊矣。諸侯惡魏必事韓，是我免于一人之下，而信于萬人之上也。夫弱魏之兵，而重韓之權，莫如朝魏。」昭釐侯聽而行之，明君也；申不害慮事而言之，忠臣也。今之韓弱于始之韓，而今之秦强于始之秦。今秦有梁君之心矣，而王與諸臣不事爲尊秦以定韓者，臣竊以爲王之明爲不如昭釐侯，而王之諸臣忠莫如申不害也。

『昔者，穆公一勝于韓原而霸西州，晋文公一勝于城濮而定天下，此以一勝立尊令，成功名于天下。今秦數世强矣，大勝以千數，小勝以百數，大之不王，小之不霸，名尊無所立，制令無所行，然而《春秋》用兵者，非以求主尊成名于天下也。昔先王之攻，有爲名者，有爲實者。爲名者攻其心，爲實者攻其形。昔者，吴與越戰，越人大敗，保于會稽之上。吴人入越而户撫之。越王使大夫種行成于吴，請男爲臣，女爲妾，身執禽而隨諸御。吴人果聽其辭，與成而不盟，此攻其心者也。其後越與吴戰，吴人大敗，亦請男爲臣，女爲妾，反以越事吴之禮事越。越人不聽也，遂殘吴國而禽夫差，此攻其形者也。今將攻其心乎，宜使如吴；攻其形乎，宜使如越。夫攻形不如越，而攻心不如吴，而君臣、上下、少長、貴賤，畢呼霸王，臣竊以爲猶之井中而謂曰：「我將爲爾求火也。」

『東孟之會，聶政、陽堅刺相兼君。許異蹴哀侯而殪之，立以爲鄭君。韓氏之衆無不聽令者，則許異爲之先也。是故哀侯爲君，而許異終身相焉。而韓氏之尊許異也，猶其尊哀侯也。今日鄭君不可得而爲也，雖終身相之焉，然而吾弗爲云者，豈不爲過謀哉！昔齊桓公九合諸侯，未嘗不以周襄王之命。然則雖尊襄王，桓公亦定霸矣。九合之尊桓公也，猶其尊襄王也。今日天子不可得而爲也，雖爲桓公吾弗爲云者，豈不爲過謀而不知尊哉！韓氏之士數十萬，皆戴哀侯以爲君，而許異獨取相焉者，無他；諸侯之君，無不任事于周室也，而桓公獨取霸者，亦無他也。今强國將有帝王之亹，而以國先者，此桓公、許異之類也。豈可不謂善謀哉？夫先與强國之利，强國能王，則我必爲之霸；强國不能王，則可以辟其兵，使之無伐我。然則强國事成，則我立帝而霸；强國之事不成，猶之厚德我也。今與强國，强國之事成則有福，不成則無患，然則先與强國者，聖人之計也。』

韓陽役于三川而欲歸

韓陽役于三川而欲歸，足强爲之説韓王曰：『三川服矣，王亦知之乎？役且共貴公子。』王于是召諸公子役于三川者而歸之。

秦大國

秦，大國也。韓，小國也。韓甚疏秦。然而見親秦，計之，非金無以也，故賣美人。美人之賈貴，諸侯不能買，故秦買之三千金。韓因以其金事秦，秦反得其金與韓之美人。韓之美人因言于秦曰：『韓甚疏秦。』從是觀之，韓亡美人與金，其疏秦乃始益明。故客有説韓者曰：『不如止淫用，以是爲金以事秦，是金必行，而韓之疏秦不明。美人知内行者也，故善爲計者，不見内行。』

張丑之合齊楚講于魏

張丑之合齊、楚講于魏也，謂韓公仲曰：『今公疾攻魏之運，魏急，則必以地和于齊、楚，故公不如勿攻也。魏緩則必戰。戰勝，攻運而取之易矣。戰不勝，則魏且内之。』公仲曰：『諾。』張丑因謂齊、楚曰：『韓已與魏矣。以爲不然，則蓋觀公仲之攻也。』公仲不攻，齊、楚恐，因講于魏，而不告韓。

或謂韓相國

或謂韓相國曰：『人之所以善扁鵲者，爲有臃腫也；使善扁鵲而無臃腫也，則人莫之爲之也。今君以所事善平原君者，爲惡于秦也；而善平原君乃所以惡于秦也。願君之熟計之也。』

公仲使韓珉之秦求武隧

公仲使韓珉之秦求武隧，而恐楚之怒也。唐客謂公仲曰：『韓之事秦也，且以求武隧也，非弊邑之所憎也。韓已得武隧，其形乃可以善楚。臣願有言，而不敢爲楚計。今韓之父兄得衆者毋相，韓不能獨立，勢必不善楚。王曰：「吾欲以國輔韓珉而相之可乎？父兄惡珉，珉必以國保楚。」』公仲說，士唐客于諸公，而使之主韓、楚之事。

韓相公仲珉使韓侈之秦

韓相公仲珉使韓侈之秦，請攻魏，秦王說之。韓侈在唐，公仲珉死。韓侈謂秦王曰：『魏之使者謂後相韓辰曰：「公必爲魏罪韓侈。」韓辰曰：「不可。秦王仕之，又與約事。」使者曰：「秦之仕韓侈也，以重公仲也。今公仲死，韓侈之秦，秦必弗入。入，又奚爲挾之以恨魏王乎？」韓辰患之，將聽之矣。今王不召韓侈，韓侈且伏于山中矣。』秦王曰：『何意寡人如是之權也！令安伏？』召韓侈而仕之。

客卿爲韓謂秦王

客卿爲韓謂秦王曰：『韓珉之議，知其君不知异君，知其國不知异國。彼公仲者，秦勢能詘之。秦之强，首之者，珉爲疾矣。進齊、宋之兵至首坦，遠薄梁郭，所以不及魏者，以爲成而過南陽之道，欲以四國西首也。所以不者，皆曰以燕亡于齊，魏亡于秦，陳、蔡亡于楚，此皆絶地形，群臣比周以蔽其上，大臣爲諸侯輕國也。今王位正，張儀之貴，不得議公孫郝，是從臣不事大臣也；公孫郝之貴，不得議甘戊，則大臣不得事近臣矣。貴賤不相事，各得其位，輻湊以事其上，則群臣之賢不肖，可得而知也。王之明一也。公孫郝嘗疾齊、韓而不加貴，則爲大臣不敢爲諸侯輕國矣。齊、韓嘗因公孫郝而不受，則諸侯不敢因群臣以爲能矣。外内不相爲，則諸侯之情僞可得而知也。王之明二也。公孫郝、樗里疾請無攻韓，陳四辟去，王猶攻之也。甘茂約楚、趙而反敬魏，是其講我，茂且攻宜陽，王猶校之也。群臣之知，無幾于王之明者，臣故願公仲之國以侍于王，而無自左右也。』

韓珉相齊

韓珉相齊，令吏逐公疇竪，大怒于周之留成陽君也。謂韓珉曰：『公以二人者爲賢人也，所入之國，因用之乎？則不如其處小國。何也？成陽君爲秦去韓，公疇竪，楚王善之。今公因逐之，二人者必入秦、楚，必爲公患。且明公之不善于天下。

天下之不善公者，與欲有求于齊者，且收之，以臨齊而市公。』

或謂山陽君

或謂山陽君曰：『秦封君以山陽，齊封君以莒。齊、秦非重韓則賢君之行也。今楚攻齊取莒，上及不交齊，次弗納于君，是棘齊、秦之威而輕韓也。』山陽君因使之楚。

趙魏攻華陽

趙、魏攻華陽，韓謁急于秦。冠蓋相望，秦不救。韓相國謂田苓曰：『事急，願公雖疾，爲一宿之行。』田苓見穰侯，穰侯曰：『韓急乎？何故使公來？』田苓對曰：『未急也。』穰侯怒曰：『是何以爲公之王使乎？冠蓋相望，告弊邑甚急，公曰未急，何也？』田苓曰：『彼韓急，則將變矣。』穰侯曰：『公無見王矣，臣請令發兵救韓。』八日中，大敗趙、魏于華陽之下。

秦招楚而伐齊

秦招楚而伐齊，冷向謂陳軫曰：『秦王必外向。楚之齊者知西不合于秦，必且務以楚合于齊。齊、楚合，燕、趙不敢不聽。齊以四國敵秦，是齊不窮也。』向曰：『秦王誠必欲伐齊乎？不如先收于楚之齊者，楚之齊者先務以楚合于齊，則楚必即秦矣。以强秦而有晋、楚，則燕、趙不敢不聽，是齊孤矣。向請爲公説秦王。』

韓氏逐向晋于周

韓氏逐向晋于周，周成恢爲之謂魏王曰：『周必寬而反之，王何不爲之先言，是王有向晋于周也。』魏王曰：『諾。』成恢因爲謂韓王曰：『逐向晋者韓也，而還之者魏也，豈如道韓反之哉！是魏有向晋于周，而韓王失之也。』韓王曰：『善。』亦因請復之。

張登請費緤

張登請費緤曰：『請令公子年謂韓王曰：「費緤，西周讎之，東周寶之。此其家萬金，王何不召之，以爲三川之守。是緤以三川與西周戒也，必盡其家以事王。西周惡之，必效先王之器以止王。」韓王必爲之。西周聞之，必解子之罪，以止子之事。』

安邑之御史死

安邑之御史死，其次恐不得也。輸人爲之謂安令曰：『公孫綦爲人請御史于王，王曰：「彼固有次乎？吾難敗其法。」』因遽置之。

魏王爲九里之盟

魏王爲九里之盟，且復天子。房喜謂韓王曰：『勿聽之也，大國惡有天子，而小國利之。王與大國弗聽，魏安能與小國立之。』

建信君輕韓熙

建信君輕韓熙，趙敖爲謂建信侯曰：『國形有之而存，無之而亡者，魏也。不可無而從者，韓也。今君之輕韓熙者，交善楚、魏也。秦見君之交反善于楚、魏也，其收韓必重矣。從則韓輕，横則韓重，則無從輕矣。秦出兵于三川，則南圍鄢，蔡、邵之道不通矣。魏急，其救趙必緩矣。秦舉兵破邯鄲，趙必亡矣。故君收韓，可以無亹。』

段産謂新城君

段産謂新城君曰：『夫宵行者能無爲奸，而不能令狗無吠己。今臣處郎中，能無議君于王，而不能令人毋議臣于君。願君察之也。』

段干越人謂新城君

段干越人謂新城君曰：『王良之弟子駕，云取千里馬，遇造父之弟子。造父之弟子曰：「馬不千里。」王良弟子曰：「馬，千里之馬也；服，千里之服也。而不能取千里，何也？」曰：「子纆牽長。故纆牽于事，萬分之一也，而難行千里之行。」今臣雖不肖，于秦亦萬分之一也，而相國見臣不釋塞者，是纆牽長也。』

卷二十九　燕一

蘇秦將爲從北説燕文侯

蘇秦將爲從，北説燕文侯曰：『燕東有朝鮮、遼東，北有林胡、樓煩，西有雲中、九原，南有呼沱、易水。地方二千餘里，帶甲數十萬，車七百乘，騎六千匹，粟支十年。南有碣石、雁門之饒，北有棗粟之利，民雖不由田作，棗粟之實，足食于民矣。此所謂天府也。夫安樂無事，不見覆軍殺將之憂，無過燕矣。大王知其所以然乎？夫燕之所以不犯寇被兵者，以趙之爲蔽于南也。秦、趙五戰，秦再勝而趙三勝。秦、趙相弊，而王以全燕制其後，此燕之所以不犯難也。且夫秦之攻燕也，逾雲中、九原，過代、上谷，彌地踵道數千里，雖得燕城，秦計固不能守也。秦之不能害燕亦明矣。今趙之攻燕也，發興號令，不至十日，而數十萬之衆，軍于東垣矣。度呼沱，涉易水，不至四五日，距國都矣。故曰，秦之攻燕也，戰于千里之外；趙之攻燕也，戰于百里之内。夫不憂百里之患，而重千里之外，計無過于此者。是故願大王與趙從親，天下爲一，則國必無患矣。』

燕王曰：『寡人國小，西迫强秦，南近齊、趙。齊、趙，强國也，今主君幸教詔之，合從以安燕，敬以國從。』于是賫蘇秦車馬金帛以至趙。

奉陽君李兑甚不取于蘇秦

奉陽君李兑甚不取于蘇秦。蘇秦在燕，李兑因爲蘇秦謂奉陽君曰：『齊、燕離則趙重，齊、燕合則趙輕。今君之齊，非趙之利也。臣竊爲君不取也。』

奉陽君曰：『何吾合燕于齊？』

對曰：『夫制于燕者蘇子也。而燕弱國也，東不如齊，西不如趙，豈能東無齊、西無趙哉？而君甚不善蘇秦，蘇秦能抱弱燕而孤于天下哉？是驅燕而使合于齊也。且燕亡國之餘也，其以權立，以重外，以事貴。故爲君計，善蘇秦則取，不善亦取之，以疑燕、齊。燕、齊疑，則趙重矣。齊王疑蘇秦，則君多資。』

奉陽君曰：『善。』乃使使與蘇秦結交。

權之難，燕再戰不勝，趙弗救。噲子謂文公曰：『不如以地請合于齊，趙必救我。若不吾救，不得不事。』文公曰：『善。』令郭任以地請講于齊。趙聞之，遂出兵救燕。

燕文公時

燕文公時，秦惠王以其女爲燕太子婦。文公卒，易王立。齊宣王因燕喪攻之，取十城。

武安君蘇秦爲燕説齊王，再拜而賀，因仰而弔。齊王桉戈而却曰：『此一何慶弔相隨之速也？』

對曰：『人之飢所以不食烏喙者，以爲雖偷充腹，而與死同患也。今燕雖弱小，强秦之少婿也。王利其十城，而深與强秦爲仇。今使弱燕爲雁行，而强秦制其後，以招天下之精兵，此食烏喙之類也。』

齊王曰：『然則奈何？』

對曰：『聖人之制事也，轉禍而爲福，因敗而爲功。故桓公負婦人而名益尊，韓獻開罪而交愈固，此皆轉禍而爲福，因敗而爲功者也。王能聽臣，莫如歸燕之十城，卑辭以謝秦。秦知王以己之故歸燕城也，秦必德王。燕無故而得十城，燕亦德王。是棄强仇而立厚交也。且夫燕、秦之俱事齊，則大王號令天下皆從。是王以虚辭附秦，而以十城取天下也。此霸王之業矣。所謂轉禍爲福，因敗成功者也。』

人有惡蘇秦于燕王者

人有惡蘇秦于燕王者，曰：『武安君，天下不信人也。王以萬乘下之，尊之于廷，示天下與小人群也。』

武安君從齊來，而燕王不館也。謂燕王曰：『臣東周之鄙人也，見足下身無咫尺之功，而足下迎臣于郊，顯臣于廷。今臣爲足下使，利得十城，功存危燕，足下不聽臣者，人必有言臣不信，傷臣于王者。臣之不信，是足下之福也。使臣信如尾生，廉如伯夷，孝如曾參，三者天下之高行，而以事足下，不可乎？』燕王曰：『可。』曰：

『有此，臣亦不事足下矣。』

蘇秦曰：『且夫孝如曾參，義不離親一夕宿于外，足下安得使之之齊？廉如伯夷，不取素飡，污武王之義而不臣焉，辭孤竹之君，餓而死于首陽之山。廉如此者，何肯步行數千里，而事弱燕之危主乎？信如尾生，期而不來，抱梁柱而死。信至如此，何肯楊燕、秦之威于齊而取大功乎哉？且夫信行者，所以自爲也，非所以爲人也，皆自覆之術，非進取之道也。且夫三王代興，五霸迭盛，皆不自覆也。君以自覆爲可乎？則齊不益于營丘，足下不逾楚境，不窺于邊城之外。且臣有老母于周，離老母而事足下，去自覆之術，而謀進取之道，臣之趣固不與足下合者。足下皆自覆之君也，僕者進取之臣也，所謂以忠信得罪于君者也。』

燕王曰：『夫忠信，又何罪之有也？』

對曰：『足下不知也。臣鄰家有遠爲吏者，其妻私人。其夫且歸，其私之者憂之。其妻曰：「公勿憂也，吾已爲藥酒以待之矣。」後二日，夫至。妻使妾奉卮酒進之。妾知其藥酒也，進之則殺主父，言之則逐主母，乃陽僵棄酒。主父大怒而笞之。故妾一僵而棄酒，上以活主父，下以存主母也。忠至如此，然不免于笞，此以忠信得罪者也。臣之事，適不幸而有類妾之棄酒也。且臣之事足下，亢義益國，今乃得罪，臣恐天下後事足下者，莫敢自必也。且臣之説齊，曾不欺之也。使之説齊者，莫如臣之言也，雖堯、舜之智，不敢取也。』

張儀爲秦破從連横謂燕王

張儀爲秦破從連横，謂燕王曰：『大王之所親，莫如趙。昔趙王以其姊爲代王妻，欲并代，約與代王遇于句注之塞。乃令工人作爲金斗，長其尾，令之可以擊人。與代王飲，而陰告厨人曰：「即酒酣樂，進熱歠，即因反斗擊之。」于是酒酣樂進取熱歠。厨人進斟羹，因反斗而擊之，代王腦塗地。其姊聞之，摩笄以自刺也。故至今有摩笄之山，天下莫不聞。

『夫趙王之狼戾無親，大王之所明見知也。且以趙王爲可親邪？趙興兵而攻燕，再圍燕都而劫大王，大王割十城乃却以謝。今趙王已入朝澠池，效河間以事秦。大王不事秦，秦下甲雲中、九原，驅趙而攻燕，則易水、長城非王之有也。且今時趙之于秦，猶郡縣也。不敢妄興師以征伐。今大王事秦，秦王必喜，而趙不敢妄動矣。是西有强秦之援，而南無齊、趙之患，是故願大王之熟計之也。』

燕王曰：『寡人蠻夷辟處，雖大男子，裁如嬰兒，言不足以求正，謀不足以決事。今大客幸而教之，請奉社稷西面而事秦，獻常山之尾五城。』

宮他爲燕使魏

宮他爲燕使魏，魏不聽，留之數月。客謂魏王曰：『不聽燕使何也？』曰：『以其亂也。』對曰：『湯之伐桀，欲其亂也。故大亂者可得其地，小亂者可得其寶。今燕客之言曰：「事苟可聽，雖盡寶、地，猶爲之也。」王何爲不見？』魏王説，因見燕客而遣之。

蘇秦死其弟蘇代欲繼之

蘇秦死，其弟蘇代欲繼之，乃北見燕王噲曰：『臣東周之鄙人也，竊聞王義甚高甚順，鄙人不敏，竊釋鉏耨而干大王。至于邯鄲，所聞于邯鄲者，又高于所聞東周。臣竊負其志，乃至燕廷，觀王之群臣下吏，大王天下之明主也。』

王曰：『子之所謂天下之明主者，何如者也？』

對曰：『臣聞之，明主者務聞其過，不欲聞其善。臣請謁王之過。夫齊、趙者，王之仇讎也；楚、魏者，王之援國也。今王奉仇讎以伐援國，非所以利燕也。王自慮此則計過。無以諫者，非忠臣也。』

王曰：『寡人之于齊、趙也，非所敢欲伐也。』

曰：『夫無謀人之心，而令人疑之，殆；有謀人之心，而令人知之，拙；謀未發而聞于外，則危。今臣聞王居處不安，食飲不甘，思念報齊，身自削甲扎，曰有大數矣，妻自組甲絣，曰有大數矣，有之乎？』

王曰：『子聞之，寡人不敢隱也。我有深怨積怒于齊，而欲報之二年矣。齊者，我讎國也，故寡人之所欲伐也。直患國弊，力不足矣。子能以燕敵齊，則寡人奉國而委之于子矣。』

對曰：『凡天下之戰國七，而燕處弱焉；獨戰則不能，有所附則無不重。南附楚則楚重，西附秦則秦重，中附韓、魏則韓、魏重。且苟所附之國重，此必使王重矣。今夫齊王，長主也，而自用也。南攻楚五年，稸積散。西困秦三年，民憔瘁，士罷弊。北與燕戰，覆三軍，獲二將。而又以其餘兵南面而舉五千乘之勁宋，而包十二諸侯。此其君之欲得也，其民力竭也，安猶取哉？且臣聞之，數戰則民勞，久師則兵弊。』

王曰：『吾聞齊有清濟、濁河，可以爲固；有長城、鉅防，足以爲塞。誠有之乎？』

對曰：『天時不與，雖有清濟、濁河，何足以爲固？民力窮弊，雖有長城、鉅防，何足以爲塞？且异日也，濟西不役，所以備趙也；河北不師，所以備燕也。今濟西、河北，盡以役矣，封内弊矣。夫驕主必不好計，而亡國之臣貪于財。王誠能毋愛寵子、母弟以爲質，寶珠玉帛以事其左右，彼且德燕而輕亡宋，則齊可亡已。』

王曰：『吾終以子受命于天矣？』曰：『内寇不與，外敵不可距。王自治其外，臣自報其内，此乃亡之之勢也。』

燕王噲既立

燕王噲既立，蘇秦死于齊。蘇秦之在燕也，與其相子之爲婚，而蘇代與子之交。及蘇秦死，而齊宣王復用蘇代。

燕噲三年，與楚、三晋攻秦，不勝而還。子之相燕，貴重主斷。蘇代爲齊使于燕，燕王問之曰：『齊宣王何如？』對曰：『必不霸。』燕王曰：『何也？』對曰：『不信其臣。』蘇代欲以激燕王以厚任子之也。于是燕王大信子之。子之因遺蘇代百金，聽其所使。

鹿毛壽謂燕王曰：『不如以國讓子之。人謂堯賢者，以其讓天下于許由，由必不受，有讓天下之名，實不失天下。今王以國讓相子之，子之必不敢受，是王與堯同行也。』燕王因舉國屬子之，子之大重。

或曰：『禹授益而以啓爲吏，及老，而以啓爲不足任天下，傳之益也。啓與支黨攻益而奪之天下，是禹名傳天下于益，其實令啓自取之。今王言屬國子之，而吏無非太子人者，是名屬子之，而太子用事。』王因收印自三百石吏而效之子之。子之南面行王事，而噲老不聽政，顧爲臣，國事皆決子之。

子之三年，燕國大亂，百姓恫怨。將軍市被、太子平謀，將攻子之。儲子謂齊宣王：『因而仆之，破燕必矣。』王因令人謂太子平曰：『寡人聞太子之義，將廢私而立公，飭君臣之義，正父子之位，寡人之國小，不足先後。雖然，則唯太子所以令之。』

太子因數黨聚衆，將軍市被圍公宮，攻子之，不克；將軍市被及百姓乃反攻太子平。將軍市被死已殉，國構難數月，死者數萬衆，燕人恫怨，百姓離意。

孟軻謂齊宣王曰：『今伐燕，此文、武之時，不可失也。』王因令章子將五都之兵，以因北地之衆以伐燕。士卒不戰，城門不閉，燕王噲死。齊大勝燕，子之亡。二年，燕人立公子平，是爲燕昭王。

初蘇秦弟厲因燕質子而求見齊王

初，蘇秦弟厲因燕質子而求見齊王。齊王怨蘇秦，欲囚厲，燕質子爲謝乃已，遂委質爲臣。

燕相子之與蘇代婚，而欲得燕權，乃使蘇代持質子于齊。齊使代報燕，燕王噲問曰：『齊王其伯也乎？』曰：『不能。』曰：『何也？』曰：『不信其臣。』于是燕王專任子之，已而讓位，燕大亂。齊伐燕，殺王噲、子之。燕立昭王。而蘇代、厲遂不敢入燕，皆終歸齊，齊善待之。

蘇代過魏，魏爲燕執代。齊使人謂魏王曰：『齊請以宋封涇陽君，秦不受。秦非不利有齊而得宋地也，不信齊王與蘇子也。今齊、魏不和，如此其甚，則齊不欺秦。秦信齊，齊、秦合，涇陽君有宋地，非魏之利也。故王不如東蘇子，秦必疑而不信蘇子矣。齊、秦不合，天下無變，伐齊之形成矣。』于是出蘇代之宋，宋善待之。

燕昭王收破燕後即位

燕昭王收破燕後即位，卑身厚幣，以招賢者，欲將以報讎。故往見郭隗先生曰：『齊因孤國之亂，而襲破燕。孤極知燕小力少，不足以報。然得賢士與共國，以雪先王之耻，孤之願也。敢問以國報讎者奈何？』

郭隗先生對曰：『帝者與師處，王者與友處，霸者與臣處，亡國與役處。詘指而事之，北面而受學，則百己者至。先趨而後息，先問而後嘿，則什己者至。人趨己趨，則若己者至。馮几據杖，眄視指使，則厮役之人至。若恣睢奮擊，呴籍叱咄，則徒隸之人至矣。此古服道致士之法也。王誠博選國中之賢者，而朝其門下，天下聞王朝其賢臣，天下之士必趨于燕矣。』

昭王曰：『寡人將誰朝而可？』郭隗先生曰：『臣聞古之君人，有以千金求千里馬者，三年不能得。涓人言于君曰：「請求之。」君遣之。三月得千里馬，馬已死，買其首五百金，反以報君。君大怒曰：「所求者生馬，安事死馬而捐五百金？」涓人對曰：「死馬且買之五百金，况生馬乎？天下必以王爲能市馬，馬今至矣。」于是不能期年，千里之馬至者三。今王誠欲致士，先從隗始；隗且見事，况賢于隗者乎？豈遠千里哉？』

于是昭王爲隗築宫而師之。樂毅自魏往，鄒衍自齊往，劇辛自趙往，士争凑燕。燕王吊死問生，與百姓同其甘苦。二十八年，燕國殷富，士卒樂佚輕戰。于是遂以樂毅爲上將軍，與秦、楚、三晋合謀以伐齊。齊兵敗，閔王出走于外。燕兵獨追北入至臨淄，盡取齊寶，燒其宫室宗廟。齊城之不下者，唯獨莒、即墨。

齊伐宋宋急

齊伐宋，宋急。蘇代乃遺燕昭王書曰：『夫列在萬乘，而寄質于齊，名卑而權輕。秦、齊助之伐宋，民勞而實費。破宋，殘楚淮北，肥大齊，讎强而國弱也。此三者，皆國之大敗也，而足下行之，將欲以除害取信于齊也。而齊未加信于足下，而忌燕也愈甚矣。然則足下之事齊也，失所爲矣。夫民勞而實費，又無尺寸之功，破宋肥讎，而世負其禍矣。足下以宋加淮北，强萬乘之國也，而齊并之，是益一齊也。北夷方七百里，加之以魯、衛，此所謂强萬乘之國也，而齊并之，是益二齊也。夫一齊之强，而燕猶不能支也，今乃以三齊臨燕，其禍必大矣。

『雖然，臣聞知者之舉事也，轉禍而爲福，因敗而成功者也。齊人紫敗素也，而賈十倍。越王勾踐棲于會稽，而後殘吴霸天下。此皆轉禍而爲福，因敗而爲功者也。

今王若欲轉禍而爲福，因敗而爲功乎？則莫如遥伯齊而厚尊之，使使盟于周室，盡焚天下之秦符，約曰：「夫上計破秦，其次長賓之秦。」秦挾賓客以待破，秦王必患之。秦五世以結諸侯，今爲齊下；秦王之志，苟得窮齊，不憚以一國都爲功。然而王何不使布衣之人，以窮齊之説説秦，謂秦王曰：「燕、趙破宋肥齊尊齊而爲之下者，燕、趙非利之也。弗利而勢爲之者，何也？以不信秦王也。今王何不使可以信者接收燕、趙。今涇陽君若高陵君先于燕、趙，秦有變，因以爲質，則燕、趙信秦矣。秦爲西帝，趙爲中帝，燕爲北帝，立爲三帝而以令諸侯。韓、魏不聽，則秦伐之。齊不聽，則燕、趙伐之。天下孰敢不聽？天下服聽，因驅韓、魏以攻齊，曰，必反宋地，而歸楚之淮北。夫反宋地，歸楚之淮北，燕、趙之所同利也。并立三帝，燕、趙之所同願也。夫實得所利，名得所願，則燕、趙之棄齊也，猶釋弊躧。今王之不收燕、趙，則齊伯必成矣。諸侯戴齊，而王獨弗從也，是國伐也。諸侯戴齊，而王從之，是名卑也。王不收燕、趙，名卑而國危；王收燕、趙，名尊而國寧。夫去尊寧而就卑危，知者不爲也。」秦王聞若説也，必如刺心然，則王何不務使知士以若此言説秦？秦伐齊必矣。夫取秦，上交也；伐齊，正利也。尊上交，務正利，聖王之事也。』

燕昭王善其書，曰：『先人嘗有德蘇氏，子之之亂，而蘇氏去燕。燕欲報仇于齊，非蘇氏莫可。』乃召蘇氏，復善待之。與謀伐齊，竟破齊，閔王出走。

蘇代謂燕昭王

蘇代謂燕昭王曰：『今有人于此，孝若曾參、孝己，信如尾生高，廉如鮑焦、史鰌，兼此三行以事王，奚如？』王曰：『如是足矣。』對曰：『足下以爲足，則臣不事足下矣。臣且處無爲之事，歸耕乎周之上地，耕而食之，織而衣之。』王曰：『何故也？』對曰：『孝如曾參、孝己，則不過養其親其。信如尾生高，則不過不欺人耳。廉如鮑焦、史鰌，則不過不竊人之財耳。今臣爲進取者也。臣以爲廉不與身俱達，義不與生俱立。仁義者，自完之道也，非進取之術也。』

王曰：『自憂不足乎？』對曰：『以自憂爲足，則秦不出殽塞，齊不出營丘，楚不出疏章。三王代位，五伯改政，皆以不自憂故也。若自憂而足，則臣亦之周負籠耳，何爲煩大王之廷耶？昔者楚取章武，諸侯北面而朝。秦取西山，諸侯西面而朝。曩者使燕毋去周室之上，則諸侯不爲别馬而朝矣。臣聞之，善爲事者，先量其國之大小，而揆其兵之强弱，故功可成，而名可立也。不能爲事者，不先量其國之大小，不揆其兵之强弱，故功不可成而名不可立也。今王有東嚮伐齊之心，而愚臣知之。』

王曰：『子何以知之？』對曰：『矜戟砥劍，登丘東嚮而嘆，是以愚臣知之。今夫烏獲舉千鈞之重，行年八十，而求扶持。故齊雖强國也，西勞于宋，南罷于楚，則齊軍可敗，而河間可取。』

燕王曰：『善。吾請拜子爲上卿，奉子車百乘，子以此爲寡人東游于齊，何如？』對曰：『足下以愛之故與，則何不與愛子與諸舅、叔父、負床之孫，不得，而乃以與無能之臣，何也？王之論臣，何如人哉？今臣之所以事足下者，忠信也。恐以忠信之故，見罪于左右。』

王曰：『安有爲人臣盡其力，竭其能，而得罪者乎？』對曰：『臣請爲王譬。昔周之上地嘗有之。其丈夫官三年不歸，其妻愛人。其所愛者曰：「子之丈夫來，則且奈何乎？」其妻曰：「勿憂也，吾已爲藥酒而待其來矣。」已而其丈夫果來，于是因令其妾酌藥酒而進之。其妾知之，半道而立。慮曰：「吾以此飲吾主父，則殺吾主父；以此事告吾主父，則逐吾主母。與殺吾父、逐吾主母者，寧佯躓而覆之。」于是因佯僵而仆之。其妻曰：「爲子之遠行來之，故爲美酒，今妾奉而仆之。」其丈夫不知，縛其妾而笞之。故妾所以笞者，忠信也。今臣爲足下使于齊，恐忠信不諭于左右也。臣聞之曰：萬乘之主，不制于人臣。十乘之家，不制于衆人。匹夫徒步之士，不制于妻妾。而又况于當世之賢主乎？臣請行矣，願足下之無制于群臣也。

燕王謂蘇代

燕王謂蘇代曰：『寡人甚不喜訑者言也。』蘇代對曰：『周地賤媒，爲其兩譽也。之男家曰「女美」，之女家曰「男富」。然而周之俗，不自爲取妻。且夫處女無媒，老且不嫁；舍媒而自衒，弊而不售。順而無敗，售而不弊者，唯媒而已矣。且事非權不立，非勢不成。夫使人坐受成事者，唯訑者耳。』王曰：『善矣。』

卷三十　燕二

秦召燕王

秦召燕王，燕王欲往。蘇代約燕王曰：『楚得枳而國亡，齊得宋而國亡，齊、楚不得以有枳、宋事秦者，何也？是則有功者，秦之深讎也。秦取天下，非行義也，暴也。

『秦之行暴于天下，正告楚曰：「蜀地之甲，輕舟浮于汶，乘夏水而下江，五日而至郢。漢中之甲，乘舟出于巴，乘夏水而下漢，四日而至五渚。寡人積甲宛，東下隨，知者不及謀，勇者不及怒，寡人如射隼矣。王乃待天下之攻函谷，不亦遠乎？」楚王爲是之故，十七年事秦。

『秦正告韓曰：「我起乎少曲，一日而斷太行。我起乎宜陽而觸平陽，二日而莫不盡繇。我離兩周而觸鄭，五日而國舉。」韓氏以爲然，故事秦。

『秦正告魏曰：「我舉安邑，塞女戟，韓氏、太原卷。我下枳，道南陽、封、冀，包兩周，乘夏水，浮輕舟，强弩在前，銛戈在後，决滎口，魏無大梁；决白馬之口，魏無濟陽；决宿胥之口，魏無虚、頓丘。陸攻則擊河内，水攻則滅大梁。」魏氏以爲然，故事秦。

「秦欲攻安邑，恐齊救之，則以宋委于齊，曰：「宋王無道，爲木人以寫寡人，射其面。寡人地絶兵遠，不能攻也。王苟能破宋有之，寡人如自得之。」已得安邑，塞女戟，因以破宋爲齊罪。

「秦欲攻齊，恐天下救之，則以齊委于天下曰：「齊王四與寡人約，四欺寡人，必率天下以攻寡人者三。有齊無秦，無齊有秦，必伐之，必亡之！」已得宜陽、少曲，致藺、石，因以破齊爲天下罪。

秦欲攻魏，重楚，則以南陽委于楚曰：「寡人固與韓且絶矣！殘均陵，塞鄳隘，苟利于楚，寡人如自有之。」魏棄與國而合于秦，因以塞鄳隘爲楚罪。

『兵困于林中，重燕、趙，以膠東委于燕，以濟西委于趙。趙得講于魏，至公子延，因犀首屬行而攻趙。兵傷于離石，遇敗于馬陵，而重魏，則以葉、蔡委于魏。已得講于趙，則劫魏，魏不爲割。困則使太后、穰侯爲和，嬴則兼欺舅與母。適燕者曰：「以膠東。」適趙者曰：「以濟西。」適魏者曰：「以葉、蔡。」適楚者曰：「以塞鄳隘。」適齊者曰：「以宋。」此必令其言如循環，用兵如刺蜚繡，母不能制，舅不能約。龍賈之戰，岸門之戰，封陸之戰，高商之戰，趙莊之戰，秦之所殺三晉之民數百萬。今其生者，皆死秦之孤也。西河之外、上雒之地、三川，晉國之禍，三晉之半。秦禍如此其大，而燕、趙之秦者，皆以争事秦説其主，此臣之所大患。』

燕昭王不行，蘇代復重于燕。燕反約諸侯從親，如蘇秦時，或從或不，而天下由此宗蘇氏之從約。代、厲皆以壽死，名顯諸侯。

蘇代爲奉陽君説燕于趙以伐齊

蘇代爲奉陽君説燕于趙以伐齊，奉陽君不聽。乃入齊惡趙，令齊絶于趙。齊已絶于趙，因之燕，謂昭王曰：『韓爲謂臣曰：「人告奉陽君曰：使齊不信趙者，蘇子也；今齊王召蜀子使不伐宋，蘇子也；與齊王謀道取秦以謀趙者，蘇子也；令齊守趙之質子以甲者，又蘇子也。請告子以請齊，果以守趙之質子以甲，吾必守子以甲。」其言惡矣。雖然，王勿患也。臣故知入齊之有趙累也。出爲之以成所欲，臣死而齊大惡于趙，臣猶生也。令齊、趙絶，可大紛已。持臣非張孟談也，使臣也如張孟談也，齊、趙必有爲智伯者矣。

『奉陽君告朱讙與趙足曰：「齊王使公王曰命説曰，必不反韓珉，今召之矣。必不任蘇子以事，今封而相之。令不合燕，今以燕爲上交。吾所恃者順也，今其言變有甚于其父，順始與蘇子爲讎。見之知無厲，今賢之兩之，已矣，吾無齊矣！」

『奉陽君之怒甚矣。如齊王王之不信趙，而小人奉陽君也，因是而倍之。不以今時大紛之，解而復合，則後不可奈何也。故齊、趙之合苟可循也，死不足以爲臣患；逃不足以爲臣恥；爲諸侯，不足以爲臣榮；被髪自漆爲厲，不足以爲臣辱。然而臣有患也，臣死而齊、趙不循，惡交分于臣也，而後相效，是臣之患也。若臣死而必相攻也，臣必勉之而求死焉。堯、舜之賢而死，禹、湯之知而死，孟賁之勇而死，烏獲之力而死，生之物固有不死者乎？在必然之物以成所欲，王何疑焉？

『臣以爲不若逃而去之。臣以韓、魏循自齊，而爲之取秦，深結趙以勁之。如是則近于相攻。臣雖爲之累燕，奉陽君告朱讙曰：「蘇子怒于燕王之不以吾故，弗予相，又不予卿也，殆無燕矣。」其疑至于此，故臣雖爲之不累燕，又不欲王。伊尹再逃湯而之桀，再逃桀而之湯，果與鳴條之戰，而以湯爲天子。伍子胥逃楚而之吴，果與伯舉之戰，而報其父之讎。今臣逃而紛齊、趙，始可著于春秋。且舉大事者，孰不逃？桓公之難，管仲逃于魯；陽虎之難，孔子逃于衛；張儀逃于楚；白珪逃于秦；望諸相中山也使趙，趙劫之求地，望諸攻關而出逃；外孫之難，薛公釋戴逃出于關，三晉稱以爲士。故舉大事，逃不足以爲辱矣。』

蘇代爲燕説齊

蘇代爲燕説齊，未見齊王，先説淳于髡曰：『人有賣駿馬者，比三旦立市，人莫之知。往見伯樂曰：「臣有駿馬，欲賣之，比三旦立于市，人莫與言，願子還而視之，去而顧之，臣請獻一朝之賈。」伯樂乃還而視之，去而顧之，一旦而馬價十倍。

今臣欲以駿馬見于王，莫爲臣先後者，足下有意爲臣伯樂乎？臣請獻白璧一雙，黄金千鎰，以爲馬食。』淳于髡曰：『謹聞命矣。』入言之王而見之，齊王大説蘇子。

蘇代自齊使人謂燕昭王

蘇代自齊使人謂燕昭王曰：『臣聞離齊、趙，齊、趙已孤矣，王何不出兵以攻齊？臣請王弱之。』燕乃伐齊攻晋。

令人謂閔王曰：『燕之攻齊也，欲以復振古地也。燕兵在晋而不進，則是兵弱而計疑也。王何不令蘇子將而應燕乎？夫以蘇子之賢，將而應弱燕，燕破必矣。燕破則趙不敢不聽，是王破燕而服趙也。』閔王曰：『善。』乃謂蘇子曰：『燕兵在晋，今寡人發兵應之，願子爲寡人爲之將。』對曰：『臣之于兵，何足以當之，王其改舉。王使臣也，是敗王之兵，而以臣遺燕也。戰不勝，不可振也。』王曰：『行，寡人知子矣。』

蘇子遂將，而與燕人戰于晋下，齊軍敗。燕得甲首二萬人。蘇子收其餘兵，以守陽城，而報于閔王曰：『王過舉，令臣應燕。今軍敗亡二萬人，臣有斧質之罪，請自歸于吏以戮。』閔王曰：『此寡人之過也，子無以爲罪。』

明日又使燕攻陽城及狸。又使人謂閔王曰：『日者齊不勝于晉下，此非兵之過，齊不幸而燕有天幸也。今燕又攻陽城及狸，是以天幸自爲功也。王復使蘇子應之，蘇子先敗王之兵，其後必務以勝報王矣。』王曰：『善。』乃復使蘇子，蘇子固辭，王不聽。遂將以與燕戰于陽城。燕人大勝，得首三萬。齊君臣不親，百姓離心。燕因使樂毅大起兵伐齊，破之。

蘇代自齊獻書于燕王

蘇代自齊獻書于燕王曰：『臣之行也，固知將有口事，故獻御書而行，曰：「臣貴于齊，燕大夫將不信臣；臣賤，將輕臣；臣用，將多望于臣；齊有不善，將歸罪于臣；天下不攻齊，將曰善爲齊謀；天下攻齊，將與齊兼鄮臣。臣之所重處重卵也。」王謂臣曰：「吾必不聽衆口與讒言，吾信汝也，猶剗刈者也。上可以得用于齊，次可以得信于下，苟無死，女無不爲也，以女自信可也。」與之言曰：「去燕之齊可也，期于成事而已。」臣受令以任齊，及五年。齊數出兵，未嘗謀燕。齊、趙之交，一合一離，燕王不與齊謀趙，則與趙謀齊。齊之信燕也，至于虛北地行其兵。今王信田伐與參、去疾之言，且攻齊，使齊犬馬駿而不言燕。今王又使慶令臣曰：「吾欲用所善。」王苟欲用之，則臣請爲王事之。王欲醳臣剸任所善，則臣請歸醳事。臣苟得見，則盈願。」

陳翠合齊燕

陳翠合齊、燕，將令燕王之弟爲質于齊，燕王許諾。太后聞之大怒曰：『陳公不能爲人之國，亦則已矣，焉有離人子母者，老婦欲得志焉。』

陳翠欲見太后，王曰：『太后方怒子，子其待之。』陳翠曰：『無害也。』遂入見太后曰：『何臞也？』太后曰：『賴得先王雁鶩之餘食，不宜臞。臞者，憂公子之且爲質于齊也。』

陳翠曰：『人主之愛子也，不如布衣之甚也。非徒不愛子也，又不愛丈夫子獨甚。』太后曰：『何也？』對曰：『太后嫁女諸侯，奉以千金，齎地百里，以爲人之終也。今王願封公子，百官持職，群臣效忠，曰：「公子無功不當封。」今王之以公子爲質也，且以爲公子功而封之也。太后弗聽，臣是以知人主之不愛丈夫子獨甚也。且太后與王幸而在，故公子貴，太后千秋之後，王棄國家，而太子即位，公子賤于布衣。故非及太后與王封公子，則公子終身不封矣！』

太后曰：『老婦不知長者之計。』乃命公子束車制衣爲行具。

燕昭王且與天下伐齊

燕昭王且與天下伐齊，而有齊人仕于燕者，昭王召而謂之曰：『寡人且與天下伐齊，旦暮出令矣。子必争之，争之而不聽，子因去而之齊。寡人有時復合和也，且以因子而事齊。』當此之時也，燕、齊不兩立，然而常獨欲有復收之之志若此也。

燕饑趙將伐之

燕饑，趙將伐之。楚使將軍之燕，過魏，見趙恢。趙恢曰：『使除患無至，易于救患。伍子胥、宮之奇不用，燭之武、張孟談受大賞。是故謀者皆從事于除患之道，而先使除患無至者。今予以百金送公也，不如以言。公聽吾言而説趙王曰：「昔者吴伐齊，爲其饑也，伐齊未必勝也，而弱越乘其弊以霸。今王之伐燕也，亦爲其饑也，伐之未必勝，而强秦將以兵承王之西，是使弱趙居强吴之處，而使强秦處弱越之所以霸也。願王之熟計之也。」』

昌國君樂毅爲燕昭王合五國之兵而攻齊

昌國君樂毅爲燕昭王合五國之兵而攻齊，下七十餘城，盡郡縣之以屬燕。三城未下，而燕昭王死。惠王即位，用齊人反間，疑樂毅，而使騎劫代之將。樂毅奔趙，趙封以爲望諸君。齊田單欺詐騎劫，卒敗燕軍，復收七十城以復齊。燕王悔，懼趙用樂毅承燕之弊以伐燕。

燕王乃使人讓樂毅，且謝之曰：『先王舉國而委將軍，將軍爲燕破齊，報先王之讎，天下莫不振動，寡人豈敢一日而忘將軍之功哉！會先王棄群臣，寡人新即位，左右誤寡人。寡人之使騎劫代將軍者，爲將軍久暴露于外，故召將軍且休計事。將軍過聽，以與寡人有郄，遂捐燕而歸趙。將軍自爲計則可矣，而亦何以報先王之所以遇將軍之意乎？』

望諸君乃使人獻書報燕王曰：『臣不佞，不能奉承先王之教，以順左右之心，恐抵斧質之罪，以傷先王之明，而又害于足下之義，故遁逃奔趙。自負以不肖之罪，故不敢爲辭説。今王使使者數之罪，臣恐侍御者之不察先王之所以畜幸臣之理，而又不白于臣之所以事先王之心，故敢以書對。

『臣聞賢聖之君，不以祿私其親，功多者授之；不以官隨其愛，能當之者處之。故察能而授官者，成功之君也；論行而結交者，立名之士也。臣以所學者觀之，先王之舉錯，有高世之心，故假節于魏王，而以身得察于燕。先王過舉，擢之乎賓客之中，而立之乎群臣之上，不謀于父兄，而使臣爲亞卿。臣自以爲奉令承教，可以幸無罪矣，故受命而不辭。

『先王命之曰：「我有積怨深怒于齊，不量輕弱，而欲以齊爲事。」臣對曰：「夫齊霸國之餘教也，而驟勝之遺事也，閑于兵甲，習于戰攻。王若欲攻之，則必舉天下而圖之。舉天下而圖之，莫徑于結趙矣。且又淮北、宋地，楚、魏之所同願也。趙若許，約楚、魏，宋盡力，四國攻之，齊可大破也。」先王曰：「善。」臣乃口受令，具符節，南使臣于趙。顧反命，起兵隨而攻齊。以天之道，先王之靈，河北之地，隨先王舉而有之于濟上。濟上之軍，奉令擊齊，大勝之。輕卒鋭兵，長驅至國。齊王逃遁走莒，僅以身免。珠玉財寶，車甲珍器，盡收入燕。大吕陳于元英，故鼎反于曆室，齊器設于寧臺。薊丘之植，植于汶皇。自五伯以來，功未有及先王者也。先王以爲愜其志，以臣爲不頓命，故裂地而封之，使之得比乎小國諸侯。臣不佞，自以爲奉令承教，可以幸無罪矣，故受命而弗辭。

『臣聞賢明之君，功立而不廢，故著于《春秋》；蚤知之士，名成而不毁，故稱于後世。若先王之報怨雪耻，夷萬乘之强國，收八百歲之蓄積，及至棄群臣之日，餘令詔後嗣之遺義，執政任事之臣，所以能循法令，順庶孽者，施及萌隸，皆可以教于後世。

『臣聞善作者，不必善成；善始者，不必善終。昔者五子胥說聽乎闔閭，故吳王遠迹至于郢。夫差弗是也，賜之鴟夷而浮之江。故吳王夫差不悟先論之可以立功，故沉子胥而不悔。子胥不蚤見主之不同量，故入江而不改。夫免身全功，以明先王之迹者，臣之上計也。離毀辱之非，墮先王之名者，臣之所大恐也。臨不測之罪，以幸爲利者，義之所不敢出也。

『臣聞古之君子，交絶不出惡聲；忠臣之去也，不潔其名。臣雖不佞，數奉教于君子矣。恐侍御者之親左右之説，而不察疏遠之行也。故敢以書報，唯君之留意焉。』

或獻書燕王

或獻書燕王：『王而不能自恃，不惡卑名以事强。事强可以令國安長久，萬世之善計。以事强而不可以爲萬世，則不如合弱，將奈何合弱而不能如一，此臣之所爲山東苦也。

『比日之魚，不相得則不能行，故古之人稱之，以其合兩而如一也。今山東合弱而不能如一，是山東之知不如魚也。又譬如車士之引車也，三人不能行，索二人，五人而車因行矣。今山東三國弱而不能敵秦，索二國，因能勝秦矣。然而山東不知相索，智固不如車士矣。胡與越人，言語不相知，志意不相通，同舟而凌波，至其相救助如一也。今山東之相與也，如同舟而濟，秦之兵至，不能相救助如一，智又不如胡、越之人矣。三物者，人之所能爲也，山東之主遂不悟，此臣之所爲山東苦也。

願大王之熟慮之也。

『山東相合，之主者不卑名，之國者可長存，之卒者出士以戍韓、梁之西邊，此燕之上計也。不急爲此，國必危矣，主必大憂。今韓、梁、趙三國以合矣，秦見三晉之堅也，必南伐楚。趙見秦之伐楚也，必北攻燕。物固有勢異而患同者。秦久伐韓，故中山亡；今久伐楚，燕必亡。臣竊爲王計，不如以兵南合三晉，約戍韓、梁之西邊。山東不能堅爲此，此必皆亡。』

燕果以兵南合三晋也。

客謂燕王

客謂燕王曰：『齊南破楚，西屈秦，用韓、魏之兵，燕、趙之衆，猶鞭策也。使齊北面伐燕，即雖五燕不能當。王何不陰出使，散游士，頓齊兵，弊其衆，使世世無患。』燕王曰：『假寡人五年，寡人得其志矣。』蘇子曰：『請假王十年。』燕王説，奉蘇子車五十乘，南使于齊。

謂齊王曰：『齊南破楚，西屈秦，用韓、魏之兵，燕、趙之衆，猶鞭策也。臣聞當世之舉王，必誅暴正亂，舉無道，攻不義。今宋王射天笞地，鑄諸侯之象，使侍屏匽，展其臂，彈其鼻，此天下之無道不義，而王不伐，王名終不成。且夫宋，中國膏腴之地，鄰民之所處也，與其得百里于燕，不如得十里于宋。伐之，名則義，實則利，王何爲弗爲？』齊王曰：『善。』遂與兵伐宋，三覆宋，宋遂舉。

燕王聞之，絶交于齊，率天下之兵以伐齊，大戰一，小戰再，頓齊國，成其名。

故曰：因其强而强之，乃可折也；因其廣而廣之，乃可缺也。

趙且伐燕

趙且伐燕，蘇代爲燕謂惠王曰：『今者臣來，過易水，蚌方出曝，而鷸啄其肉，蚌合而拑其喙。鷸曰：「今日不雨，明日不雨，即有死蚌。」蚌亦謂鷸曰：「今日不出，明日不出，即有死鷸。」兩者不肯相舍，漁者得而并禽之。今趙且伐燕，燕、趙久相支，以弊大衆，臣恐强秦之爲漁父也。故願王之熟計之也。』惠王曰：『善。』乃止。

齊魏争燕

齊、魏争燕。齊謂燕王曰：『吾得趙矣。』魏亦謂燕王曰：『吾得趙矣。』燕無以决之，而未有適予也。蘇子謂燕相曰：『臣聞辭卑而幣重者，失天下者也；辭倨而幣薄者，得天下者也。今魏之辭倨而幣薄。』燕因合于魏，得趙，齊遂北矣。

卷三十一　燕三

齊韓魏共攻燕

齊、韓、魏共攻燕，燕使太子請救于楚。楚王使景陽將而救之。暮舍，使左右司馬各營壁地，已，植表。景陽怒曰：『女所營者，水皆至滅表。此焉可以舍！』乃令徙。明日大雨，山水大出，所營者，水皆滅表。軍吏乃服。于是遂不救燕，而攻魏雝丘，取之以與宋。三國懼，乃罷兵。魏軍其西，齊軍其東，楚軍欲還不可得也。景陽乃開西和門，晝以車騎，暮以燭見，通使于魏。齊師怪之，以爲燕、楚與魏謀之，乃引兵而去。齊兵已去，魏失其與國，無與共擊楚，乃夜遁。楚師乃還。

張丑爲質于燕

張丑爲質于燕，燕王欲殺之，走且出境，境吏得丑。丑曰：『燕王所爲將殺我者，人有言我有寶珠也，王欲得之。今我已亡之矣，而燕王不我信。今子且致我，我且言子之奪我珠而吞之，燕王必當殺子，刳子腹及子之腸矣。夫欲得之君，不可說以利。吾要且死，子腸亦且寸絶。』境吏恐而赦之。

燕王喜使栗腹以百金爲趙孝成王壽

燕王喜使栗腹以百金爲趙孝成王壽，酒三日，反報曰：『趙民其壯者皆死于長平，其孤未壯，可伐也。』王乃召昌國君樂間而問曰：『何如？』對曰：『趙，四達之國也，其民皆習于兵，不可與戰。』王曰：『吾以倍攻之，可乎？』曰：『不可。』曰：『以三，可乎？』曰：『不可。』王大怒。左右皆以爲趙可伐，遽起六十萬以攻趙。令栗腹以四十萬攻鄗，使慶秦以二十萬攻代。趙使廉頗以八萬遇栗腹于鄗，使樂乘以五萬遇慶秦于代。燕人大敗。樂間入趙。

燕王以書且謝焉，曰：『寡人不佞，不能奉順君意，故君捐國而去，則寡人之不肖明矣。敢端其願，而君不肯聽，故使使者陳愚意，君試論之。語曰：「仁不輕絶，智不輕怨。」君之于先王也，世之所明知也。寡人望有非則君掩蓋之，不虞君之明罪之也；望有過則君教誨之，不虞君之明罪之也。且寡人之罪，國人莫不知，天下莫不聞，君微出明怨以棄寡人，寡人必有罪矣。雖然，恐君之未盡厚也。諺曰：「厚者不毀人以自益也，仁者不危人以要名。」以故掩人之邪者，厚人之行也；救人之過者，仁者之道也。世有掩寡人之邪，救寡人之過，非君心所望之？今君厚受位于先王以成尊，輕棄寡人以快心，則掩邪救過，難得于君矣。且世有薄于故厚施，行有失而故惠用。今使寡人任不肖之罪，而君有失厚之累，于爲君擇之也，無所取之。國之有封疆，猶家之有垣墻，所以合好掩惡也。室不能相和，出語鄰家，未爲通計也。怨惡未見而明棄之，未盡厚也。寡人雖不肖乎，未如殷紂之亂也；君雖不得意乎，未如商容、箕子之累也。然則不内蓋寡人，而明怨于外，恐其適足以傷于高而薄于行也，非然也。苟可以明君之義，成君之高，雖任惡名，不難受也。本欲以爲明寡人之薄，而君不得厚；揚寡人之辱，而君不得榮，此一舉而兩失也。義者不虧人以自益，况傷人以自損乎！願君無以寡人不肖，累往事之美。昔者，柳下惠吏于魯，三黜而不去。或謂之曰：「可以去。」柳下惠曰：「苟與人之异，惡往而不黜乎？

猶且黜乎，寧于故國爾。」柳下惠不以三黜自累，故前業不忘；不以去爲心，故遠近無議。今寡人之罪，國人未知，而議寡人者遍天下。語曰：「論不脩心，議不累物，仁不輕絶，智不簡功。」棄大功者，輟也；輕絶厚利者，怨也。輟而棄之，怨而累之，宜在遠者，不望之乎君也。今以寡人無罪，君豈怨之乎？願君捐怨，追惟先王，復以教寡人！意君曰，余且慝心以成而過，不顧先王以明而惡，使寡人進不得脩功，退不得改過，君之所揣也，唯君圖之！此寡人之愚意也。敬以書謁之。」

樂間、樂乘怨不用其計，二人卒留趙，不報。

秦并趙北向迎燕

秦并趙，北向迎燕。燕王聞之，使人賀秦王。使者過趙，趙王繫之。使者曰：「秦、趙爲一，而天下服矣。兹之所以受命于趙者，爲秦也。今臣使秦，而趙繫之，是秦、趙有郄。秦、趙有郄，天下必不服，而燕不受命矣。且臣之使秦，無妨于趙之伐燕也。」趙王以爲然而遣之。

使者見秦王曰：『燕王竊聞秦并趙，燕王使使者賀千金。』秦王曰：『夫燕無道，吾使趙有之，子何賀？』使者曰：『臣聞全趙之時，南鄰爲秦，北下曲陽爲燕，趙廣三百里，而與秦相距五十餘年矣，所以不能反勝秦者，國小而地無所取。今王使趙北并燕，燕、趙同力，必不復受于秦矣。臣切爲王患之。』秦王以爲然，起兵而救燕。

燕太子丹質于秦亡歸

燕太子丹質于秦，亡歸。見秦且滅六國，兵以臨易水，恐其禍至。太子丹患之，謂其太傅鞫武曰：『燕、秦不兩立，願太傅幸而圖之。』武對曰：『秦地遍天下，威脅韓、魏、趙氏，則易水以北，未有所定也。奈何以見陵之怨，欲排其逆鱗哉？』太子曰：『然則何由？』太傅曰：『請入，圖之。』

居之有間，樊將軍亡秦之燕，太子容之。太傅鞫武諫曰：『不可。夫秦王之暴，而積怨于燕，足爲寒心，又況聞樊將軍之在乎！是以委肉當餓虎之蹊，禍必不振矣！雖有管、晏，不能爲謀。願太子急遣樊將軍入匈奴以滅口。請西約三晉，南連齊、楚，北講于單于，然後乃可圖也。』太子丹曰：『太傅之計，曠日彌久，心惛然，恐不能須臾。且非獨于此也。夫樊將軍困窮于天下，歸身于丹，丹終不迫于强秦，而棄所哀憐之交置之匈奴，是丹命固卒之時也。願太傅更慮之。』鞫武曰：『燕有田光先生者，其智深，其勇沉，可與之謀也。』太子曰：『願因太傅交于田先生，可乎？』鞫武曰：『敬諾。』出見田光，道太子曰：『願圖國事于先生。』田光曰：『敬奉教。』乃造焉。

太子跪而逢迎，却行爲道，跪而拂席。田先生坐定，左右無人，太子避席而請曰：『燕、秦不兩立，願先生留意也。』田光曰：『臣聞騏驥盛壯之時，一日而馳千里。至其衰也，駑馬先之。今太子聞光壯盛之時，不知吾精已消亡矣。雖然，光不敢以乏國事也。所善荆軻，可使也。』太子曰：『願因先生得願交于荆軻，可乎？』田光曰：『敬諾。』即起，趨出。太子送之至門，曰：『丹所報，先生所言者，國大事也，願先生勿泄也。』田光俯而笑曰：『諾。』

僂行見荆軻，曰：『光與子相善，燕國莫不知。今太子聞光壯盛之時，不知吾形已不逮也，幸而教之曰：「燕、秦不兩立，願先生留意也。」光竊不自外，言足下于太子，願足下過太子于宮。」荆軻曰：『謹奉教。』田光曰：『光聞長者之行，不使人疑之，今太子約光曰：「所言者，國之大事也，願先生勿泄也。」是太子疑光也。夫爲行使人疑之，非節俠士也。』欲自殺以激荆軻，曰：『願足下急過太子，言光已死，明不言也。』遂自剄而死。

軻見太子，言田光已死，明不言也。太子再拜而跪，膝下行流涕，有頃而後言曰：『丹所請田先生無言者，欲以成大事之謀，今田先生以死明不泄言，豈丹之心哉？』荆軻坐定，太子避席頓首曰：『田先生不知丹不肖，使得至前，願有所道，此天所以哀燕不棄其孤也。今秦有貪饕之心，而欲不可足也。非盡天下之地，臣海内之王者，其意不饜。今秦已虜韓王，盡納其地，又舉兵南伐楚，北臨趙。王翦將數十萬之衆臨漳、鄴，而李信出太原、雲中。趙不能支秦，必入臣。入臣，則禍至燕。燕小弱，數困于兵，今計舉國不足以當秦。諸侯服秦，莫敢合從。丹之私計，愚以爲誠得天下之勇士，使于秦，窺以重利，秦王貪其贄，必得所願矣。誠得劫秦王，使悉反諸侯之侵地，若曹沫之與齊桓公，則大善矣；則不可，因而刺殺之。彼大將擅兵于外，而內有大亂，則君臣相疑。以其間諸侯，諸侯得合從，其償破秦必矣。此丹之上願，而不知所以委命，唯荆卿留意焉。』久之，荆軻曰：『此國之大事，臣駑下，恐不足任使。』太子前頓首，固請無讓。然後許諾。于是尊荆軻爲上卿，舍上舍，太子日日造問，供太牢异物，間進車騎美女，恣荆軻所欲，以順適其意。

久之，荆卿未有行意。秦將王翦破趙，虜趙王，盡收其地，進兵北略地，至燕南界。太子丹恐懼，乃請荆卿曰：『秦兵旦暮渡易水，則雖欲長侍足下，豈可得哉？』荆卿曰：『微太子言，臣願得謁之。今行而無信，則秦未可親也。夫今樊將軍，秦王購之金千斤，邑萬家。誠能得樊將軍首，與燕督亢之地圖獻秦王，秦王必說見臣，臣乃得有以報太子。』太子曰：『樊將軍以窮困來歸丹，丹不忍以己之私，而傷長者之意，願足下更慮之。』

荆軻知太子不忍，乃遂私見樊於期曰：『秦之遇將軍，可謂深矣。父母宗族，皆爲戮没。今聞購將軍之首，金千斤，邑萬家，將奈何？』樊將軍仰天太息流涕曰：

『吾每念，常痛于骨髓，顧計不知所出耳。』軻曰：『今有一言，可以解燕國之患，而報將軍之仇者，何如？』樊於期乃前曰：『爲之奈何？』荆軻曰：『願得將軍之首以獻秦，秦王必喜而善見臣，臣左手把其袖，而右手揕抗其胸，然則將軍之仇報，而燕國見陵之耻除矣。將軍豈有意乎？』樊於期偏袒扼腕而進曰：『此臣日夜切齒拊心也，乃今得聞教。』遂自刎。太子聞之，馳往，伏尸而哭，極哀。既已，無可奈何，乃遂收盛樊於期之首，函封之。

于是，太子預求天下之利匕首，得趙人徐夫人之匕首，取之百金，使工以藥淬之，以試人，血濡縷，人無不立死者。乃爲裝遣荆軻。燕國有勇士秦武陽，年十二，殺人，人不敢與忤視。乃令秦武陽爲副。荆軻有所待，欲與俱，其人居遠未來，而爲留待。頃之未發。太子遲之，疑其有改悔，乃復請之曰：『日以盡矣，荆卿豈無意哉？丹請先遣秦武陽。』荆軻怒，叱太子曰：『今日往而不反者，豎子也！今提一匕首入不測之强秦，僕所以留者，待吾客與俱。今太子遲之，請辭决矣！』遂發。

太子及賓客知其事者，皆白衣冠以送之。至易水上，既祖，取道。高漸離擊筑，荆軻和而歌，爲變徵之聲，士皆垂淚涕泣。又前而爲歌曰：『風蕭蕭兮易水寒，壯士一去兮不復還！』復爲忼慨羽聲，士皆瞋目，髮盡上指冠。于是荆軻遂就車而去，終已不顧。

既至秦，持千金之資幣物，厚遺秦王寵臣中庶子蒙嘉。嘉爲先言于秦王曰：『燕王誠振畏慕大王之威，不敢興兵以拒大王，願舉國爲內臣，比諸侯之列，給貢職如郡縣，而得奉守先王之宗廟。恐懼不敢自陳，謹斬樊於期頭，及獻燕之督亢之地圖，函封，燕王拜送于庭，使使以聞大王。唯大王命之。』

秦王聞之，大喜。乃朝服，設九賓，見燕使者咸陽宫。荆軻奉樊於期頭函，而秦武陽奉地圖匣，以次進至陛下。秦武陽色變振恐，群臣怪之，荆軻顧笑武陽，前爲謝曰：『北蠻夷之鄙人，未嘗見天子，故振慴，願大王少假借之，使畢使于前。』秦王謂軻曰：『起，取武陽所持圖。』軻既取圖奉之，發圖，圖窮而匕首見。因左手把秦王之袖，而右手持匕首揕抗之。未至身，秦王驚，自引而起，絶袖。拔劍，劍長，摻其室。時怨急，劍堅，故不可立拔。荆軻逐秦王，秦王還柱而走。群臣驚愕，卒起不意，盡失其度。而秦法，群臣侍殿上者，不得持尺兵。諸郎中執兵，皆陳殿下，非有詔不得上。方急時，不及召下兵，以故荆軻逐秦王，而卒惶急無以擊軻，而乃以手共搏之。是時侍醫夏無且，以其所奉藥囊提軻。秦王之方還柱走，卒惶急不知所爲，左右乃曰：「王負劍！王負劍！」遂拔以擊荆軻，斷其左股。荆軻廢，乃引其匕首提秦王，不中，中柱。秦王復擊軻，被八創。軻自知事不就，倚柱而笑，箕踞以罵曰：『事所以不成者，乃欲以生劫之，必得約契以報太子也。』左右既前斬荆軻，秦王目眩良久。而論功賞群臣及當坐者，各有差。而賜夏無且黄金二百鎰，曰：『無且愛我，乃以藥囊提軻也。』

于是，秦大怒燕，益發兵詣趙，詔王翦軍以伐燕。十月而拔燕薊城。燕王喜、太子丹等，皆率其精兵東保于遼東。秦將李信追擊燕王，王急，用代王嘉計，殺太子丹，欲獻之秦。秦復進兵攻之。五歲而卒滅燕國，而虜燕王喜。秦兼天下。

卷三十二　宋衛

齊攻宋宋使臧子索救于荆

齊攻宋，宋使臧子索救于荆。荆王大説，許救甚勸。臧子憂而反。其御曰：『索救而得，有憂色何也？』臧子曰：『宋小而齊大。夫救于小宋而惡于大齊，此王之所憂也；而荆王説甚，必以堅我。我堅而齊弊，荆之利也。』臧子乃歸。齊王果攻，拔宋五城，而荆王不至。

公輸般爲楚設機

公輸般爲楚設機，將以攻宋。墨子聞之，百舍重繭，往見公輸般，謂之曰：『吾自宋聞子。吾欲藉子殺王。』公輸般曰：『吾義固不殺王。』墨子曰：『聞公爲雲梯，將以攻宋。宋何罪之有？義不殺王而攻國，是不殺少而殺衆。敢問攻宋何義也？』公輸般服焉，請見之王。

墨子見楚王曰：『今有人于此，舍其文軒，鄰有弊輿而欲竊之；舍其錦綉，鄰有短褐而欲竊之；舍其粱肉，鄰有糟糠而欲竊之。此爲何若人也？』王曰：『必爲有竊疾矣。』

墨子曰：『荆之地方五千里，宋方五百里，此猶文軒之與弊輿也。荆有雲夢，犀兕麋鹿盈之，江、漢魚鱉黿鼉爲天下饒，宋所謂無雉兔鮒魚者也，此猶粱肉之與糟糠也。荆有長松、文梓、楩、柟、豫樟，宋無長木，此猶錦綉之與短褐也。惡以王吏之攻宋，爲與此同類也。』王曰：『善哉！請無攻宋。』

犀首伐黄

犀首伐黄，過衛，使人謂衛君曰：『弊邑之師過大國之郊，曾無一介之使以存之乎？敢請其罪。今黄城將下矣，已，將移兵而造大國之城下。』衛君懼，束組三百緄，黄金三百鎰，以隨使者。南文子止之曰：『是勝黄城，必不敢來；不勝，亦不敢來。是勝黄城，則功大名美，内臨其倫。夫在中者惡臨，議其事。蒙大名，挾成功，坐御以待中之議，犀首雖愚，必不爲也。是不勝黄城，破心而走，歸，恐不免于罪矣！彼安敢攻衛以重其不勝之罪哉？』果勝黄城，帥師而歸，遂不敢過衛。

梁王伐邯鄲

梁王伐邯鄲，而徵師于宋。宋君使使者請于趙王曰：『夫梁兵勁而權重，今徵師于弊邑，弊邑不從，則恐危社稷；若扶梁伐趙，以害趙國，則寡人不忍也。願王之有以命弊邑。』

趙王曰：『然。夫宋之不足如梁也，寡人知之矣。弱趙以强梁，宋必不利也。則吾何以告子而可乎？』使者曰：『臣請受邊城，徐其攻而留其日，以待下吏之有城而已。』趙王曰：『善。』

宋人因遂舉兵入趙境，而圍一城焉。梁王甚説，曰：『宋人助我攻矣。』趙王亦説曰：『宋人止于此矣。』故兵退難解，德施于梁而無怨于趙。故名有所加而實有所歸。

謂大尹曰

謂大尹曰：『君日長矣，自知政，則公無事。公不如令楚賀君之孝，則君不奪太后之事矣，則公常用宋矣。』

宋與楚爲兄弟

宋與楚爲兄弟。齊攻宋，楚王言救宋。宋因賣楚重以求講于齊，齊不聽。蘇秦爲宋謂齊相曰：『不如與之，以明宋之賣楚重于齊也。楚怒，必絕于宋而事齊，齊、楚合，則攻宋易矣。』

魏太子自將過宋外黄

魏太子自將，過宋外黄。外黄徐子曰：『臣有百戰百勝之術，太子能聽臣乎？』太子曰：『願聞之。』客曰：『固願效之。今太子自將攻齊，大勝并莒，則富不過有魏，而貴不益爲王。若戰不勝，則萬世無魏。此臣之百戰百勝之術也。』太子曰：『諾。

請必從公之言而還。』客曰：『太子雖欲還，不得矣。彼利太子之戰攻，而欲滿其意者衆，太子雖欲還，恐不得矣。』太子上車請還。其御曰：『將出而還，與北同，不如遂行。』遂行。與齊人戰而死，卒不得魏。

宋康王之時有雀生䳢

宋康王之時，有雀生䳢于城之陬。使史占之，曰：『小而生巨，必霸天下。』康王大喜。于是滅滕伐薛，取淮北之地，乃愈自信，欲霸之亟成，故射天笞地，斬社稷而焚滅之，曰：『威服天下鬼神。』罵國老諫曰，爲無顔之冠，以示勇。剖傴之背，鍥朝涉之脛，而國人大駭。齊聞而伐之，民散，城不守。王乃逃倪侯之館，遂得而死。見祥而不爲祥，反爲禍。

智伯欲伐衛

智伯欲伐衛，遺衛君野馬四百，白璧一。衛君大悦，群臣皆賀，南文子有憂色。

衛君曰：『大國大歡，而子有憂色何？』文子曰：『無功之賞，無力之禮，不可不察也。野馬四，百璧一，此小國之禮也，而大國致之，君其圖之。』衛君以其言告邊境。智伯果起兵而襲衛，至境而反曰：『衛有賢人，先知吾謀也。』

智伯欲襲衛

智伯欲襲衛，乃佯亡其太子，使奔衛。南文子曰：『太子顔爲君子也，甚愛而有寵，非有大罪而亡，必有故。』使人迎之于境，曰：『車過五乘，慎勿納也。』智伯聞之，乃止。

秦攻衛之蒲

秦攻衛之蒲。胡衍謂樗里疾曰：『公之伐蒲，以爲秦乎？以爲魏乎？爲魏則善，爲秦則不賴矣。衛所以爲衛者，以有蒲也。今蒲入于魏，衛必折于魏。魏亡西河之外，而弗能復取者，弱也。今并衛于魏，魏必强。魏强之日，西河之外必危。且秦王亦將觀公之事。害秦以善魏，秦王必怨公。』樗里疾曰：『奈何？』胡衍曰：『公釋蒲勿攻，臣請爲公入戒蒲守，以德衛君。』樗里疾曰：『善。』

胡衍因入蒲，謂其守曰：『樗里子知蒲之病也，其言曰：「吾必取蒲。」今臣能使釋蒲勿攻。』蒲守再拜，因效金三百鎰焉，曰：『秦兵誠去，請厚子于衛君。』胡衍取金于蒲，以自重于衛。樗里子亦得三百金而歸，又以德衛君也。

衛使客事魏

衛使客事魏，三年不得見。衛客患之，乃見梧下先生，許之以百金。梧下先生曰：『諾。』乃見魏王曰：『臣聞秦出兵，未知其所之。秦、魏交而不脩之日久矣。願王博事秦，無有佗計。』魏王曰：『諾。』

客趨出，至郎門而反曰：『臣恐王事秦之晚。』王曰：『何也？』先生曰：『夫人于事己者過急，于事人者過緩。今王緩于事己者，安能急于事人。』『奚以知之？』『衛客曰，事王三年不得見。臣以是知王緩也。』魏王趨見衛客。

衛嗣君病

衛嗣君病。富術謂殷順且曰：『子聽吾言也以説君，勿益損也，君必善子。人生之所行，與死之心异。始君之所行于世者，食高麗也；所用者，紲錯、挐薄也。群臣盡以爲君輕國而好高麗，必無與君言國事者。子謂君：「君之所行天下者甚謬。紲錯主斷于國，而挐薄輔之，自今以往者，公孫氏必不血食矣。」』君曰：『善。』與之相印，曰：『我死，子制之。』嗣君死，殷順且以君令相公期。紲錯、挐薄之族皆遂也。

衛嗣君時胥靡逃之魏

衛嗣君時，胥靡逃之魏，衛贖之百金，不與。乃請以左氏。群臣諫曰：『以百金之地，贖一胥靡，無乃不可乎？』君曰：『治無小，亂無大。教化喻于民，三百之城，足以爲治；民無廉耻，雖有十左氏，將何以用之？』

衛人迎新婦

衛人迎新婦，婦上車，問：『驂馬，誰馬也？』御曰：『借之。』新婦謂僕曰：『拊驂，無笞服。』車至門，扶，教送母：『滅竈，將失火。』入室見臼，曰：『徙之牖下，妨往來者。』主人笑之。此三言者，皆要言也，然而不免爲笑者，蚤晚之時失也。

卷三十三　中山

魏文侯欲殘中山

魏文侯欲殘中山。常莊談謂趙襄子曰：『魏并中山，必無趙矣。公何不請公子傾以爲正妻，因封之中山，是中山復立也。』

犀首立五王

犀首立五王，而中山後持。齊謂趙、魏曰：『寡人羞與中山并爲王，願與大國伐之，以廢其王。』中山聞之，大恐。召張登而告之曰：『寡人且王，齊謂趙、魏曰，羞與寡人并爲王，而欲伐寡人。恐亡其國，不在索王。非子莫能吾救。』登對曰：『君爲臣多車重幣，臣請見田嬰。』中山之君遣之齊。見嬰子曰：『臣聞君欲廢中山之王，將與趙、魏伐之，過矣。以中山之小，而三國伐之，中山雖益廢王，猶且聽也。且中山恐，必爲趙、魏廢其王而務附焉。是君爲趙、魏驅羊也，非齊之利也。豈若中山廢其王而事齊哉?』

田嬰曰:『奈何?』張登曰:『今君召中山,與之遇而許之王,中山必喜而絶趙、魏。趙、魏怒而攻中山,中山急而爲君難其王,則中山必恐,爲君廢王事齊。彼患亡其國,是君廢其王而亡其國,賢于爲趙、魏驅羊也。』田嬰曰:『諾。』張丑曰:『不可。臣聞之,同欲者相憎,同憂者相親。今五國相與王也,負海不與焉。此是欲皆在爲王,而憂在負海。今召中山,與之遇而許之王,是奪五國而益負海也。致中山而塞四國,四國寒心。必先與之王而故親之,是君臨中山而失四國也。且張登之爲人也,善以微計薦中山之君久矣,難信以爲利。』

田嬰不聽。果召中山君而許之王。張登因謂趙、魏曰:『齊欲伐河東。何以知之?齊羞與中山之爲王甚矣,今召中山,與之遇而許之王,是欲用其兵也。豈若令大國先與之王,以止其遇哉?』趙、魏許諾,果與中山王而親之。中山果絶齊而從趙、魏。

中山與燕趙爲王

中山與燕、趙爲王，齊閉關不通中山之使，其言曰：『我萬乘之國也，中山千乘之國也，何侔名于我？』欲割平邑以賂燕、趙，出兵以攻中山。

藍諸君患之。張登謂藍諸君曰：『公何患于齊？』藍諸君曰：『齊强，萬乘之國，耻與中山侔名，不憚割地以賂燕、趙，出兵以攻中山。燕、趙好位而貪地，吾恐其不吾據也。大者危國，次者廢王，奈何吾弗患也？』張登曰：『請令燕、趙固輔中山而成其王，事遂定。公欲之乎？』藍諸君曰：『此所欲也。』曰：『請以公爲齊王而登試説公。可，乃行之。』藍諸君曰：『願聞其説。』

登曰：『王之所以不憚割地以賂燕、趙，出兵以攻中山者，其實欲廢中山之王也。王曰：「然。」然則王之爲費且危。夫割地以賂燕、趙，是强敵也；出兵以攻中山，首難也。王行二者，所求中山未必得。王如用臣之道，地不虧而兵不用，中山可廢也。王必曰：「子之道奈何？」』藍諸君曰：『然則子之道奈何？』張登曰：『王發重使，使告中山君曰：「寡人所以閉關不通使者，爲中山之獨與燕、趙爲王，而寡人不與聞焉，是以謚之。王苟舉趾以見寡人，請亦佐君。」中山恐燕、趙之不己據也，今齊之辭云「即佐王」，中山必遁燕、趙，與王相見。燕、趙聞之，怒絶之，王亦絶之，是中山孤，孤何得無廢。以此説齊王，齊王聽乎？』藍諸君曰：『是則必聽矣，此所以廢之，何在其所存之矣。』張登曰：『此王所以存者也。齊以是辭來，因言告燕、趙而無往，以積厚于燕、趙。燕、趙必曰：「齊之欲割平邑以賂我者，非欲廢中山之王也；徒欲以離我于中山，而己親之也。」雖百平邑，燕、趙必不受也。』藍諸君曰：『善。』

遣張登往，果以是辭來。中山因告燕、趙而不往，燕、趙果俱輔中山而使其王，事遂定。

司馬憙使趙

司馬憙使趙，爲己求相中山。公孫弘陰知之。中山君出，司馬憙御，公孫弘參乘。弘曰：『爲人臣，招大國之威，以爲己求相，于君何如？』君曰：『吾食其肉，不以分人。』司馬憙頓首于軾曰：『臣自知死至矣！』君曰：『何也？』『臣抵罪。』君曰：『行，吾知之矣。』居頃之，趙使來，爲司馬憙求相。中山君大疑公孫弘，公孫弘走出。

司馬憙三相中山

司馬憙三相中山，陰簡難之。田簡謂司馬憙曰：『趙使者來屬耳，獨不可語陰簡之美乎？趙必請之，君與之，即公無内難矣。君弗與趙，公因勸君立之以爲正妻。陰簡之德公，無所窮矣。』果令趙請，君弗與。司馬憙曰：『君弗與趙，趙王必大怒；大怒則君必危矣。然則立以爲妻，固無請人之妻不得而怨人者也。』

陰姬與江姬争爲后

陰姬與江姬争爲后。司馬憙謂陰姬公曰：『事成，則有土子民；不成，則恐無身。欲成之，何不見臣乎？』陰姬公稽首曰：『誠如君言，事何可豫道者。』司馬憙即奏書中山王曰：『臣聞弱趙强中山。』中山王悅而見之曰：『願聞弱趙强中山之説。』

司馬憙曰：『臣願之趙，觀其地形險阻，人民貧富，君臣賢不肖，商敵爲資，未可豫陳也。』中山王遣之。

見趙王曰：『臣聞趙，天下善爲音，佳麗人之所出也。今者，臣來至境，入都邑，觀人民謠俗，容貌顔色，殊無佳麗好美者。以臣所行多矣，周流無所不通，未嘗見人如中山陰姬者也。不知者，特以爲神，力言不能及也。其容貌顔色，固已過絶人矣。若乃其眉目准頞權衡，犀角偃月，彼乃帝王之后，非諸侯之姬也。』趙王意移，大悅曰：『吾願請之，何如？』司馬憙曰：『臣竊見其佳麗，口不能無道爾。即欲請之，是非臣所敢議，願王無泄也。』

司馬憙辭去，歸報中山王曰：『趙王非賢王也。不好道德，而好聲色；不好仁義，而好勇力。臣聞其乃欲請所謂陰姬者。』中山王作色不悅。司馬憙曰：『趙强國也，其請之必矣。王如不與，即社稷危矣；與之，即爲諸侯笑。』中山王曰：『爲將奈何？』司馬憙曰：『王立爲后，以絶趙王之意。世無請后者。雖欲得請之，鄰國不與也。』

中山王遂立以爲后，趙王亦無請言也。

主父欲伐中山

主父欲伐中山，使李疵觀之。李疵曰：『可伐也。君弗攻，恐後天下。』主父曰：『何以？』對曰：『中山之君，所傾蓋與車而朝窮閭隘巷之士者，七十家。』主父曰：『是賢君也，安可伐？』李疵曰：『不然。舉士，則民務名不存本；朝賢，則耕者惰而戰士懦。若此不亡者，未之有也。』

中山君饗都士

中山君饗都士，大夫司馬子期在焉。羊羹不遍，司馬子期怒而走于楚，説楚王伐中山，中山君亡。有二人挈戈而隨其後者，中山君顧謂二人：『子奚爲者也？』二人對曰：『臣有父，嘗餓且死，君下壺飡餌之。臣父且死，曰：「中山有事，汝必死之。」故來死君也。』中山君喟然而仰嘆曰：『與不期衆少，其于當厄；怨不期深淺，其于傷心。吾以一杯羊羹亡國，以一壺飡得士二人。』

樂羊爲魏將

樂羊爲魏將。攻中山。其子時在中山，中山君烹之，作羹致于樂羊。樂羊食之。古今稱之：樂羊食子以自信，明害父以求法。

昭王既息民繕兵

昭王既息民繕兵，復欲伐趙。武安君曰：『不可。』王曰：『前年國虚民飢，君不量百姓之力，求益軍糧以滅趙。今寡人息民以養士，蓄積糧食，三軍之俸有倍于前，而曰「不可」，其説何也？』

武安君曰：『長平之事，秦軍大剋，趙軍大破；秦人歡喜，趙人畏懼。秦民之死者厚葬，傷者厚養，勞者相饗，飲食餔饋，以靡其財；趙人之死者不得收，傷者不得療，涕泣相哀，戮力同憂，耕田疾作，以生其財。今王發軍，雖倍其前，臣料趙國守備，亦以十倍矣。趙自長平已來，君臣憂懼，早朝晏退，卑辭重幣，四面出嫁，結親燕、魏，連好齊、楚，積慮并心，備秦爲務。其國內實，其交外成。當今之時，趙未可伐也。』

王曰：『寡人既以興師矣。』乃使五校大夫王陵將而伐趙。陵戰失利，亡五校。王欲使武安君，武安君稱疾不行。王乃使應侯往見武安君，責之曰：『楚，地方五千里，持戟百萬。君前率數萬之衆入楚，拔鄢、郢，焚其廟，東至竟陵，楚人震恐，東徙而不敢西向。韓、魏相率，興兵甚衆，君所將之不能半之，而與戰之于伊闕，大破二國之軍，流血漂鹵，斬首二十四萬。韓、魏以故至今稱東藩。此君之功，天下莫不聞。今趙卒之死于長平者已十七、八，其國虛弱，是以寡人大發軍，人數倍于趙國之衆，願使君將，必欲滅之矣。君嘗以寡擊衆，取勝如神，況以强擊弱，以衆擊寡乎？』

武安君曰：『是時楚王恃其國大，不恤其政，而群臣相妒以功，諂諛用事，良臣斥疏，百姓心離，城池不修，既無良臣，又無守備。故起所以得引兵深入，多倍城邑，發梁焚舟以專民，以掠于郊野，以足軍食。當此之時，秦中士卒，以軍中爲家，將帥爲父母，不約而親，不謀而信，一心同功，死不旋踵。楚人自戰其地，咸顧其家，各有散心，莫有鬬志。是以能有功也。伊闕之戰，韓孤顧魏，不欲先用其衆。魏恃韓之鋭，欲推以爲鋒。二軍争便之力不同，是以臣得設疑兵，以待韓陣，專軍并鋭，觸魏之不意。魏軍既敗，韓軍自潰，乘勝逐北，以是之故能立功。皆計利形勢，自然之理，何神之有哉！今秦破趙軍于長平，不遂以時乘其振懼而滅之，畏而釋之，使得耕稼以益蓄積，養孤長幼以益其衆，繕治兵甲以益其强，增城浚池以益其固。主折節以下其臣，臣推體以下死士。至于平原君之屬，皆令妻妾補縫于行伍之間。臣人一心，上下同力，猶勾踐困于會稽之時也。以合伐之，趙必固守。挑其軍戰，必不肯出。圍其國都，必不可尅。攻其列城，必未可拔。掠其郊野，必無所得。兵出無功，諸侯生心，外救必至。臣見其害，未睹其利。又病，未能行。」

應侯慚而退，以言于王。王曰：「微白起，吾不能滅趙乎？」復益發軍，更使王齕代王陵伐趙。圍邯鄲八、九月，死傷者衆，而弗下。趙王出輕鋭以寇其後，秦數不利。武安君曰：『不聽臣計，今果何如？』王聞之怒，因見武安君，强起之，曰：『君雖病，强爲寡人卧而將之。有功，寡人之願，將加重于君。如君不行，寡人恨君。』武安君頓首曰：『臣知行雖無功，得免于罪。雖不行無罪，不免于誅。然惟願大王覽臣愚計，釋趙養民，以諸侯之變。撫其恐懼，伐其憍慢，誅滅無道，以令諸侯，天下可定，何必以趙爲先乎？此所謂爲一臣屈而勝天下也。大王若不察臣愚計，必欲快心于趙，以致臣罪，此亦所謂勝一臣而爲天下屈者也。夫勝一臣之嚴焉，孰若勝天下之威大耶？臣聞明主愛其國，忠臣愛其名。破國不可復完，死卒不可復生。臣寧伏受重誅而死，不忍爲辱軍之將。願大王察之。』王不答而去。